本书系国家社会科学基金"十三五"规划2020年度教育学一般课题"生命历程视角下地方本科院校优秀教师职业发展轨迹研究（课题批准号BIA200175）"研究成果

教育现代化背景下教师发展与学生成长研究

柳世玉　张哲　于梦洋／著

吉林大学出版社

·长春·

图书在版编目（CIP）数据

教育现代化背景下教师发展与学生成长研究 / 柳世玉, 张哲, 于梦洋著. -- 长春 : 吉林大学出版社, 2024.3
ISBN 978-7-5768-2613-5

Ⅰ.①教… Ⅱ.①柳… ②张… ③于… Ⅲ.①师资培养 – 研究 Ⅳ.①G451.2

中国国家版本馆CIP数据核字(2023)第228342号

书　　名：教育现代化背景下教师发展与学生成长研究
JIAOYU XIANDAIHUA BEIJING XIA JIAOSHI FAZHAN YU XUESHENG CHENGZHANG YANJIU

作　　者：柳世玉　张哲　于梦洋
策划编辑：殷丽爽
责任编辑：殷丽爽
责任校对：李适存
装帧设计：守正文化
出版发行：吉林大学出版社
社　　址：长春市人民大街4059号
邮政编码：130021
发行电话：0431-89580028/29/21
网　　址：http://www.jlup.com.cn
电子邮箱：jldxcbs@sina.com
印　　刷：天津和萱印刷有限公司
开　　本：787mm×1092mm　　1/16
印　　张：14.5
字　　数：250千字
版　　次：2024年3月　第1版
印　　次：2024年3月　第1次
书　　号：ISBN 978-7-5768-2613-5
定　　价：72.00元

版权所有　翻印必究

目　录

第一章　教育现代化背景下中小学校长领导力的变革

教育现代化背景下，中小学校长领导力发展呈现出新的特点，包括更加注重"立德树人"、成为教育家型校长、进行学校治理、引领开展智慧教育以及带领进行终身学习等。基于教育现代化的特征以及中小学校长领导力发展的新特点，中小学校长领导力应包括道德领导力、教学领导力、团队领导力、信息化领导力、学习领导力和创新领导力六个维度。中小学校长需加强领导力研究与实践，树立现代化教育领导力意识，从加强道德品行修养、重视教学领导实践、创新团队管理模式、加强信息技术应用、树立终身学习观念和强化创新意识培养等方面进行教育现代化背景下中小学校长领导力的变革，进而推动教育现代化进程。

"教育现代化是国际教育发展的趋向，也是当代中国教育发展的目标。"[1]在教育现代化背景下，中小学教育改革不断发展，其中中小学校长作为引领中小学学校教育改革发展的关键人物，其"校长领导力"在赋予校长新动能的同时，对学校管理的改进效果有着最为直接的影响，推动着学校的转型与变革，也代表了时代教育改革的方向。因此，研究和探索教育现代化背景下中小学校长领导力变革对中小学学校的有效治理，促进学生全面发展、个性发展和健康发展，推动实现教育现代化具有重大意义。

一、教育现代化对中小学校长领导力发展提出的新要求

陶行知先生认为评价一所学校如何，就先看其校长如何，有什么样的校

---

[1]　朱益明，王瑞德. 中国教育现代化2035：从规划到实践［M］. 上海：上海教育出版社，2020：1.

长，就有什么样的学校。教育现代化提出的新型教育理念、教育工作者的专业化、教育治理现代化、教育信息化2.0时代和建设学习型社会等方面的新要求，对中小学校长而言都是更大的挑战。因此，中小学校长领导力的变革势在必行。

（一）要更加注重"立德树人"

在教育现代化过程中，校长的道德发展十分重要。"《中国教育现代化2035》将更加注重以德为先作为实现教育现代化的第一理念，作为学校发展的灵魂，校长的"德"在立德树人的教育任务中有着举足轻重的地位。"[①]这意味着中小学校长在教育现代化过程中要以其良好的道德精神品质影响和感染学校的老师和学生。对中小学学校而言，在实现教育现代化过程中，建设卓越学校必须要求其校长具有较高的道德水平。办好学校，校长是关键。

习近平总书记看望参加全国政协十三届四次会议的医药卫生界教育界委员时指出："教育是国之大计、党之大计。要从党和国家事业发展全局的高度，坚守为党育人、为国育才，把立德树人融入思想道德教育、文化知识教育、社会实践教育各环节，贯穿基础教育、职业教育、高等教育各领域，体现到学科体系、教学体系、教材体系、管理体系建设各方面，培根铸魂、启智润心。"对于我国实行校长负责制的中小学来说，校长是重中之重，校长负责制不仅给予了校长较高的权力，同时也要求校长必须具备能够与权力相配匹的道德修养水平。校长的道德应该具有两个层面：内在的个人道德素质以及外在的职业道德修养。[②]个人道德素质毋庸置疑，是每个人都应该注重的方面，它约束了我们的日常行为，使得我们日常生活中的所作所为符合道德规范。对校长而言，具备较高的个人道德素质能够帮助校长拒绝不良诱惑，避免做出错误的决定。对一名合格的校长而言，不仅要具备较高的个人道德素质，还要具备良好的职业道德修养，职业道德修养不只是体现在形式上，它更需要校长内化在自身的言行举止中，校长需要将所吸收的道德理论通过对学校的管理表达出来，才能不断加深对职业道德修养的认知。从两个层次同时入手，校长的道德水平才能够不断提升，达到教育现代化立德树人

① 满建宇, 王正英. 道德领导力: 新时代校长的核心领导力 [J]. 中国教育学刊, 2020 (12): 47-50.

② 金艳红. 教育现代化视域下中学校长领导力研究 [D]. 赣州: 赣南师范大学, 2018: 29-30

的要求。

（二）从"管理者"型校长走向"教育家"型校长

教师追求专业化的同时，校长也要力求专业化，其专业发展不可忽视。"教育工作者的专业素养是制约教育现代化的关键因素，教育工作者的专业化也是教育发展本身的要求。"[1]在教育现代化过程中，校长必须成为教育的行家，不再仅仅是一个管理者。在学校中，校长应该作为一名教育家，进行专业领导而不是简单的管理。教育现代化要求发展高质量的教育，而高水平高质量的教育就需要校长进行更加专业的领导，其不再是人们固有思维中的只是决定校内大小事务的角色，应能教书、能育人、能管理学校，又能规划学校的发展，能管理教师，又能领导教师进行教育，能评价课程，又能给出改进建议。

教育家型校长相较于传统的管理者型校长而言，拥有着对教育更深的理解，不再仅从管理层面出发，而是教育与管理相结合考虑问题。"教育之所以要交给教育家来办，正是因为教育家作为校长，或校长作为教育家，才能紧盯着教育之理来实践学校之事，而不是仅仅盯着现实的成功。"[2]教育家型校长意味着校长应该有着科学的办学理念以及先进的教育思想，也可以对教师的教学以及学生的学习进行正确的指导。我国一直在进行的新课改，要求校长持续研究教育教学和教育改革，做教育现代化的领头人。教育现代化是一个漫长的过程，教育工作者的专业化亦是如此，因此，中小学校长必须持续思考、持续研究教育教学，努力成为一名教育家型校长。

（三）从学校管理走向学校治理

"教育治理现代化是教育现代化的基本内容，也是教育现代化的重要目标。"[3]在我国中小学阶段，学校是进行教育的主要场所。因此，身处教育现代化过程中，学校的管理模式需要从管理走向治理。学校治理区别于学校管理，在治理理念提出之前，我国教育场域中的校长领导方式大多是按照

---

① 褚宏启. 教育现代化的路径: 现代教育导论［M］. 2版. 北京. 教育科学出版社, 2013: 241-244.

② 刘铁芳. 什么是好的教育——学校教育的哲学阐释［M］. 北京: 高等教育出版社, 2014: 278.

③ 周洪宇. 深化教育领域"放管服"改革, 加快推进教育治理现代化［J］. 教育研究, 2019, 40（03）: 15-19.

"管理"的理念和思维方式来进行的。领导者凭借其在地位上的权威性，自上而下实行"一言堂"式领导活动，管理的主体往往是一元的。[①]而学校治理则有着截然不同的要求，这就是管理主体的变化——从一元迈向多元。学校治理应该由政府、教育行政机构、学校的教职工、家庭甚至是学生这些多元主体共同参与，不再是学校领导单方面的指挥，这个过程中校长更多体现出的是指引性。

从学校管理到学校治理的转变，不仅体现了学校领导方式的变革，而且也意味着校长领导观念的改变与创新。多元主体的引进意味着校长要有一颗包容心，接受不同身份、不同机构的人的意见并加以综合；过程中的指引性则意味着校长的管理不能再"随心所欲"，在共同商议的前提下，校长的治理方式必须是科学的、有意义的。在教育现代化要求的治理现代化中，中小学学校校长更要深入理解学校治理相关的理念，让学校方面的事务体现出教育现代化的民主性、多元性、开放性。

（四）引领学校开展智慧教育

教育现代化的发展离不开教育信息化的支持。"教育信息化是实现教育现代化的前提，教育信息化的发展为教育现代化的实现提供了基础和条件。"[②]现代信息技术给教育带来了一系列变化，推动了教育思想和教育理念的现代化；同时，教育信息化也带动了教育教学的现代化，现代教育技术使得优质信息资源高度共享，教育工作者需要适应现代的教育方式、教学手段、教学模式，突破传统的课堂教学；教育现代化是为了培养具有现代性的人，而教育信息化正好提供了一个良好的环境，使学生的个性化需求得到了充分的满足，且满足了教育现代化时时学、处处学的特点。

在教育信息化1.0时代，教育信息化的主要重心在对计算机等多媒体的普及和应用上，以建设数字校园；而教育信息化2.0时代，重心就转变为对信息技术与课堂教学的融合与创新，通过信息技术对教育教学产生影响，推进教育变革。进入教育信息化2.0时代，中小学的教育需要从封闭转变为开放，可以通过一些手段直接访问课堂教学，参与进课堂中教学中，并且要引进多元

---

① 傅蝶. 治理视域下校长领导力的建构 [J]. 教育家, 2020 (12): 16-18.

② 缪宁陵. 教育信息化: 教育现代化的基础 [J]. 江苏技术师范学院学报, 2010 (11): 128-131.

教学媒体、各种优质的学习平台等，课堂模式全面发生变化，基本实现翻转课堂，加快建设智慧课堂。与教育信息化1.0时代相比，2.0时代从以物为重到以人为本，更加注重师生的全面发展。[①]而校长，引领着学校教育信息化的发展，其信息化能力发展关乎学校信息化的发展，必须着眼于未来，从智慧教育的方向规划学校未来的发展。

（五）享自带领进行终身学习

学习型社会是对现代社会发展特征的一种理论描述，是指在信息社会中，随着科学技术的迅速发展，信息与知识的急剧增长，知识更新的周期缩短，创新的频率加快，对人的素质要求提高，学习成了迫切的需要。"《中国教育现代化2035》赋予了新时代中国教育现代化新内涵，构建服务全民终身学习的现代教育体系成为新时代中国教育现代化的主要目标方向。[②]"身处学习型社会中，中小学校长要进行对学习的学习，发展其学习力，努力在学习型社会中将学校发展为学习型学校。

建设学习型学校，校长的领头作用是至关重要的，校长要主张终身学习观念，践行终身学习，教师与学生才会跟随校长的脚步。学习从来就不是一个人的事，学生能从同学身上学习到更优秀的道德品质，从教师身上学到更多的知识；教师能从同事身上学习到更好的教学方式，也能从学生身上反思自己教学中的不足，这些何尝不是一种学习？校长的学习则更为多维且关键，教育现代化过程中，名校长的案例都是其他校长应该借鉴学习的。终身学习要求校长有着宽广的胸怀，时刻保持着谦逊的品质，即使面对年轻的新校长，也不能自恃高傲的心态，践行终身学习，时刻牢记自己作为一名学习者的身份，永远保持着"活到老，学到老"的心态。

二、教育现代化背景下中小学校长领导力的六个维度

中小学校长领导力的内涵在教育现代化背景下更加丰富。基于《义务

---

① 雷励华, 张子石, 金义富. 教育信息化2.0时代校长信息化领导力内涵演变与提升模式 [J]. 电化教育研究, 2021, 42（02）: 40-46.

② 徐莉, 杨然, 辛未. 终身教育与教育治理在教育现代化中的逻辑联系——实现中国教育现代化2035的思考 [J]. 中国电化教育, 2020（01）: 7-16.

教育学校校长专业标准》，校长应该秉持着"以德为先、育人为本、引领发展、能力为重、终身学习"的基本理念。[1]为了推进教育现代化，中小学校长领导力应以道德领导力为基础和前提，通过道德领导实行以德治校，达到不治而治的局面。教育现代化要求创新教学模式，而教学始终是一所学校的中心工作，因此，教学领导力是校长领导力的根本。"百年大计，教育为本；教育大计；教师为本"，教育现代化要求建设创新型教师团队，校长在学校对教师团队的领导力，是推进教育现代化的关键。教育现代化要以信息技术促进教育变革，中小学校长对信息化的有效领导成为教育现代化的重要动力。终身学习从理念逐渐转化为实践，校长必须身先士卒，通过自身学习行为的改变影响教师，进而影响学生，以达到教育现代化的要求。创新是引领改革发展的第一动力，教育现代化需要校长的创新领导力作为其发展源泉。综上，中小学校长领导力在教育现代化背景下的核心内容应包括道德领导力、教学领导力、团队管理领导力、信息化领导力、学习领导力和创新领导力这六个维度。六者共同构成教育现代化背景下中小学校长的领导力。

（一）道德领导力

《中国教育现代化2035》中实现教育现代化的第一条任务就是更加注重以德为先，并且将师德师风作为评价教师素质的第一标准，以此推动师德建设长效化、制度化。[2]对校长而言，在管理学校过程中所发布的指示、命令能否有效、及时的执行，是取决于校长个人的威信的。这种威信不是校长这个名称所赋予的，名称赋予的只是一种权力，威信则是个人的一种综合素质的体现。因此，校长提升个人道德素养，在学校中实施道德领导力是十分重要的。校长的道德在立德树人的教育任务中有着不可或缺的重要作用。对中小学校长而言，实施道德领导力，不仅有利于个人道德素养的提升，更是能够提升全校师生的道德素养，使校长真正成为学校全体师生的"精神领袖"，这需要校长明确认识教育现代化背景下自身的教育使命和责任。

---

① 中华人民共和国教育部. 义务教育学校校长专业标准[EB/OL]. [2021-04-26]. http://old. moe. gov. cn/publicfiles/business/htmlfiles/moe/s7148/201302/147899. html.

② 中共中央，国务院. 中国教育现代化2035[EB/OL]. [2019-02-23]. http://www. gov. cn/xinwen/2019-02/23/content_5367987. htm.

纵观历史，大部分学校都把道德建设放在首要的地位，英国的教育家洛克在《教育漫话》中提道，教育的目的最有价值也是最难的一部分便是德行，这向我们说明了曾经的教育家们都是高度重视道德教育的。一方面，良好的道德素养是校长威信的根源；另一方面，实施道德领导力，可以更好地提升学校教师团队的凝聚力和向心力，有利于提高校长工作的质量和效率；再有，便是从个人到整体，通过校长影响教师，再通过教师影响学生，逐步扩展，全面提高学校整体的道德水平。

（二）教学领导力

教师的根要落在教育教学中。"校长要静心、潜心抓好教学工作，成为课程、教学的指导者、领导者。"[①]在教育现代化过程中，校长的教学领导力始终有着重要的地位，并且，教育现代化要求校长必须提升其教学领导力。教育部等八部门在关于印发《新时代基础教育强师计划》的通知中提出要深化精准培训改革，充分发挥名师名校长的辐射带动作用，实施五年一周期的"国培计划"，示范引领各地教师全员开展培训[②]。课程改革没有终点，在这个没有终点的过程中，校长要保持着一个不断研究、不断探索的心态，推进课程改革，领头面对课改中的矛盾与困难。

一所学校的教学理念直接决定着学校的教学方向，因此，校长的教学领导力首先就是对教学理念的领导。[③]这意味着校长首先要形成自己的教学思想，并善于把自己的思想转变成大家的思想，当然校长的这种教学思想一定是要基于教学改革方向和本地区学校的教学现状所形成的。校长领导力在课堂中的体现，首先便是校长的听课与评课，这是校长深入学校教学活动一线的重要途径。校长听课、评课的关键点应基于学校的未来发展，从学校角度去听课、评课；校长领导力在课程方面还应体现在对教师课堂教学提供专业支持上，教师在课堂教学中，一定会有许多困难和疑惑，校长此时就要帮助教师，提供专业帮助，教师的教育热情就在这一次次困难的解决中得以提升。

---

① 王铁军. 校长领导力修炼 [M]. 上海：华东师范大学出版社，2009：148.

② 中共中央，国务院. 教育部等八部门关于印发《新时代基础教育强师计划》的通知 [EB/OL]. [2022-04-02] https://www.gov.cn/zhengce/zhengceku/2022/04/14/content_5685205.htm.

③ 王铁军. 校长领导力修炼 [M]. 上海：华东师范大学出版社，2009：152-153.

（三）团队管理领导力

《中国教育现代化2035》提出建设高素质专业化创新型教师团队。"教师作为教育发展的第一资源，其素质的提升将带动教育质量登上高峰。"[1]教师团队就是一所学校的骨干，因此，在教育现代化过程中，中小学校长的团队领导力必不可少。

"有远见卓识的校长，深深懂得教师对学校发展、学生发展起到的重要性，无不把教师队伍建设放在最重要的位置上。"[2]校长实施团队领导力，教师们在发展过程中就会基于一个"共同愿景"——校长对学校未来发展的规划，这时，团队就有了一个共同的目标，每位教师的发展都会以学校的发展为前提，慢慢地从个人过渡到集体，传统的学校集体逐渐成为"学校共同体"，教师队伍不再死气沉沉，而是充满生命力，教师与教师之间开始合作互学，校长的领导逐渐深入人心。这时的教师团队，思想都趋于校长，行动跟得上校长的领导，学校的潜能才会发挥到极致。

（四）信息化领导力

教育信息化2.0时代，信息技术得到发展，校长的信息化领导力必然发生改变。"教育信息化承担着推进教育现代化的重大历史使命，它既是推进教育现代化的重要手段，也是教育现代化的核心特征。"[3]教育信息化2.0时代，开展智慧教育，建设智慧校园势在必行。于校长而言，其信息化领导力并不是一个静态的过程，校长施展信息化领导力的主要载体是信息技术，而信息技术随着教育现代化的发展而发展，校长的信息化领导力结构及性质也随之改变，校长的信息化领导力也在影响着信息技术在学校所应用的效果。因此，信息技术与校长信息化领导力是互相影响的。

教育信息化2.0时代使得学生更容易表达自我，进行个性化学习，达到全民学习、学习平等的要求，教师与学生交流的方式更多，同时也要求教师必须具备更高的技术，不仅是教学知识上的技术，还要具备一定的信息技术能

---

① 陈思. 教育现代化背景下教育工作者关键能力建设探讨——2019年基础教育人才发展20人北京论坛会议综述[J]. 北京教育学院学报, 2019, 33（05）：88-92.

② 王铁军. 校长领导力修炼[M]. 上海：华东师范大学出版社, 2009：105-106.

③ 何克抗. 我国教育信息化理论研究新进展[J]. 中国电化教育, 2011（1）：1-19.

力，且深入理解教育信息化2.0时代的内涵，改变自己的教学理念。师生之间交互的课堂变得更加智能化，对校长的要求便是用新型信息化领导力来引领学校的信息化发展，进而影响教师与学生，去探索信息技术与教育教学新的融合，发现更多的可能性。智慧校园需要一名"智慧"的校长来领导，校长的信息化领导力，是学校教育信息化发展的最大因素。

（五）学习领导力

教育现代化要求建设各类学习型组织，构建全民终身学习体系。教育现代化是一个知识经济时代，一个人的价值体现在他知道什么以及他能学习什么，中小学阶段是学生培养学习习惯的最佳时期，即使有着其他因素对学生学习习惯的影响，但学校仍然是目前中小学学生学习的主要场所。在学校中对学生学习习惯影响最直接的就是班主任和科任教师，当教师们受校长的学习领导力所管理时，也就是校长间接地对学校所有学生的影响。

处于学生学习的最关键时期的中小学学校来说，成为学习型组织是必然趋势。学习领导力有别于"教学领导力"，却又有相通之处，学习领导力将领导力的方向明确地指向了学习。[①]学习是一个不间断的过程，知识在不断地更新，因此，校长实施学习领导力，就需要不断地温故知新，不断学习新知识，不与时代脱节，做到用先进的知识和教学理念治理学校。教育现代化背景下，中小学学生的学习环境早已再不限制在学校的课堂之中，故校长的学习领导力也应该超越课堂之外甚至超越学校之外。

校长的学习领导力在教师身上体现为校长通过自身的学习行为对教师产生直接影响，当校长自觉地并且坚持不懈地学习时，个人的知识储备在得到增加的同时，自主学习的行为是对教师影响最大的，不仅在行为上促进着学校教师主动学习新知识、新理论，主动思考问题并解决问题，更重要的是对教师的思想进行潜移默化的影响。当一个组织内的成员都有着主动学习的习惯，学习型组织便真正的成立起来了。

（六）创新领导力

创新是一个民族的灵魂，是一个国家兴旺发达的不竭动力，而创造性是

---

① 王美.学习领导力：区域层面学校改进的新视角［J］.教育发展研究，2018，38（18）：53-59.

人最为瑰丽的一个品质，是每个人都拥有的一种潜能，教育的功能便是使这种可能转变为现实的存在。面对着教育现代化对学校、教学理念、课程提出需要改革创新的要求，中小学校长必须提高个人的创新领导力，引导学校教师转变理念，集体思考，开拓创新，进而发展全校师生的创造性。

教育现代化提出了培养一流创新人才和建设创新型教师队伍的战略任务。[①]何为创新？就是创造新的事物的过程，包括之前没有提出过的问题或是没有解决的问题。创新的本质便是"新"，单从字面理解，就是与"旧"相对立，不墨守成规，不因循守旧，敢于提出新思想，探索新事物，实施新方法。[②]校长的创新领导力是一个复合的能力，创新不仅与认知和智力相关，更是与个人的整体发展有关。创新领导力区别于创新领导，在中小学阶段，创新领导主要侧重于校长对于领导理论在实践中的理念创新、应用创新等；而创新领导力注重于校长通过自身促进学校组织的创新以及发展组织中各个成员的创新性。[③]创新力领导力需要校长将眼光超越于现在、着眼于未来，以教育现代化为方向、以学校为本、以师生为重心，充分利用一切可以利用的资源提高学校组织内所有成员的创新能力，带领师生创造性地解决学校在改革过程中遇到的各种问题，真正实现学校的改革转型。

三、教育现代化背景下中小学校长领导力变革的途径

教育现代化带着时代的特征，新特征开启了建设教育强国的新征程，新征程对中小学校长提出了新要求，新要求呼唤中小学校长领导力发生变革。"在推动学校教育现代化的进程中校长是否具有现代化意识，将直接影响学校教育现代化的进程。"[④]因此，校长应加强领导力研究与实践，树立现代化教育领导力意识，还需要通过一些途径，系统性地、有针对性地、有效地、创新性地加快教育现代化背景下中小学校长领导力的变革。

---

① 中共中央，国务院. 中国教育现代化2035 [EB/OL]. [2019-02-23] http://www.gov.cn/xinwen/2019/02/23/content_5367987.htm.

② 王铁军. 校长领导力修炼 [M]. 上海：华东师范大学出版社，2009：213.

③ 邱心玫，黄爱玲. 经济新常态下中职校长创新领导力探究 [J]. 教育评论，2018（10）：57-60.

④ 夏淑平. 校长的现代化意识是实现学校教育现代化的关键 [J]. 中国培训，2016（14）：129.

（一）加强道德品行修养，彰显道德领导模范

一方面，中小学校长要强化自己对理论知识的学习。中小学校长是一名教育者，也是一名管理者。从教育者方面来说，校长是教师中的教师，自身的师德师风必须要达标甚至是更高，不断地提升自身的道德修养。教育现代化过程中新鲜知识层出不穷，中小学校长必须树立终身学习的观念。从管理者方面来说，校长应该深入学习管理方面的理论，将道德领导力渗透到平时的管理中，加强道德领导与管理二者之间融合的实践，在实践中发现问题、解决问题。从古至今，管理者这个身份总是会使人们产生一种抗拒的心理，而校长通过道德领导力，使得师生自愿结合成学校道德共同体，校长的"管理者"的身份不再成为与师生关系之间的"横梁"，校长与全体教师就会基于一个共同愿景而努力，学校的发展才有了实现的可能。

另一方面，要注意个人道德素养和职业道德素养的提升，通过个人良好的道德素养来影响学校的教师和学生。中小学校长应该是一个有魅力的角色，他的魅力就是通过其道德素养塑造出来的，领导者的个人道德素养直接关系到个人的威信，威信并不是靠名头所赋予的，是需要学校的所有成员公认的，这就要靠校长自身的道德修养。对于中小学学生而言，他可能认不全学校的教师们，但是他一定会认识校长。校长在学生心中，是自己所就读学校的最理想的存在，与每天接触的教师不同，在学生的认知里校长一定是一个德才兼备的人，是一个自己敬仰的人。因此，中小学校长提升个人道德素养是直接有利于学生道德素质的提升的。职业道德素养则是体现在对教师的管理之中，校长要以人为本，拓宽自己的胸襟，允许教师们提出不同的甚至是反对的意见，尊重教师之间差异性的同时保持公正，一视同仁，不搞特殊。同时提升个人道德素养与职业道德素养，形成校长特有的人格魅力，以此领导学校包括全校师生共同发展。

（二）重视教学领导实践，创新课程教学模式

苏霍姆林斯基在《和青年校长的谈话》中说："想成为一个好校长，首先就得成为一个好教师，一个好的教学专家和好的教育者；要成为教师的教师，就要一天比一天更深入地钻进教学和教学过程的细节之中去。"然而目前，中小学校长的大部分精力是侧重于与教学不相关的管理工作中，对待教

学和课程改革只是做到了表面上的关心，大部分教师也只是把校长进课堂当作是校长的例行检查而已，这都是不利于校长教学领导力提高的现象。校长必须重视起教学领导实践工作，常听课，善评课，虽然中小学校长很少有多余的时间进行亲自教学，但是还是鼓励校长亲自上课，这的确是一种提高校长教学领导力的好方法。[①]如果校长只是研究教学理论却不进行实践，就是纸上谈兵，教学过程中的问题只有亲自体会过，才能有根据地去研究、去解决。再者，校长亲自教学，将教学过程中问题解决的方法示范出来，就是校长的教学领导力的体现。

校长作为"教师之师"，要始终走在教学前线上。国家基础教育课程改革在不断推进，这就要求中小学校长们必须走进课堂，与一线教师共同研究、探索、创新课程教学模式。脱离了一线教学的经验，就不能切实地感受到课程的规律，不能正确地思考课改的方向，任何关于教育教学的改革，都必须依托于课堂，创新课程亦是如此。创新课程教学模式，中小学校长必须走在时代的前沿，正确理解教育现代化。教育现代化重视立德树人，将德育工作贯穿课程建设全过程，因此，新的课程教学模式一定是以育德为先。作为校长，必须把握住课程改革的重点，才能带领教师正确地创新教育教学，这样中小学校长的教学领导力才能够得以实现和提升。

（三）创新团队管理模式，激发教师队伍活力

"百年大计，教育为本；教育大计，教师为本。"教育现代化要求校长以人为本，切实考虑到教师与学生人格的发展；以校为本，将本校作为教师发展的根据地，构建"校本教师培训模式"。[②]新型组织管理模式，必须确立统一的教学思想和教学理念，而"校本培训"正以思想为先，校长通过思想来引领教师，打造学校共同体。

学校共同体是民主性的组织，校长赋权给师生，从管理走向治理，让学校的师生共同参与进学校的管理中，学校组织中的每个成员都是管理者，充分发挥各个职位的主观能动性。于教师而言，每位教师既是学校管理者，又是教育者；身处于"校本培训"中，每个人既是培训者，又是被训者，这就

① 王铁军.校长领导力修炼[M].上海：华东师范大学出版社，2009：153.

② 王铁军.校长领导力修炼[M].上海：华东师范大学出版社，2009：116-119.

构建了一种平等、民主、和谐的治理环境。当然，激发一个人动力的最好途径便是鼓励。因此，校本培训模式应该具备相应的考核制度以及激励机制，而评价的标准不能单纯地以学生成绩来评定，可以专门设计一个评估校本培训效果的考试，通过考试成绩和学生学业成绩，以及教师在一学年内的工作情况、个人发展情况以及对学校发展方面作出的贡献来综合评价。通过奖励手段，激发教师参与校本培训、学校管理以及促进个人的发展。如此，"校本培训"才能落到实处，教师队伍才会充满活力。

（四）加强信息技术应用，合作探讨创新方法

"从教育信息化1.0时代进入2.0时代，标志着我国大部分地区已经普及了多媒体设备。"[①]除去这些客观因素之外，中小学校长若是想要提升个人的信息化领导力，便要从自身入手。在信息技术飞速增长的现在，各种新鲜的名词诸如"人工智能""大数据""词云"等，已被越来越多的教育家所应用。教育信息化时代是人与科技共同绽放光辉的时代，中小学校长必须承认并且接受这一点，重新建立与教育信息化时代相应的教育观，加强自身在信息技术方面所欠缺能力的培养，不断地提升自己的信息素养和信息应用技术，多思考信息技术与教育教学和管理工作方面的融合与创新，带领教师走在教育信息化时代的前沿。

中国的教育现代化，绝不是靠几名教育家就能够完成的，每一位校长，每一位教育家，每一位从事教育工作的人，都要有着肩负推进中国教育现代化使命的觉悟。因此，中小学校长在探索、思考信息技术与教学和管理相融合创新的时候，不是非要凭一己之力完成。对内，可以建立信息化培训组织，与学校管理团队共同进步，由点到面，将提高信息素养作为一种理念渗透进学校的每一个部分，努力建设智慧校园。对外，可以与本地区其他学校的校长进行交流互学，共同研讨信息技术在课堂中和管理中的应用，也可以借鉴其他与本校或者本地区情况类似的学校在信息技术领域的应用，开拓创新，为了推进教育现代化而共同努力。

---

① 雷励华,张子石,金义富.教育信息化2.0时代校长信息化领导力内涵演变与提升模式[J].电化教育研究,2021,42（02）：40-46.

（五）树立终身学习观念，传播终身学习理念

教育现代化要求构建终身学习体系，学校要成为学习型组织，校长必须一马当先，树立终身学习的观念。首先，校长要明确自己的学习动机，动机是做一件事情内在动力的保障，缺少学习动机，终身学习就无从谈起。校长要清楚自己为了什么而学习，学习能使自己获得什么，这并不是有着固定答案的题目，但是若想要树立终身学习观念，校长所获得的答案越简单越容易实现最好，因为一旦实现，获得的成就感是能够使得学习变得有趣，进而愿意主动学习，维持对学习的兴趣。其次，校长要做好学习的规划，中小学校长每天的工作量并不少，因此，在紧张的工作中继续进行学习，一份合理的学习规划是必不可少的。有了对学习的规划，可以避免走很多弯路，减少学习的随意性和盲目性，使学习有条不紊地进行，慢慢地成为生活中像吃饭、喝水一样的习惯，终身学习便建立起来了。

建设学习型组织的学校，只有校长建立终身学习的观念是不够的，校长必须传播终身学习的观念，引导教师树立终身学习的概念，让教师真真正正地明白"学海无涯"这四个字。教育现代化强调素质教育，提高一个人素质的最好方法便是学习，而学习最有效的途径便是读书，因此，中小学校长必须学会读书，然后带领学校教师一起读书，再由教师带领学生们读书。读书要有选择，校长有自己读书的方向，教师也有着自己需要读的书，校长应当传播的不是读什么书，而是读书的习惯、终身学习的理念。以往的应试教育限定了学生的课外阅读，而在如今的素质教育下，学生们的读书习惯更需得到重视，教师们在平时的教育中要帮助学生们多读书，培养学生好读书的习惯，发展学生读好书的能力。教育现代化时代，每一个人都应该是读书人，每一个人都行走在终身学习的道路上。

（六）强化创新意识培养，不断更新教育理念

教育现代化是一个不断变化的过程，新理念、新技术、新思想更是层出不穷。校长必须紧跟时代的脚步，不断地更新自己的教育理念，包括知识、管理等各方面的内容，用开放的心态接受新知识、新思想，并且大胆地创新。

提升校长的创新领导力，首要的便是强化校长的创新意识。"创新是一

个学校发展的不竭动力"①，校长作为学校的引领者，在创新意识方面必须领先于教师，这样在教育教学过程中教师创造性地提出了某项改革时，校长才不会不知所措。提高创新意识，要求校长深入研究教育教学理论，活跃在教育一线并且积极思考教学问题，理论与实践相结合才能得到经验的积累。每一次创新都需要勇气和经验的支撑，而勇气的来源便是这些宝贵的经验，也就是校长敢创新、能创新的保证，同时也是影响教师、领导教师创新教学的依据。

校长不仅在创新意识方面要引领学校的教师，在创新改革方面也要身先士卒，鼓励教师、学生全员创新。校长要充分理解学校创新的意义，学校的未来不是确定的，是由现在的学校组织成员共同创造的，每一次创新都意味着学校的未来多一种可能性，甚至意味着教育现代化向前迈进了一步。

校长领导力是一种综合素质和能力的体现，绝不是单指领导方面的能力，而是学校领导者的道德观念、办学思想、人格魅力、社会交际、创新思维等各方面素质的整合，是引领学校发展的综合素质和能力。教育现代化是一个不断变化的过程，是动态的，因此，教育现代化背景下中小学校长领导力的变革也一定是动态的，随着教育现代性的不断增长，多方面共同发展。中小学校长要紧跟时代的步伐，在教育现代化过程中，成为新型校长领导力的实施者、研究者和创新者。

---

① 王铁军.校长领导力修炼[M].上海：华东师范大学出版社，2009：206.

第二章　教育现代化背景下中小学校长信息化领导力发展

　　教育信息化成为当下教育现代化的重要表现形式。教育现代化是传统教育模式向现代教育模式转变的过程，教育的自主性、专业性、科学性、多样性、民主性、信息化对中小学校长提出了现代化的新要求。为了应对新时代新挑战，中小学校长需要通过自我提升、外部互动、不断创新三个途径来提高信息化领导力水平，并巧妙借力信息技术从保证教育公平质量、促进学生个性发展、转变教学模式三方面加速现代教育转变过程。所以，现代教育离不开信息化的支撑，以"视学思辨"模式为特征的新的教育模式终将促进教育现代化的实现。

　　"《中国教育现代化2035》指出要优先发展教育，着力提高教育质量，促进教育公平，优化教育结构。"[①]在教育现代化这一背景下，专家学者主要在教育现代化的含义、特点，教育现代化的评价指标，教育现代化研究中的关系问题等方面有一定的建树，而通过对文献的分析整理发现，在教育现代化视野下研究中小学校长信息化领导力的发展方面的不是很多。伴随"教育信息化2.0"时代的到来，教育现代化与教育信息化不断交融，形成了一个信息技术与教育教学深度交融的新局面。在此情境下，作为学校领头人的校长将面临新的挑战，校长的信息化领导力水平显得至关重要。因此，研究教育现代化背景下中小学校长信息化领导力发展的问题显得尤为重要，这将有助于了解中小学校长信息化领导力的现状，帮助校长发现以往管理中存在的

---

① 　中共中央国务院印发《中国教育现代化2035》[J].人民教育，2019（05）：7-10.

不足，明确新的发展方向，并对校长信息化领导力的进一步开发与提升、加快推进教育现代化具有重要意义。

一、教育现代化对中小学校长信息化领导力发展的新要求

面对教育现代化的不断深入，教育信息化发展迅速。教育信息化步入2.0时代，一方面说明了信息技术发展出现了新形式、新模式，同时也从侧面体现了教育现代化对信息技术发展与教育相适应的要求。在这种新形式下，中小学校长需要发挥先锋模范作用，带领学校去迎接新时代的新挑战。"教育现代化是指与教育形态的变迁相伴的教育现代性不断增长和实现的过程。"[①]就如今的科技社会而言，信息化可以说是现代化的一个标志，所以为了加快推进教育现代化、办好人民满意的教育，中小学校长应从学校实际出发，进行适应教育现代化发展的信息化变革。

（一）教育的自主性要求校长做信息学习的引领者

自主学习的能力是现代教育的一个重要表现。作为学生学习的领导者，校长应表现出对信息技术的支持，并通过对信息技术的学习提升自我修养，引导学生通过技术应用自我学习，优化学习方式方法，提升学习效率，增强学生新时代的学习能力，实现教育现代性的增长；作为教师教学的领导者，校长应注重将信息技术应用于促进学生合作、沟通，帮助学生解决实际问题等方面来，而不是关注对多媒体的等技术设备的基本操作能力，应引导教师主动将现代化的信息技术与教育教学进行深度融合，共同探索信息技术与教育教学的最大公约数，实现教学方式方法的现代性增长。在培养学生学习自主性以及通过信息技术平台构建知识的能力方面，校长需注重信息化教学，尝试在实际的课堂教学中引进具有针对性的信息技术，提升信息技术在教学中的有效性，并鼓励教师在校内、校外的相互学习，以及在教育信息技术资源平台的多元学习，寻找适合自己教学风格的信息技术软件，如网易公开课、学霸君1对1、101教育PPT等等；在鼓励教师提升学习自主性方面，校长需鼓励信息技术应用的创新性发展，利用技术为教师和学生的个人发展提供

---

① 褚宏启.教育现代化的路径—现代教育导论[M].2版.北京:教育科学出版社,2013:31.

机遇，并鼓励教师在课堂中进行行动研究，以行动研究者的身份来分析反思自己的课堂，不断提升自身信息化素养，寻找信息化课堂的最优策略。校长信息化领导力的发展应注重教育的自主性，校长通过自我学习，不断尝试技术与教学的有效整合，发挥榜样示范作用，这样不仅有利于学生现代化学习能力、学习自主性的提升，还能引领教师形成正确的信息观和信息素养，推动学校向现代教育转变的脚步。

（二）教育的信息化要求校长加速建设智慧校园

教育信息化2.0时代的到来使得教育的信息化这一特征更为突显。"目前，我国中小学的智慧校园建设还处于初级阶段。"[1]中小学校长应该运用AI智能、大数据、云计算等技术支持积极探索建设智慧校园的有效途径。首先，智慧校园的建设应该培养智慧师生。智慧教师是指教师能够与时俱进地运用现代信息技术更新教育内容与方法；智慧学生是指学生有较强的自学能力以及对知识探索和学习的泛在能力。其次，中小学校长应注重智慧课堂的建设。智慧校园的主体是教师和学生，教师和学生的主要活动场所是教室，智慧课堂的建设有利于教师对学生身心发展及学习状况的把握，由此改进不合理的课程安排，同时有利于学生对知识的理解和消化。另外，智慧校园的建设离不开智慧环境的营造。学校如果建立了泛在的智慧校园环境，学生可利用信息设备结合线下所学知识丰富知识储备，这样不仅能调动中小学生学习的积极性，还能培养中小学生的创造力和信息技术能力。

（三）教育的专业性要求校长引领教师信息化专业发展

教师作为专门从事教育的人，需要具有专业性。"推动教师专业发展，也是校长信息化领导力中非常重要的任务。"[2]作为信息能力建设的领导者，校长需要发挥积极的带头人作用，协同学校管理人员、教师、技术人员规划如何利用信息技术推动教师专业化发展，制定发展愿景与目标，致力于教师信息化素养的提升，实现以信息化促专业化的发展。校长信息化领导力的建设应关注在决策和执行过程中的能力建设。在引导教师信息能力建设方

---

① 魏依云. 教育信息化2.0时代中小学教育的新形式 [J]. 中小学电教, 2019（03）: 3-5.

② 张彦. 汉中市中小学校长信息化领导力现状及提升策略的研究 [D]. 汉中: 陕西理工大学, 2019: 32-35.

面，校长需鼓励教师参与到信息决策和执行中来，在这个过程中体验技术、掌握技术、交流技术、探索技术，以便提升教师教学的信息化能力。同时，制定相关的规章制度，对教师进行相应的奖惩，调动教师参与的积极性，并鼓励教师间的交流合作，向教师传递优秀的技术应用实例，鼓励教师在技术与教学的融合过程中实现突破，提升技术创新能力。

（四）教育的科学性要求校长不断完善学校教学设施

现代科学的教育需要完备的软硬件设施。随着现代通信技术和新兴媒体的不断发展，"互联网+教育"成了当前教育的热潮，教育信息化越来越成为教育现代化的一种表现形式。学校的信息化建设是中小学校长信息化领导力的一个重要内容，没有信息化建设，就没有学校的信息化、智慧化。这里的学校信息化建设不仅仅是指计算机、无线网络、宽带等基础硬件措施，还包括了网络空间建设、优质教育资源共享建设等信息软实力。充足的信息化设施有利于中小学校长信息化领导力的发展。基础信息设备是学校教育信息化的基本保障，校长需主动地了解师生对于信息化设备的基本需要，合理地安排基础信息设备的投入，使用符合实情的硬件设施，并制定售后计划，定期对学校的设备进行检查与维修。有的学校在基础信息设施方面缺少资金投入，这里的资金除了上级拨款外，校长还可以通过学校自筹的方式，去联系投资人、校友对学校的基础设施加大投入。校长是否将上级拨款及自筹资金投入到学校信息化建设中，在一定程度上能够反映校长对教育信息化的重视程度。有的学校花了大价钱购置了技术设备，但是利用率却不高，如多媒体教室、实验室，平时只有在公开课等重要的课上，教师才会使用这些教室的设备。所以，在完成了学校的信息化基础设施建设后，校长还需制定有效的设备使用规章制度，使学校信息化设施得到科学的使用。

（五）教育的多样性要求校长培养全面发展的现代人

实现教育现代化就是实现人的现代化。"[①]人的现代化是全面、和谐、自由、个性的发展。网络教学空间建设的完善有助于学生进行移动学习，并且针对学生的个性与全面发展进行因材施教，运用多样化的网络资源丰富学

---

① 李冰冰. 信息化推动区域教育现代化研究——以苏州作为例 [D]. 徐州：江苏师范大学，2017：85.

生的五育发展，以教育信息化促进教育现代化。对此，校长应致力于打造虚实结合、线上线下结合、人人通的网络教学空间。由于现代通信技术的飞速发展，现代教育更趋向于时时刻刻都能学习的泛在式学习，学习的空间将不会拘于教室这一固定地点，所以网络空间的建设应向打破时间空间限制的方向发展，将虚拟与实际相结合、线上与线下相结合，实现真正的随时随地学习。通过人人通的空间网，实现空间与空间之间的连接互动，使信息不再闭塞，打破以往信息孤岛的局面，使学生在互联互通中相互作用、相互影响，以促进彼此的成长。在教育现代化及信息化背景下，这样的新型网络空间将是未来的主流发展方向，愈加完善的网络教学空间建设，愈能够促进学生的全面协调个性发展，愈能实现人的现代性增长，才会不断推动教育现代化的脚步。

（六）教育的民主性要求校长提高教育公平质量

教育的全民性和民主性要求学校教育保证公平。"信息化促进教育公平，是教育信息化2.0时代实现教育内涵式发展的重要内容。"[①]在中小学对于促进教育公平，信息技术有其独特优势。首先，现代的信息技术使得优质的教育资源的流动更加方便快捷，学校资源间的共建共享共治将会给学生和教师提供准确有效的优质资源，从而促进教育资源的公平。其次，和以往的教科书，教案等教育资源相比，现代的教育资源更趋于网络化、数字化，往往一个文档、一封邮件、一个APP就能实现教育资源的相互交流与沟通，这样有利于打破时间空间限制，拉近教师与教师间、教师与学校间、教师与学生间的距离，使优质教育资源能够实现大规模大范围的互通共享，从而促进地域的公平。现在能够支持教育资源共享的信息化工具主要有电子教材教案、与教育相关的APP、各个教育平台的微课视频，这种以互联网和信息技术为媒介的新型教育资源能够多次重复利用，能够让学生时刻进入学习，将是教育现代化发展的一大助推器。因此，中小学校长应该以信息化为手段，以教育公平为导向，不断尝试利用现代化的教育思想和信息技术手段来武装大脑，有效发挥信息化领导力，合理借力信息技术提高教育公平质量。

---

① 徐欢云，胡小勇. 信息化促进基础教育公平：图景、焦点与走向［J］. 现代远距离教育，2019（06）：29-34.

二、中小学校长信息化领导力的发挥在加速现代教育转变过程中的作用

"教育部印发《2019年教育信息化和网络安全工作要点》，指出要实施好教育信息化"奋进之笔"，加快推动教育信息化转段升级，以教育信息化支撑和引领教育现代化。"①技术变革教育，教育反过来又会促进技术的不断发展和进步，现代信息技术的应用就在教育的信息化和现代化实现过程中发挥着重要作用。信息技术在教育领域深刻影响着教育理念、教育制度、教育手段、教育内容以及人们的学习方式和思维能力的转变。在某种程度上来说，教育信息化的发展可以等同于教育现代化的发展，所以说在教育现代化背景下，对于中小学校长信息化领导力的研究显得尤为重要。在教育现代化新时代背景下，校长信息化领导力是"在学校的信息化发展中，由校长牵头，运用信息技术，整合学校资源，组织全校师生为了共同的目标而奋斗，最终带领师生实现学习信息化建设结果的过程。"②根据"教育的民主性、教育的人道性、教育的信息化"③这三个特征，中小学校长可从促进教育公平，促进学生个性发展、借力信息技术三方面来加速学校现代教育的转变。

（一）中小学校长有效发挥信息化领导力能够加速教育公平的实现

在教育现代化背景下，中小学校长要不断发挥自身信息化领导力水平，充分利用信息技术及信息化手段促进教育资源间的开放共享，这种打破时间空间的资源共享能够促进教育公平实现质的变化。

首先，"教育信息化硬件投入，对于促进教育公平有显著影响。"④那么以信息技术为支撑，借助信息化硬件载体而存在的网络教学资源在加速教育现代化、促进教育公平方面就具有了独特的优势。例如，技能名师的教学视频是一种宝贵的教学资源，通过这些资源可以帮助新手教师吸取有益

---

① 教育部印发《2019年教育信息化和网络安全工作要点》[J].中小学信息技术教育，2019（04）：4.

② 贺丹.初中教师视角下校长信息化领导力现状研究[D].银川：宁夏大学，2018：5.

③ 褚宏启.教育现代化长什么模样[J].中小学管理，2019（03）：59.

④ 田亚惠，姚继军，丁婧.学校信息化硬件投入如何影响学生成绩——基于南京市初中的实证研究[J].教育学术月刊，2020（01）：87-94.

经验，少走弯路，尽快地脱离教师专业发展的初级阶段，将陈述性知识快速转化为程序性知识，成为新的技能名师，让学生通过视频理解知识，掌握知识，使学生在新旧知识间形成实质性、非人为性的联系，进行有意义的学习，并学会创新学习方式方法。

其次，"网络教学资源具有公建众享的价值。"[①]以信息技术为媒介的网络教学资源相较于传统的纸质教学资源更便捷，更易于保存和浏览，且不易损坏，价值趋同。同样的网络资源可以在不增加投入的情况下供所有用户随时随地地进行终身化学习，这对于不同水平的学校，甚至城乡地区的学校的教师与学生都是一种宝贵而实用的财富，使教育者和受教育者在不同时间、不同条件、不同环境享受同等的教育资源。

现如今，媒体技术已经普及大众，并且我国正在着力推动5G网络和三通两平台的建设，借助这些网络媒体将优质教育资源进行广泛的传播，这不仅是中小学校长信息化领导力水平的体现，也是现代化社会促进教育公平的独特优势。

（二）中小学校长有效发挥信息化领导力能够促进学生个性化发展

教育现代化追求教育符合现代社会发展和人民的需要，其实质是教育现代性的增长。[②]在新的信息化社会，人的现代化就是成为具有创新思维能力和批判精神的人。"校长是学校教育信息化工作的践行者。"[③]作为一名合格的、具有较高信息化水平的中小学校长，要为学生扣好具有现代人特征的第一颗扣子，在培养学生成为具有创新思维能力和批判精神的人的过程中，可以通过开发高效性的数字化平台、数字化竞赛平台、发展性评价平台来促进学生个性化发展，加速学生的个体社会化过程。

首先，开发具有高效性的数字化平台，如今社会存在的知识不计其数，并且知识更新换代的速度越快，比如初高中的教材可能一届学生用完就会发生新的变动，更不用说那些不规范、碎片化的知识了，而学生要适应这样的社会发展，就必须不断接受新的知识武装自己。在这个信息化时代，学校应

---

① 陈琳，陈耀华.以信息化带动教育现代化路径探析[J].教育研究，2013, 34（11）：114-118.

② 褚宏启.教育现代化的路径——现代教育导论.[M].2版.北京：教育科学出版社，2013：5-10.

③ 杨红.如何做教育信息化2.0时代的好校长[J].人民教育，2019（15）：100-103.

为学生提供高效便捷的数字平台，通过现代化的信息技术结合数据分析和AI智能，并根据学习者的智力水平和学习阶段开发高效的智慧学习和智慧测试系统，让学生从题海中解放出来，有更多的时间去获取新知识。

其次，开发基于网络的数字化竞赛平台，以网络为基础的竞赛平台能够方便快捷地将参赛选手进行分层与筛选，还可划分出不同领域、不同层次的比赛，将这种数字化平台广泛地运用到学校教育中，以这种以赛代育的方式来传授学生知识，有利于学生创新性能力和批判精神的发展，并且可以增加学生学习的兴趣，促进学习迁移的产生。

另外，还可以利用信息化时代的优势开发发展性评价平台，目前全国都在推广三通两平台的普及，可见网络将会成为未来一段时间内学习的重要空间和形式。以信息技术为基础，依靠大数据的计算对学生开展发展性评价有利于学校对学生阶段发展有更好的掌握，并制定相应的指导方向，并且会加速学生现代性的增长。

（三）中小学校长有效发挥信息化领导力能够促进教育模式向现代化转变

"方式不转变，教育现代化不可能实现。"[1]立足于当前的信息化技术水平和未来信息化发展趋势，我们不难看出，互联网有很大可能将会成为学生获取知识、学习技能的另一大教育阵地，教育模式也将发生新的变化。这种变化虽处于萌芽阶段，确有其表现形式，我们可以将其称之为"视学思辩"模式，即以现代信息技术为媒介，通过视频教育资源的共享，让每个学生成为学习的主人，自主把握学习的基本结构，对所学知识进行思考与探究，最后再以创新批判的精神去辩证新的思想火花。中小学校长作为学校信息化的领军人物，对信息化发展趋势更应该具有前瞻性、敏感性。"视学思辩"的教育模式在现实中已经有了一定的实践形式，如高校的"视—传—研—创"[2]模式、国家精品课程、名师课堂、网络公开课等。"视学思辩"模式中，视是起点，学是内化，思是探索的过程，辩是最终的目标，其过程可分为视听学习、学习内化、反思探索、辩证创新四个阶段。

1. 视听学习阶段，是现代互联网学习的初始阶段。首先学生通过互联

① 褚宏启. 推进教育现代化：如何从"表面"走向"本质"[J]. 人民教育, 2017（02）：45-49.

② 陈琳, 陈耀华. 以信息化带动教育现代化路径探析[J]. 教育研究, 2013, 34（11）：114-118.

网技术，利用现代通信网络选择视频教育资源进行自主学习。在这个环节，校长能做的是为学生寻找到一些精品有效的视频资源，这样不仅能为学生提供优质的学习内容，而且能促进教师教学水平的提升。其次，因为是视频资源，学生可根据自身的掌握情况来暂停或反复观看某一部分内容，以便学生能找到自己学习的节奏。同时，中小学校长可以与视频提供平台沟通，增设一些开放问答或统一解答问题的服务，使视听学习变成沉浸式的学习，帮助学生解惑答疑。

2. 学习内化阶段，是一个对视听学习所得知识同化的过程。他人的知识不经过图式、同化不能够称之为自己的知识。学生通过视听学习，将教师所教知识与自己的认知结构中已有观念建立起新的认识，从而对所学知识进行理解和消化，这才是一个融会贯通的过程。有了学习的内化，才便于学生对新知识的探索以及面对今后更为复杂的知识进行建构的思路。在此阶段，校长需要引导教师在课堂教学中加强对学生学习自主性的培养，为他们进行网络学习打下基础。

3. 反思探索阶段，是一个深化知识、发现问题的阶段。任何知识都要有一个接受思考的过程，学而不思则罔，在知识内化之后，学生可对所学内容进行整理分析，并借助网络查看有用的信息资源，帮助自己发现认知中存在的问题，在此基础上对知识进行进一步的探索。这对于学生发展个性化学习很有帮助，而在反思探索阶段校长可以为学生提供的就是，鼓励由教师辅助学生接受知识，可以通过头脑风暴、翻转课堂来实现，让学生在思考与讨论中完成对知识的拓展。

4. 辩证创新阶段，是一个开拓新思路、创新新模式的阶段。一切认识的发展最终目的都是为了实践的发展，在学生对知识融会贯通后，要引导学生以新思维、新路径来突破固有的模式，不断地进行创新创造。创新创造是作为现代人必备的品质之一，"国际竞争的实质是以经济和科技实力为基础的综合国力的较量"[1]，是创新力的博弈，进入信息时代，创新创造成了更有力的竞争优势，这是对学生创新能力、创造精神的培养。

---

[1] 田少林，杨雨心. 谈素质教育与职业教育[J]. 中原职业技术教育，1998（01）：12-13.

如今的社会是信息的社会，是国际的社会，教育现代化离不开信息技术的现代化，教育信息化是教育现代化快速实现的助推器。2020年年初，正值春节期间，我国出现了新型冠状病毒肺炎疫情，由于春运的原因，使疫情开始变得严重，在这期间，学校、教育机构、图书馆、文史馆都不能为学生提供学习场所，而互联网依旧是可供学生学习知识的虚拟场所，这也是信息技术在现代教育中独特的优势。作为现代社会的中小学校长，更应把握信息技术带来的便利，以信息化为学校教育教学模式的转变助力。

三、教育现代化背景下中小学校长信息化领导力发展的提升途径

"中共中央办公厅、国务院办公厅印发的《加快推进教育现代化实施方案（2018—2022年）》提出了推进教育现代化的重点任务，任务之一便是大力推进教育信息化，促进信息技术与教育教学的深度融合。"[①]在当下，教育现代化与教育信息化是相互促进、相辅相成的关系，二者都是为了促进教育的发展，又各自有各自的表现形式。在倡导教育现代化的背景下，中小学校长应立足本校实际，合理运用信息技术服务于传统教育向现代教育的快速转变。中小学校长为了更好地借力信息化服务于教育现代化的进程，可以分别从校长信息化领导力的自我提升、信息化领导力外部支撑以及信息化领导力创新三方面来提高自身的信息化领导力。

（一）从自身出发，提高信息化领导能力

教育现代化要求的现代化是全面的现代化，目前因为信息技术的飞速发展，教育条件已经基本实现现代化，人的现代化也在不断深入发展。中小学校长是学校信息化的领导者，其信息化领导力水平是学校实现信息化的前提与保障。因此，中小学校长应从自身出发，不断提高信息化领导能力。

1.树立信息化意识，更新信息化观念

学而不思则罔，思而不学则殆。面对互联网的飞速发展，技术观念的不断变革，中小学校长需要树立现代化的信息化意识，更新信息化观念。无论是计算机类专业的校长还是非计算机专业的校长，都要积极参与到这个过

---

① 中共中央办公厅国务院办公厅印发《加快推进教育现代化实施方案（2018—2022年）》[J].人民教育，2019（05）：11-13.

程中来，计算机专业的校长要将自己所学知识投入到学校信息化建设实践中来，并不断反思，发挥自身的专业优势，非计算机类专业的校长更应不断以信息化观念武装自己，深化学校信息化建设。

具有现代化信息观念的中小学校长应是学校现代化信息建设的主动倡议者、建设者。校长应认识到教育信息化与教育现代化互相促进的密切关系，在学校信息化建设实践中不断反思，在实践中发现问题，以新的实践解决问题。同时校长需要在日常工作中通过思想政治工作、讲座、培训等多种形式不断地强化自身的信息化领导力，更好地为校园信息化建设服务，服务于学生的全面发展，服务于教师的专业发展，服务于课程改革。

2. 提高信息技术应用能力，参加技术培训班

一个不会运用现代化技术工具和手段的校长，是难以胜任学校信息化建设总抓手工作的。信息技术与学校教育的联系日益密切，一个以信息技术为支撑的新的教育环境正在焕发生机，在这种信息技术环境中，中小学校长需要不断地提高自己的信息技术应用能力来应对学校信息化工作的需要。"一般来说，中小学校长有较高的信息技术能力，他就会在学校发展规划中更加注重学校信息化建设的有关内容，反之，如果中小学校长的信息技术能力不足，在学校发展过程中就可能忽略学校信息化的有关内容，阻碍学校信息化建设。"[①]而校长培训则是一个提高信息化技能的有效途径，中小学校长应注重自身信息化技能的提升，积极参加校长培训班，与其他校长交流学习，学习其他学校信息化工作的成功经验，与本校的实际相结合，取其精华去其糟粕，探索适合本校发展的信息化道路。

（二）与外部和谐互动，助力校长信息化领导力发展

提升校长信息化领导力，需要增加校长与外界的沟通交流来解决学校信息化发展的困境。但仅仅依靠校长是十分困难的，要适当合理地向学校教育以外的外部环境借力，政府的投入、社会的支持是校长信息化领导力发展的助推器，校长只有让学校与社会、政府等其他教育层面进行良好的配合，形成合力，才能稳步推进学校现代化、信息化进程。

---

① 杨昆. 初中校长信息化领导力研究——以M市N区为例 [D]. 银川: 宁夏大学, 2014: 37-40.

1. 提高校长信息化培训质量，建立线上交流平台

中小学校长的信息化领导力不是参加了培训就能够得到发展，有的培训只是应付检查的形式主义，只有高质量和高水平的培训才能在一定程度上对校长信息化领导力的提高有助推作用。所以，我们需要依靠信息技术的支撑建立优质有效的培训交流平台。校长信息化技能培训班大多数采用的是讲授的方式，这种方式能够大范围快速地帮助中小学校长接受信息化知识，但是由于各个校长所处信息化环境不同、所学专业不同，会导致他们的接受水平不同，从而缺少了针对性，所以培训组织者应该在培训方式和内容上对培训的质量加以提升，培训内容可联系参训校长的实际工作环境和案例，让参训校长进行分析研讨，交流经验心得。同时，可以组织定期的实地考察研学活动，让参训校长去体验其他地区的教育信息化发展模式，以多种方式，理论实践相结合的角度让校长体会和感受教育信息化的发展。除了集中培训，还可以增加一些网络培训课，比如慕课中的国家精品课《信息化领导力》，这种网络课程能让校长在繁杂的工作之余随时随地地参与到学习中来，并且有专门的QQ群来发布信息和解答问题，也可供学习者交流。这样的线上交流平台为校长与专家、校长与校长、发达地区与欠发达地区的交流提供了保障，让校长们在学习交流中取长补短，借鉴经验，能够更方便快捷地解决实际工作中遇到的问题，并且能够及时得到校长的反馈，以更科学合理的方式来优化后期培训。

2. 加大对学校信息化建设的投入

"近年来国家投入了大量资金改善学校教学环境，尤其是对农村和偏远山区的教育设备尤为注重。"[①]但是后续的信息化建设支出就只能靠学校自身了。学校作为非营利性组织，经费不足是普遍存在的问题，这不仅要求校长要走出去寻求社会帮助，还要政府和社会加大对学校信息化建设的关注和支持。在教育信息化的大潮流下，学校发展信息化不是校长一人的责任，也是社会的责任。校长走出去寻求政府拨款，寻找校友资助，社会力量主动帮助学校进行信息化建设，赞助一些必需的信息化设备或是技术，这样学校的

---

① 刘晓杰. 农村中小学学校信息化领导力研究[D]. 长春: 东北师范大学, 2018: 46-48.

信息化建设将更加完备，企业在社会中也会赢得声誉与好评，这对学校和企业来说是个互利共赢的局面。而在这个过程中，政府可以在社会和学校间牵线搭桥，制定相应的政策，积极引导和调动企业投资方的积极性，筹备资金增加对学校信息化建设的投资，促进学校与企业间的合作。同时，学校要设立用于信息化建设的专项资金，根据学校自身实际情况合理配置软硬件资金投入，不能出现一味追求硬件设备到位却忽视实用软件这样的一头大另一头小的局面，要及时调整，逐步优化信息化建设策略。

3. 营造信息化文化氛围

马克思说："人创造环境，环境也创造人。"[①]良好的文化氛围是学校信息化建设成功的关键之一。在信息化时代，加强文化氛围建设，对于学校信息化建设工作有重要意义。从学校层面来看，信息化文化氛围的建设有利于优化学校育人环境，使教师的信息化教学、学校的信息化管理、学生的信息化学习得到更多的支持。从社会层面上来看，信息化文化氛围的建设有利于树立企业的社会责任和社会担当，积极参与到学校教育的建设中来。从政府层面来看，信息化文化氛围的建设有利于制度的完善、服务型政府角色的转变。

（三）结合教育现代化要求，发挥校长的信息化创新能力

信息化创新能力是中小学校长信息化领导力不断发展不断提升的源泉，"创新是人类发展的不竭动力"[②]，创新是一个团队凝聚力与创造力的具体表现。要建设智慧校园，就要求学校信息化不断创新，要发挥校长的信息化创新能力，主要有设施的创新、技术的创新、管理的创新和观念的创新。

1. 设施的创新主要指学校信息化设备的改进，以新的先进的信息化设备替换掉落后的甚至报废的设备。良好的信息设备是学校信息化环境的基石，能够帮助教师进行现代化的教育教学，帮助学校进行学生学业评估及安全保障。

2. 技术的创新主要指与学校教育相融合的信息技术的更新换代。如今

① 王思, 孟飞. 马克思主义生产力理论对中国特色社会主义政治经济学的当代启示——基于对《德意志意识形态》文本的理解[J]. 改革与战略, 2020, 36(01): 15-21.

② 顾蕙. 在教学中培养学生的创新意识[J]. 小学教学参考, 2011(29): 62.

的科技飞速发展，一个新的科技刚刚问世不久，可能紧接着就会出现新科技2.0、新科技2.0Plus，所以对于不适应现有教育教学活动的科技，应该及时更新，以更加优质的信息资源服务现代教育。

3. 管理的创新是指对学校的管理方式方法的选择。对于学校信息化管理，中小学校长应该立足于本校实际，有的学校位于东南沿海，有的学校位于西北山区，有的学校位于城市，有的学校位于乡村，这样的地理差异，使得校长不得不考虑选择运用符合实情的管理方法来规范学校信息化，不能一味追求最前沿最先进的管理手段，如若不然，有的学校信息化发展状况将会每况愈下。

4. 观念的创新是指中小学校长、学校中层管理者及全体教职工的信息化素养不能故步自封。如今我国的信息化从1.0时代迈入2.0时代，这就要求教育工作者的信息观也要随着时代的前进而前进，要以符合时代趋势的科学理念投身教育，以先进的信息化观念，为教育现代化做出贡献。

第三章 国外教育现代化进程中校长专业标准及其对中国校长领导力提升的启示

中小学校长专业标准是提升中国中小学校长领导力的基本要求。英、美、澳三个国家对于中小学校长专业标准的制定、颁布和研究早于其他国家，并且经过多次修改，在框架和具体内容方面比中国中小学校长专业标准更完备。中国中小学校长专业标准还处于发展阶段，在内容上存在灵活性不强、校长领导课程教学的重视程度不高以及校长缺乏创新能力的问题。因此，基于中国中小学校长专业标准的发展现状，研究国外中小学校长专业标准的特点，并分析出校长专业标准与校长领导力的关系，得出多主体制定校长专业标准，增加校长专业标准灵活性，提升中国校长道德、教学和创新领导力的启示。

教育是国家之根本，在教育现代化的背景下，学校教育发生着巨大变革，一名好校长是成就一所好学校的关键因素。"校长的价值观和抱负决定着学校的成就。"[1]校长不应仅是学校的管理者，更应该是学校的领导者和教育者。中小学校长专业标准是规范校长，提升校长领导力的保障。本章主要研究对象为国外中小学校长专业标准，同时对中国的中小学校长专业标准展开分析，从中发现问题并进行总结，形成启示和方法，以提升中国校长多方面的领导力，完善中国校长的发展。

---

① Department for Education. National standards of excellence for headteachers ［EB/OL］. https: //www. gov. uk/government/publications/national-standards-of-excellence-for-headteachers/ headteachers-standards-2020.

一、国外中小学校长专业标准

国外中小学校长标准的研究成果主要从发展现状、制定主体的特点和内容的特点展开。在制定中小学校长专业标准方面，美国、英国和澳大利亚三国具有鲜明特征和典型性，以其中小学校长专业标准为研究对象具有一定的科学性和示范性。美国在校长专业标准方面的研究开始得最早，并经过了多次修改形成了非常完备的体系，之后其他国家校长专业标准都将其作为参考；英国作为主要的发达国家，其校长专业标准的发展也值得探讨；澳大利亚中小学校长专业标准的时间与我国颁布十分接近，并且同处于一个历史阶段，所以参考价值很大。

（一）美、英、澳三个国家中小学校长专业标准的现状

当今社会科技发展迅速，新的教育方式不断出现，未来学校会有更多的变化，而这些变化会给校长带来无数的挑战，同时也提供了更丰富的机会。所以，为提升我国校长领导力以及促进我国中小学校长专业标准的研究，本书借鉴多个国家的中小学校长专业标准，选取美国等一些发达国家作为研究对象，分析最新标准的状况以及特点。

1. 美国中小学校长专业标准的现状

美国于1996年、2008年和2015年先后出台校长专业标准，经过多次的变革，不仅对美国教育产生了巨大的影响，而且对其他国家校长专业标准的建立和改进产生了重要影响。

美国国家教育管理委员会等多个机构在经过大量的基础实践上，经过多次修改最终制定了新的教育领导者专业标准——《教育领导者专业标准：2015》，"新标准更加明确地强调了学生和学生的学习，概述了领导能力的基本原则，以帮助确保每个孩子都受过良好的教育"[①]。具体体现在以下几个方面。

---

① National Policy Board for Educational Administration. Professional Standards for Educational Leaders［EB/OL］. https://ccsso.org/resource-library/professional-standards-educational-leaders：5.

（1）新标准首次提出了"校长的核心价值观"[1]。教育领导者的所有实践都是在学校核心价值观的引领下完成的，而这一点无论是在"ISLLC 1996还是在ISLLC 2008中都没有被提及"[2]。通过"核心价值观"的增加，可以发现，美国在教育中开始重视共同的价值观念，校长本身不但要形成更公平、更开放、更多元、更包容的核心价值，还要营造出良性的校园文化，在学生与教师之间形成良好的氛围。新标准对于校长具有指引作用，不仅向校长传递了价值方向，还越来越重视校长核心价值观的塑造，形成校园与社会共同发展的良好氛围。

（2）新标准提高了对学生个性化需求的认识。以学生为中心，针对不同的学生要有适当的方法进行教育，以最大程度贴近学生真实经历，发现其优势。在具体要求中，将学生的个性化需求表述得更加具体和具有操作性。例如：尊重学生的优点，理解学生；在课程和教学上能够开展多样化，保证每一个学生都能得到充分发挥等。

（3）新标准中将"学校改进"[3]单独提出，整个社会在发生着迅速的变化，学校必然会走向开放，教育领导者需要提升自身能力以领导学校。新标准要求教育领导者需要将学校改进融入学校愿景、价值观、学校文化建设等中去，在改进的过程中要以开放的姿态面对学校中的不确定因素，用坚持、支持的态度使用适合本学校发展的改进方法，最终满足学生的多样化需求，着眼于未来。

2. 英国中小学校长专业标准的现状

英国校长培训一直是由当地教育局负责，其形式多种多样，缺乏全国统一的培训目标、培训计划和管理方法，校长培训具有很明显的任意性；除此

---

[1] National Policy Board for Educational Administration. Professional Standards for Educational Leaders [EB/OL]. https://ccsso.org/resource-library/professional-standards-educational-leaders: 9.

[2] 谢巍, 欧立梅, 刘淑杰. 美国校长专业标准（PSEL 2015）的新特点与启示 [J]. 教育现代化, 2018（33）: 285-287.

[3] National Policy Board for Educational Administration. Professional Standards for Educational Leaders [EB/OL]. https://ccsso.org/resource-library/professional-standards-educational-leaders: 18.

之外，英国教育改革与政府意识的联系最为密切。

英国校长专业标准到目前为止经历了两次的修改。1998年，新工党通过教育改革出台了《国家校长标准》。之后为了更好地适应21世纪的快速发展，英国组织人员对1998年的《国家校长标准》进行了评估，认为需要出台更加完善的校长专业标准来保证当前的发展，于是在2004年教育部颁发出版《国家校长标准》。2015年英国教育部提出《国家优秀校长专业标准》，是"给校长、理事会和有抱负的校长的建议"[①]，并且这些建议取代了2004年的《国家校长标准》，其目的是指导和巩固校长的具体工作，塑造校长在学校内外的实践和专业发展，提供一个培训教育领导者的框架。新标准共提出四个领域，具体如下。

（1）新标准："素质和知识"[②]。在校长的专业素质中阐明价值观和道德目标，校长要表现出乐观的个人行为、积极的人际关系和态度，以身作则，利用专业知识和技能，令人信服地传送学校愿景和推动学校发展。

（2）新标准："学生和教师"[③]。校长要为学生制定学习标准，在学生学习和教师工作中促进平等，灌输问责意识，通过对课堂实践和课堂设计的分析性理解，确保教学质量。校长要致力于建立"开放教室"的教育文化，激励和支持所有教职工发展自己的技能和学科知识并且相互支持。

（3）新标准："系统和流程"[④]。校长要确保学校的制度、组织和程序

[①]　Department for Education. National standards of excellence for headteachers [EB/OL]. https://www.gov.uk/government/publications/national-standards-of-excellence-for-headteachers/headteachers-standards-2020: 3.

[②]　Department for Education. National standards of excellence for headteachers [EB/OL].https://www.gov.uk/government/publications/national-standards-of-excellence-for-headteachers/headteachers-standards-2020: 5.

[③]　Department for Education. National standards of excellence for headteachers [EB/OL]. https://www.gov.uk/government/publications/national-standards-of-excellence-for-headteachers/headteachers-standards-2020: 6.

[④]　Department for Education. National standards of excellence for headteachers [EB/OL]. https://www.gov.uk/government/publications/national-standards-of-excellence-for-headteachers/headteachers-standards-2020: 6.

经过深思熟虑并且切合目标，坚持透明、正直和廉洁的原则，旨在为所有学生和教职人员提供一个安全、平静和秩序井然的环境。

（4）新标准："自我完善的学校体系"[1]。新标准在最后一个领域落脚于完善学校体系，学校要与其他组织合作，激励和影响学校内外的其他人，在相互挑战的氛围中，倡导最佳实践，确保所有学生取得优异成绩。

3.澳大利亚中小学校长专业标准的现状

（1）澳大利亚中小学校长专业标准的出台背景

澳大利亚作为联邦制的国家，在教育管理方面注重地方分权，因此中小学都是由各个州自行管理的，但由于每个州不同的具体情况，导致教育资源无法合理分配，并且中小学校长自身的素质也没有一个明确的标准要求，导致校长素质参差不齐。澳大利亚还是一个移民国家，各地区的文化差异较大，不利于校长开展工作，对于不同文化差异，校长在处理问题时也会面临很多困难，不仅要考虑到当下发展，还要着眼于未来，考虑学校明天的发展；澳大利亚向来重视教育发展，一直把教育放在国家的重要位置。澳大利亚于2011年颁布了全国首个中小学校长专业标准，并且是"教师专业标准的衔接内容"，是"教育专业标准运动"中的一部分"。[2]在这里强调一点，澳大利亚校长专业标准与我国《义务教育学校校长专业标准》的颁布时间较为相近，所以其中的内容值得研究。

（2）澳大利亚中小学校长专业标准的主要内容

澳大利亚出台的《全国中小学校长专业标准》更详细的概况创建和促进共享的愿景，清晰的理解和共同的语言，围绕有效和高影响力的学校领导借鉴了当地和国际上有效的领导实践，并通过研究成就伟大校长的因素而获得信息。[3]主要由三项领导要求和五项实践组成，三项领导要求是主要标准的

---

[1] Department for Education. National standards of excellence for headteachers [EB/OL] .https: //www. gov.uk/government/publications/national-standards-of-excellence-for-headteachers/headteachers-standards-2020: 7.

[2] 殷巧珍.中澳两国校长专业标准比较研究 [D] .长春：东北师范大学，2017: 6.

[3] Education Services Australia. Australian Professional Standard for Principals and the Leadership Profiles [EB/OL] . https: //www. aitsl. edu. au/tools-resources/resource/australian-professional-standard-for-principals: 4.

核心，专业实践描述了校长或学校领导角色的关键要素，它们相互依存，共同发展。

首先，在领导要求中提出"愿景和价值观"[①]。校长要领导学校愿景的发展，以公平、道德实践、民主价值观和终身学来为指导青年人和成年人的学习和成长。校长通过自己的专业素质以及专业实践，有效形成终身学习的氛围，目的是在学生、教职员工以及社区中广泛推广。

其次，在领导要求中提出"知识和理解"[②]。校长们应了解当代领导的实践理论，并注意将其运用到学校改进实践之中。在这里，其与美国最新校长标准不谋而合的一点是对于学校改进的重视。校长要运用对领导力、管理理念和实践方面的知识，与他人一起实现有效的战略领导和运营管理。

再次，在领导要求中明确校长"个人素质、社交和人际交往能力"[③]的重要性。校长要能够管理好自己，帮助学生和教职人员处理问题，形成积极的学习氛围，从而能够在整个学校社区建立信任。

校长的专业实践共分为五条："领导教与学"，校长创造一种积极的挑战和支持文化，使有效的教学能够促进热情、独立的学习者致力于终身学习；"发展自我和他人"，校长与他人合作，建立一个专业的学习社区，专注于不断改进教学和学习；"引领改进、创新、变革"，以确保愿景和战略计划在整个学校付诸实施，并确保其目标和意图得以实现；"领导学校管理工作"，校长使用一系列的数据管理方法和技术，确保学校资源和员工得到有效组织和管理；"参与社区并与社区合作"，校长接受包容，并帮助建立一种高期望的文化，这种文化考虑到更广泛的学校社区以及教育系统和部门

---

① Education Services Australia. Australian Professional Standard for Principals and the Leadership Profiles ［EB/OL］. https://www.aitsl.edu.au/tools-resources/resource/australian-professional-standard-for-principals: 20.

② Education Services Australia. Australian Professional Standard for Principals and the Leadership Profiles ［EB/OL］. https://www.aitsl.edu.au/tools-resources/resource/australian-professional-standard-for-principals: 21.

③ Education Services Australia. Australian Professional Standard for Principals and the Leadership Profiles ［EB/OL］. https://www.aitsl.edu.au/tools-resources/resource/australian-professional-standard-for-principals: 22.

的丰富性和多样性。[①]

（二）国外中小学校长专业标准的特点

国外中小学校长专业标准经过分析和研究，主要可以分为两大方面的特点。其一是制定主体上的特点，制定主体都是经多方讨论，由国家最高教育部门颁发；其二是内容中的特点，经过总结三个国家的标准在内容中都强调核心价值观等重要性。

1. 国外中小学校长专业标准多主体制定的特点

美国的1996年校长专业标准和2008年校长专业标准的制定都是由美国的州际学校领导认证协会颁布的，而对于2015年国家教育领导者专业标准的修订涉及了华莱士基金会、州学校主管委员会和国家教育管理政策委员会，并同时涉及了70多位校长、主管人员、国家教育部门的工作人员、教育教授、研究人员和其他利益相关者。可以说，美国在制定校长标准上是充分征求了多方的意见并且由国家最高教育部门颁布。

英国的教育改革与政府意识的联系最为密切。英国的教师培训署在1998年制定了校长的国家标准，同时，教育与技能部邀请了以国家学校领导学院为首的多个部门评估了1998年出版的《校长国家标准》，在其修订的过程中充分吸取了诸多建议，最终于2004年推出了修改后的《校长国家标准》。2015年最新出台的校长专业标准是英国教育部提出的，同样是基于现实情况，结合多主体最终制定颁布。

澳大利亚国家中小学校长专业标准来自澳大利亚2010年联邦政府形成新一轮的基础教育改革教学和学校领导协会所指定的国家标准，标准制定过程吸引了很多教育专家、国家教育部、教育工会、职业教育机构和其他利益相关方参与，也吸收了目前在澳大利亚已经设计和开发50多套的"主要标准和能力框架"价值的一部分。

综上，国外在制定中小学校长专业标准时，制定主体都是由国家最高教育部门统领，并且依据具体国情和社会发展，结合教育部门相关的专业人

---

① Education Services Australia. Australian Professional Standard for Principals and the Leadership Profiles ［EB/OL］. https://www. aitsl. edu. au/tools-resources/resource/australian-professional-standard-for-principals: 13-18.

士、教育机构以及利益相关者最终颁布的。

2. 国外中小学校长专业标准具体核心内容上的特点

校长专业标准是美国最早提出的，所以英国和澳大利亚在制定校长专业标准过程中适当地引用了美国标准中的内容。通过阅读大量的文献可以发现，国外中小学校长专业标准内容上最大的特点是在第一条标准中提出了愿景、使命和核心价值观，这是所有学校的行动和决策背后的基本原理和驱动力。校长领导学校的未来发展，构建公平的社会民主价值观和终身学习理念，在校长的指导下，帮助年轻人和成年人学习和成长。此外，校长必须理解、帮助、调整、服务于社区共同利益，促进共同的战略目标、校园文化、传统和积极思潮的传递，坚持高标准，在学校社区中培养尊重文化的观念。标准中不断重视在教育中融入共同的价值观念，为了增加民族认同感，提高社会凝聚力，构建公平、开放、信任、负责任的社会氛围。

中小学校长专业标准在内容上更重视校长应该服务于学生的发展。美国校长专业标准的制定是"以促进每个学生的学业成功和幸福"[①]为根本目的。促进学生发展需要全面的领导观点，教育领导者在所有相关领域的工作，必须注意如何促进学生的发展和幸福。英国和澳大利亚在具体规定中都提出领导学与教，促进形成挑战和相互支持的氛围，制定有效的教学，促进学习者的学习，保障终身学习，明确校长在提高教与学的质量和学生的学业成就方面负有重要责任。

在美国2015年标准出台后，道德和职业规范作为一条独立的标准出现。墨菲对标准的解析中说道，本标准明显包含了多元道德范式，即正义、批判、关怀、职业道德和共同体道德，同时也融合了湍流理论或者说是道德决策的情感背景。英国在新标准的素质与知识中首先阐明了道德观和价值目标。澳大利亚在标准要求中也同样注重道德实践，侧重实践的重要性。

综上所述，以上是国外中小学校长专业标准的内容上的一些主要特点，这些相似之处也说明了校长或教育领导者所必须达到的要求。除内容之外，美国和英国在制定标准时为了适应社会发展和公众对教育领导者的期望，都

---

① National Policy Board for Educational Administration. Professional Standards for Educational Leaders ［EB/OL］. https://ccsso.org/resource-library/professional-standards-educational-leaders: 9.

经过了几次修改和完善，这也是一大特点。

二、中国中小学校长专业标准及校长领导力的发展现状和现存问题

基于对中国中小学校长专业标准和校长领导力的分析，首先明确发展现状，并在此之上结合国外经验总结出现阶段存在的问题。

（一）中国中小学校长专业标准的分析

1. 中国中小学校长专业标准具体内容的分析

中国在2013年颁布《义务教育学校校长专业标准》，这是中国教育关于规范校长的第一个专业标准。从国际背景下，我国的校长专业标准是对一些国家的模仿和参照，在发展的过程中，充分吸收和借鉴主要发达国家的经验，并结合了我国本土教育改革与发展的实际情况。

《义务教育学校校长专业标准》从基本理念入手，提出"以德为先、育人为本、引领发展、能力为重、终身学习"[1]五大理念，从道德开始，坚持社会主义办学方向，到最终树立终身学习的观念。从具体内容来看，包括了两个维度：活动维度和素质维度。第一，活动维度是指校长的职业角色和职业活动，具体明确校长应该做哪些事情，予以规范。职业活动分为六种："规划学校发展；营造育人文化；领导课程教学；引领教师成长；优化内部管理；调适外部环境"[2]。这六种活动是对校长工作的高度概括，既简明扼要又系统全面，对于指导校长全面促进学校发展具有重要指导意义。第二，素质维度，该维度包括专业知识、专业能力和专业精神等。这一维度主要是从知识、能力、精神三方面来构造，是一种形式要素，所以形式要素必须与实质要素也就是活动维度相结合才能更具体化。从具体内容来看，在各种专业职责中，《义务教育学校校长专业标准》提出了相应的 10 条"职业要求"，其中，专业理解与认识有3条、专业知识与方法有3 条、专业能力与

---

[1] 中华人民共和国教育部. 义务教育学校校长专业标准［EB/OL］. http://old. moe. gov. cn/publicfiles/ business/htmlfiles/moe/s7148/201302/147899. html

[2] 中华人民共和国教育部. 义务教育学校校长专业标准［EB/OL］. http://old. moe. gov. cn/publicfiles/ business/htmlfiles/moe/s7148/201302/147899. html

行为有4条，校长的专业职责确定为6项，对于校长的具体职业要求共有60条。这60条专业要求充分反映了理论研究的最新成果，而且体现出我国教育改革与发展对校长队伍专业素质的新要求。但是，该标准在一些方面还存在一定的问题。

2. 中国中小学校长专业标准存在的问题

（1）我国《义务教育学校校长专业标准》的灵活性不够强。虽然从适用对象来看是适用于国家和社会力量举办的义务教育学校的正、副校长，具有普适性，但是我国中小学校长专业标准对校长的6项专业职责细化出了60条专业要求，这可能会造成各地区在对中小学校长进行选拔和专业发展水平评估时带来一些问题。因为我国地域辽阔，所以各地区的教育发展水平和中小学校长专业发展水平存在较大差异，并且对这种不灵活的体系，有可能造成与社会知识更新快的现实相抵触的问题。

（2）我国中小学校长专业标准对校长领导课程教学的重视程度不够。课程和教学关注的是怎样更好地培养人的问题，是落实培养目标的核心环节，但在标准的6项专业职责中，按照优先顺序，领导课程教学排到了第三位，即在规划学校发展和营造育人文化之后，而在美国、英国、澳大利亚的专业标准中，领导教与学的重要性排序非一即二。

（3）我国的中小学校长专业标准与欧美国家相比，在校长领导改进与创新能力方面明显欠缺。学校改进是指校长根据学校使命和愿景分析学校工作中存在的问题，设计改进方案的过程，而创新能力正是在这一过程中所体现出来的能力，包括厘清学校存在的问题与原因、制订学校计划、建构个体利益与学校利益相一致的机制等。我国中小学校长专业标准中，不论是六大领域还是专业标准都没有明确提出这一点，相对比较模糊。

美英等国家的校长专业标准出台后，都经历了不断修订和完善的过程。我国的《义务教育学校校长专业标准》刚颁布不久，存在一些问题在所难免，之后可以在实施中不断完善，其前景将会非常美好。

（二）校长专业标准与校长领导力的关系

校长专业标准的颁布为校长专业化成长起到了"建章立制"的作用，细化了合格校长专业素质的标准，为校长的专业发展指明了方向，而在实施的过程中，有效的校长领导起着至关重要的作用，也就是校长领导力的体现。校长领导力就是指校长能够影响其他人的能力，是指校长在制定、推行和实现学校管理目标时所具有的一项能力。学校的发展与校长领导力有着直接的关系，校长领导力直接决定着学校的未来，所以对于以上校长专业标准的大量研究，目的就是提升我国的中小学校长领导力。

（三）中小学校长领导力发展现存的问题

目前，我国中小学校长领导力仍然存在一些问题，主要表现为校长缺乏个人领导力，从以下三个方面具体阐述。

1. 中小学校长缺乏道德领导力。校长的道德领导能够把学校转化为共同体，学校的校长作为主要领导者，应该发挥道德榜样的作用，不论是国外还是国内，在校长专业标准中，道德是学校发展的主流概念。中国在《义务教育学校校长专业标准》的具体内容中将"以德为先"和"育人为本"首先提出[1]，强调道德在学校教育中的重要性。但一些中小学校长道德领导力的传统管理模式盛行，校长以自我为中心；校长对师生的人文关怀不够，直接影响学校的发展；一些学校的校长道德权威丢失，带头实行违规行为，无法使教师感到幸福；功利主义现象严重，腐败现象滋生，校长的心灵被金钱污浊，双眼被权力蒙蔽。

2. 中小学校长缺乏教学领导力。教学领导力是校长或学校领导小组等主要领导总体规划和教学的学校愿景，在教师和学生发展的基础上，促进教学质量的提高。教学是校长应该有的基本能力。《义务教育学校校长专业标准》要求校长"领导课程教学"[2]，但在其具体内容中并没有直接要求校长如何具体实施教学，只给了大致方向，这说明对校长教学能力不够重视，并且就目前中小学发展来看，中小学校长确实存在缺乏教学领导力的问题。有的校长认为自己的职责就是维持学校日常工作的运行，对一线教学更是一无所知；教学领导力的缺失也证明了大多数中小学校长将更多的精力投入到了

---

[1] 中华人民共和国教育部. 义务教育学校校长专业标准［EB/OL］. http://old. moe. gov. cn/publicfiles/business/htmlfiles/moe/s7148/201302/147899. html

[2] 中华人民共和国教育部. 义务教育学校校长专业标准［EB/OL］. http://old. moe. gov. cn/publicfiles/business/htmlfiles/moe/s7148/201302/147899. html

行政工作中，缺乏教学领导的实践经验，从而影响学校的教学质量。

3. 中小学校长缺乏创新领导力。习近平总书记指出，创新是一个民族进步的灵魂，是一个国家兴旺发达的不竭动力，也是中华民族最深沉的民族禀赋。教育要通过创新提高育人质量，校长作为学校的关键人物起着重要作用。我国中小学校长专业标准中对创新能力的阐述基本没有，从理论上没有做到宏观调控，并且一些中小学校长墨守成规，安于现状，不作为。基于教育部2018年发布的《教育信息化2.0行动计划》提出的教育信息化2.0概念，将工作重心转移到"融合"与"创新"两个新阶段，所以当前提高校长创新领导力是必须要做到的。

现如今，经济发展迅速，带动教育进入了高速发展阶段，出现问题是一定的，出现问题才能去解决问题，解决问题就能避免之后出现问题。对现阶段发现的问题和对国外中小学校长专业标准的研究，能够以此产生启示来提升中国中小学校长领导力。

三、借鉴国外中小学校长专业标准以提升中国中小学校长领导力

《义务教育学校校长专业标准》是校长行为的规范准绳，校长领导力提升是教育改革与学校改革的必然要求。[①]对于国外校长专业标准的研究对完善中国校长专业标准以及提升校长领导力具有很大的启示，标准越趋于细化，中国校长领导力才会更全面地提升。

（一）增加校长专业标准的灵活性

从中国与澳大利亚的中小学校长专业标准比较中发现，澳大利亚在标准中只是提出了领导要求和五大领域的框架，并没有规定具体的指标，不仅体现出理念的丰富性和多元性，还保障了校长创新能力的发展需要，对提升校长创新领导力有很大的帮助。而我国则对专业职责进行了细化，共有60条专业要求[②]，虽具有普适性但灵活性不强。

中国地域辽阔，不同地区的教育肯定会有所不同，太过死板的标准反

---

① 王娟. 基于专业标准的校长领导力评价框架 [J]. 教育发展研究, 2016, 33（04）: 64-70.

② 中华人民共和国教育部. 义务教育学校校长专业标准 [EB/OL]. http://old. moe. gov. cn/publicfiles/business/htmlfiles/moe/s7148/201302/147899. html

而会限制校长专业发展，校长应在标准之上结合实际情况对学校的发展给出正确的策略。所以，校长专业标准既要兼顾普适性又不能缺少灵活性。现如今，有的中小学形成了校园特色，例如将课间操改成拍球；而有的中小学则追求校园文化的形成，虽追求不同的校园风气，但都需要校长具备创新精神与能力，在符合当地教育实际情况下开拓创新，与时俱进，形成榜样教学，促进教师和学生的创新意识养成，进而使学校与社会有机结合，促进学校发展。所以，中国在制定中小学校长专业标准时要时刻注意标准的灵活性，使标准充满活力才有助于校长创新领导力的提升，进而完善校长领导力的发展。

中国的校长专业发展还处在高速发展阶段，中小学校长专业标准也仅仅是颁布了一次，这也是中国校长专业标准灵活性不强的体现。所以，在完善校长专业发展机制的道路上任重而道远，还需要在实践中不断探索和打磨，这样才能更有效地提高校长领导力。

（二）多主体制定校长专业标准

校长专业标准在制订过程中要充分考虑多方面的因素，主体越丰富，对于校长领导力所包含的具体内容会更充分，在提升校长领导力时可以从多个角度阐述，以达到更佳的效果。

美国在制订校长专业标准时，涉及70多位校长、主管人员、国家教育部门的工作人员、教育学教授、研究人员和其他利益相关者，由学校主管委员会和国家教育管理政策委员会领导，最终由美国州际学校领导认证协会颁布。英国教育受政府影响较大，教育改革与政治意识形态的联系是最明显的。英国在制定和修改校长专业标准时涉及大量教育相关人士，并由英国国家教育委员会领导。澳大利亚校长专业标准的制定过程吸引了许多教育专业人士、各州教育部、教育工会、教育专业机构及其他利益相关者的参与，最后由专业组织协会制定。可以说，国外在制定中小学校长专业标准时，虽主体各不相同，但都吸引了各种教育机构和相关教育人士，所以在标准中各方的建议、意愿能够充分反映。因此，中国在制定校长专业标准时，也应广泛吸纳如校长、专家、政府主管部门以及其他利益相关者等多元主体参与，其优势在以下几个方面。

1. 校长本身就是标准实施所针对的主体，具有实践经验和现实指导意义。所以，校长参与制订标准不仅有利于满足校长对自身专业化发展的需求，而且有利于保障中小学校长的管理素质，可以从实践角度多方面领切实提升校长导力，保障可实施性。

2. 教育专家是研究校长专业标准的主要人员，专家参与制订标准可以深刻契合校长专业化发展趋势，保证了标准的规范性，可以结合当下教育现状提出具体要求，实时更新校长领导力。例如：教育信息化2.0时代，信息技术得到发展，校长的信息化领导力必然发生改变，随之校长就需要提升信息化领导力；创新型社会需要创新意识，校长也需要提升校长领导力。所以，专家参与制订校长专业标准非常重要。

3. 其他利益相关者包括校长之上的教育组织部门和校长所领导的教职人员，他们共同参与制订标准可以丰富校长专业标准中的内容，从不同角度对校长提出建议，增强校长实现管理目标的能力，提升校长领导力，促进未来的发展。

（三）归纳校长专业标准的核心内容

1. 基于校长专业标准中的核心价值观，提升校长道德领导力

校长道德领导力是校长基本领导力。欧美等国家在校长专业标准中对于提升校长道德领导力体现在愿景、使命和核心价值观中。美国提出了校长的关怀道德和职业道德；英国在《国家优秀校长专业标准》第一条："素质和知识"中明确强调价值观和道德目标；澳大利亚将道德目标与实践体现于具体内容的领导要求第一条中。可以看出，三个国家都把校长道德要求放在了首位，可见提升校长道德领导力是每个国家对校长最根本的要求。

我们国家一直以来在教育上提倡以德为先，立德树人，在《义务教育学校校长专业标准》基本理念中也是先把"以德为先"放在了第一位，履行职业道德规范，立德树人，为人师表，公正廉洁，关爱师生，尊重师生人格。[①]提升校长道德领导力是根本，是核心，道德领导强调的是内隐价值。从教师角度来讲，教师应树立高尚的师德和崇高的职业理想；从学生角度来

---

① 中华人民共和国教育部. 义务教育学校校长专业标准［EB/OL］. http://old. moe. gov. cn/publicfiles/business/htmlfiles/moe/s7148/201302/147899. html

讲，引领学生树立正确的世界观与人生观是保障他们健康成长的基础。所以，要加大力度提升校的道德素养与道德领导力，建立学校道德共同体。

2.基于校长专业标准中的课程与教学，提升校长教学领导力

校长教学领导力是校长核心领导力。美国《教育领导者专业标准：2015》具体内容中第四条提出"课程、教学和评估"[①]，提供有效的教育方法促进教学实践与学生学习和发展，并提出了科技在教与学服务方面的有效应用；英国《国家优秀校长专业标准》中强调校长要为学生制定学习标准，通过对课堂实践和课堂设计的分析性理解，确保优秀的教学；澳大利亚同样在专业要求中提出"领导教与学"，校长要增强教育实践能力，培养自身优秀的专业素质。所以，基于国外标准中对校长教学能力的重视，要提升校长教学领导力。

（1）转变观念，提升教学能力

校长要改变观念，将工作重心从行政转移到教学领导上，不断提高自身的教学领导素质和实践经验，并且不断参加培训和研讨会，与教职工和其他学校的校长进行交流，以此来丰富自己的经验。

（2）加强建设，提升团队能力

校长作为教学领导者不仅要参与一线教学，更重要的是在此之上加强教师团队建设，提升自己的团队领导力。校长要融入教师中，及时发现问题并及时处理，多与教师沟通，增进彼此间的信任感，这样才会提升团队领导能力，进而提升校长领导力。

（3）健全体系，提升教学能力

学校的教学体系是丰富的，由各个部分组成，要想提升校长的教学领导力还应健全学校教学体系，优化课程，促进学生全面发展；优化考核制度，将学生的特长等归到学生的考核标准中，满足学生个性化发展，进而培养更全面的人才。

3.基于校长专业标准中的学校改进，提升校长创新领导力

校长创新领导力是校长关键领导力。美国《教育领导者专业标准：

---

① National Policy Board for Educational Administration. Professional Standards for Educational Leaders［EB/OL］. https: //ccsso. org/resource-library/professional-standards-educational-leaders: 12.

2015》将创新领导力体现在学校改进上，校长应采用持续改进的方法，实现学校的愿景，而方法来源于创新思想；英国最新的校长专业标准提出要对当地、全国和全球的教育和学校系统保持广泛的认识和理解，并持续追求校长的职业发展，要想做到与时俱进，创新是必不可少的；澳大利亚在校长专业标准中给出校长大方向的标准，但对于每一项标准并没有具体要求，这是在暗示校长在发展的过程中不要过于拘束，要学会创新。

所以，为适应当代教育的不断变革，提升校长创新领导力志在必行。校长只有敢于创新才能营造出创新的氛围，校长应保持自身的好奇心和探索钻研的兴趣，从不同的角度进行学校管理，发挥自身的创新品格，以此来促进教师和学生进行创新，鼓励全体师生共同参与到学校管理中。

（四）结语

当前的教育发展十分迅速，在自媒体时代下，不论是校长自身的专业发展需求还是社会对校长的期待，都对校长或是教育领导者十分重视。校长是一个学校的灵魂，评估一个学校的发展首先要评估的就是校长。中国经过多年的努力，汲取其他国家的经验并结合中国具体国情和教育的发展情况，制定并且颁布了《义务教育学校校长专业标准》，对中小学的校长专业发展以及学校发展提出了相应要求和规范。理论虽已成型，但在具体实施过程中还存在着很多不足，需要更新与改进，并且对校长的领导力研究还处在基础阶段。基于对国外中小学校长专业标准的研究和分析，以及找寻中国的中小学校长专业标准和校长领导力发展过程中存在的问题，形成了一定的启示，并在启示之下提出了提升我国校长领导力的一些具体方法。但是，校长领导力的提升是一项持久性的工作，所有优秀的校长都是在实践中不断进步的、成长起来的，因此，校长的职责就是从学校实际情况出发，完成学校的工作任务，努力建设优秀学校。校长领导力的提升任重而道远。

第四章　教育现代化背景下教师学习力的发展

在教育现代化的大背景下，教师学习力的发展成为至关重要的议题。教师学习力被分为基础层、转化层和高级层，这三个层次相互关联，构成了完整的学习力结构，有助于教师更好地适应现代教育环境的变革和发展。教育现代化背景下，提高教师学习力具有多重价值，包括提高学习认知水平、促进终身发展、转化职业内在意义，以及更好地适应社会的变革和发展。影响教师学习力的因素涵盖学习动力、学习能力、自我管理和学习环境，它们相互交织，塑造了教师的学习力水平。为了提高教师学习力，本书提出了一系列策略，包括内部发展策略如：激发内驱力、提升自我导向学习能力、关注学习的适切性，以及外部助推策略如：构建多元化的教育模式、建立教师学习共同体等，全面均衡地提升教师的学习力水平。教育部门、学校和教育工作者需共同努力，通过内外部策略的有机结合，不断提升教师的学习力水平，以更好地满足现代教育的需求和挑战。

问渠那得清如许，为有源头活水来。教师作为知识的传播者，需要不断地从外界获取知识从而才能源源不断地向外输出。教育现代化背景下，教师更应该在继承传统教育文化精髓的基础上，吸收西方现代教育文化精髓，在此基础上，充分发挥我国政治制度的优势，将中国特色社会主义文化融入教育现代化建设之中。教育部在2018年颁布的《教师教育振兴行动计划（2018—2022年）》中，明确将"全面提升教师素质能力，努力建设一支高素质专业化创新型教师队伍"作为未来教育的目标。[1]同时，《中国教育现

---

[1] 《教育部关于实施卓越教师培养计划 2.0的意见》[EB/OL].（2018-9-30）[2020-5-22]. http://www.moe.gov.cn/srcsite/A10/s7011/201810/t20181010_350998.html.

代化2035》中指出："全面提高教师队伍整体素质，加快建设高素质专业化创新型教师队伍。培养造就一大批具有先进教育理念、熟练教育教学技能和深厚学术素养的中小学校长和骨干教师。"①教师承担着学生成长领路人的角色，习近平总书记指出："广大教师要做学生锤炼品格的引路人，做学生学习知识的引路人，做学生创新思维的引路人，做学生奉献祖国的引路人。"②这就需要教师具备终身学习的力和素质，成为具备较高信息技术素养和较强创新能力的专业型、学者型教师。

一、教育现代化背景下教师学习力的结构

"学习力"（Learning Power）作为一个相对独立的概念，是一个大小不定，但有方向的能量系统，它是学习者为塑造个体终身学习而形成的一种综合素养。它不仅强调对知识、技能以及策略的学习，更强调学习者在开展学习活动时的兴趣动机、创新能力、好奇心以及批判思维等非认知品质，它是影响学习者终身发展的关键性因素。③随着大数据、人工智能等现代信息技术在教育领域中的应用，教师不再是传统意义上的"教书匠"，而是应该掌握现代教育技术的"研究者"和"实践者"。因此，教师应具备终身学习的意识和能力，努力使自己成为研究型、专家型、学者型教师。此外，随着终身学习理念和知识经济时代的到来，教师不仅要有终身学习的意识和能力，还应该具备创新精神和实践能力。一方面，在教育教学过程中应不断地学习新知识、新技术、新方法；另一方面，在日常生活中不断地学习与实践。根据教师学习力的内涵及对其要求之间的关系，构建了教师学习力金字塔结构模型，主要由基础层、转化层、高级层构成，三个部分相互联系、相互促进、缺一不可（图4-1所示）。

---

① 中华人民共和国中央政府. 中共中央、国务院印发《中国教育现代化 2035》. ［EB/OL］.［2019-02-23］http://www. gov. cn /zheng ce /2019-02 /23 / content 5367987. htm.

② 唐晓辉. 新时代教师培训的变与谋［J］. 教育科学论坛, 2023（02）: 3-7.

③ 毕华林. 学习能力的实质及其结构构建［J］. 教育研究, 2000（7）: 79.

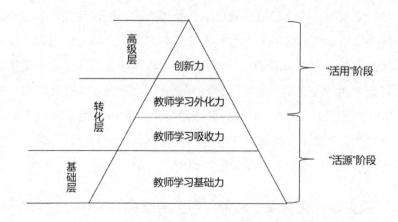

图4-1 教师学习力金字塔结构模型

（一）教育现代化背景下教师学习力的基础层

教育现代化背景下教师学习力的基础层包括知识、意志和情感。教师的学习过程，既是教师与外部环境交互作用的过程，又是教师自身不断建构知识结构的过程。在这个过程中，有一种力量在支持教师与外部环境形成动态平衡，这就是教师的学习基础力。它是与教师的知识、意志和情感等基本因素相关联的，这不仅是教师开展一切学习活动所必需的心理动力，也是教师进行学习活动的出发点。"知识"的维度不仅包含了教师现有的知识，还包含了教师在长期的教育实践中所形成的认知建构的经验，它能够反映出教师的综合素质、学习效率和学习品质；"意志"的维度反映的是教师抵抗外界干扰、专注于学习的心理素质，它是促使教师为达成学习目标而采取行动，并使学习活动得以继续进行的积极因素；"情感"的维度指的是教师对客观事物是否符合其主观需求的评价做出的反应，包括学习热情、职业兴趣和关爱等内容，它贯穿了教师的学习活动，在教师的学习活动中发挥着基础性和持续性的影响，帮助教师学习力的发展。[①]

（二）教育现代化背景下教师学习力的转化层

教育现代化背景下教师学习力的转化层主要包含两个方面，一是教师学习的吸收力，二是教师学习的外化力。教师在学习过程中需要不断地对所

[①] 黄孝山，周自波. 教师学习力：基本内涵、构成要素和培育路径[J]. 教师教育论坛，2019，32（11）：9-13.

学内容从知识、意志、情感方面进行理解、消化和吸收的同时，也要不断地将内容进行揭示、共享和转化。[①]一方面，教师要将学习力转化为吸收能力。教师不仅要具备扎实的专业知识和丰富的教学经验，还要具备较强的学习能力。教师在教学过程中要努力探索有效的教学方法和模式，通过不断地学习，能够有意识地站在学生的角度思考问题，以学生为本，完善自身。同时，将自己所学知识应用到实践中去，对其进行改进、创新、发展。另一方面，教师学习力要转化为成果。教育现代化背景下教师要将学习力转化为成果即教育教学成果。教育教学成果是体现教师在教育过程中所学知识、技能和方法的有效载体，它包含着教师的经验、智慧和情感等综合要素，这些要素是教师在教育教学过程中积累下来并能应用到实践中去的经验和知识。在教育现代化背景下，要加强对教师学习力外化为成果方面的研究与探索，更好地促进师生共同发展，提高学习力转化为成果的效率和质量。

（三）教育现代化背景下教师学习力的高级层

教师学习力的高级层主要是指创新力，揭示了教师发展的高层次要求，即学会学习、学会创造，为社会培养创新型人才。[②]在教师职业生涯中，教师个体基于自身职业特点、终身教育理念和现代化信息技术环境，运用科学的方法与工具，主动发展学习力。这种学习力表现为教师个体对教育教学工作的自觉、主动追求，教师在教学过程中能够不断发现问题、分析问题和解决问题，具有创新精神和实践能力。教师在学习过程中，能够灵活运用现代信息技术手段和信息技术工具来优化教育教学活动，创造新的教学模式，将教育现代化理念和技术应用到教育教学中，提高教育教学效率，促进学生全面发展，为社会培养创新型人才。

总之，教育现代化背景下的教师学习力是以教师这一学习者为载体，通过学习行为这种途径，达到学习效果的一种动态能量系统。[③]在这个动态的

---

① 黄孝山, 蒋立兵, 周自波. 深度学习视域下教师学习力提升路径研究[J]. 黑龙江高教研究, 2022, 40 (07): 82-88.

② 黄孝山, 蒋立兵, 周自波. 深度学习视域下教师学习力提升路径研究[J]. 黑龙江高教研究, 2022, 40 (07): 82-88.

③ 皇甫倩, 靳玉乐. 教师学习力测评模型的构建及应用[J]. 教师教育研究, 2021, 33 (03): 65-76.

能量系统中，可以分为两个阶段："活源"阶段和"活用"阶段，即通过现代教育手段，打破原有认知经验来源，不断通过自我反思、质疑、自我觉察将已有知识进行重新编码。同时，通过不断地转化、输出、转化，创生出新的知识，体现了教师学习力从基础层向转化层、转化层向高级层的转换。

二、教育现代化背景下教师学习力的价值

教育现代化是国家和社会现代化的重要组成部分，是教育适应社会发展，促进人的全面发展的必然要求。从历史上看，教育现代化经历了从传统教育向现代教育的转变过程。在这个过程中，教育观念和教学方法不断更新，教师所学知识和技能逐渐与时代接轨。《中华人民共和国教师法（草案）》中明确指出教师应当履行："适应时代要求和技术变革，更新教育观念，创新教育教学方法，不断提高教书育人能力，成为终身学习的倡导者、践行者。"的义务。[①]因此，教育现代化为教师发展提供了广阔空间，这就要充分发挥教师学习力的作用，树立教师终身学习理念，促进教师由知识传授者向学生成长引领者、学习者转变。人民网曾评论"培养什么人，是教育的首要问题。"[②]培养时代新人是实现"两个一百年"奋斗目标和中华民族伟大复兴中国梦的重要保证，也是我国教育事业发展的根本目的。时代新人的培养离不开教师，只有教师拥有强大的学习力，才能更好地为培养时代新人服务。新时代教师需要具备教育情怀、教育智慧、教育创新、教育评价能力，才能成为学生喜欢、家长满意、社会认可的"四有好老师"。教师只有具备强大的学习力，才能成为新时代培养时代新人的重要保证，为"两个一百年"奋斗目标和中华民族伟大复兴的中国梦提供人才保障。因此，在实现教育现代化的过程中，必须更加重视教师学习力的提升和发展。

（一）有助于提高教师的学习认知水平

教师的学习认知水平是教育现代化背景下教师学习力的重要支撑。学习认知是一个人对学习的感知、理解、记忆、思考、判断和解决问题的能力，

---

① 教育部关于《中华人民共和国教师法（修订草案）（征求意见稿）》公开征求意见的公告.（2021-11-29）[2022-09-24]. http://www.gov.cn/xinwen/2021-11-29/content_5654845.htm.

② 人民网评:培养什么人,是教育的首要问题--观点--人民网（people.com.cn）

并决定着人们对学习的态度和行为。在学习力的"活源"阶段就需要教师具备较强的学习认知能力。所以，在教师队伍建设中，要注重教师学习认知水平的提高，为教师更新知识结构、改进教学方法、提升专业能力奠定基础。教师作为学习者，其知识结构对其开展教学工作具有重要影响。通过掌握必要的知识技能来促进自身发展，就需要不断地去更新知识结构、丰富教学内容、提升教学能力。因此，对于教师来说，学习认知水平在一定程度上影响着教师学习力的发展，也影响着其开展教学活动及专业成长速度。通过教师学习认知水平的提高，可以促进其进一步获得专业发展所需的知识和技能，从而提高教学水平。在这一过程中，教师还可以通过对自己专业知识、能力、态度和行为等方面所存在的问题进行反思、总结和提升，从而更加有效地开展教育教学活动及专业成长活动。

（二）有助于教师终身发展

随着科技的快速进步和社会复杂性、不确定性的与日俱增，终身学习作为个人与社会度过不确定、不安全境遇的首选范式，在未来发展中的价值日益凸显。[1]《中国教育现代化2035》将"构建服务全民的终身学习体系"确立为面向教育现代化重点部署的十大战略任务之一。[2]教育现代化背景下，教师学习力是教师终身发展的内在需求。教育是一种实践活动，教师是教育的实践者，也是教育的研究者，只有不断提升自身素质和能力，才能适应时代发展对教师的要求。随着信息技术在教育领域中的广泛应用，基于网络平台开展教研活动已成为常态，这种教研活动更注重教师与教师、教师与学生之间进行线上线下互动、资源共享。以网络为载体进行教研活动能够突破时空限制，帮助教师突破原有教研活动的时空限制，随时随地开展教研活动。在这种方式下，教师能够在线开展专题研讨、案例分析、微课程开发等多种形式的教研活动，对教学中存在的问题进行诊断、分析和总结，并在此基础上设计出相应的教学策略和改进方案。这些教学策略和改进方案能够提升教

---

① HAPATRINDS, T LINDEN. Lifelong learning in the global knowledge economy: Challenges for developing countries [M]. World Bank, 2003.

② 中华人民共和国中央政府. 中共中央、国务院印发《中国教育现代化 2035》. [EB/OL]. [2019-02-23] http://www. gov. cn /zhengce /2019-02 /23 / content_5367987. htm.

师专业素养和职业能力水平，改善学习行为，拓宽学习思维，增强创新能力，为终身学习打下坚实的基础。通过网络平台开展教研活动，还能让教师更加清晰地了解其他学校同行的教学风格、教学设计思路和教学方法。由于网络教研具有极强的互动性与开放性，能够帮助教师打破时空限制，打破层级壁垒，促进不同地区、不同学校之间的相互学习与交流。长此以往，使教师形成学习习惯，最终实现有效学习和促进专业发展。

（三）有助于教师职业内在意义的转化

教师学习力是教师职业内在意义转化的重要条件。从发展上来说，一般人对于教师这一职业的理解，大多是一种工具性的，把它看作是一种追求教育目标的执政者。[①]从哲学立场分析，"能给人以尊严的只有这样的职业，在从事这种职业时我们不是作为奴隶般的工具，而是在自己的领域内独立地进行创造。"[②]当教师以"工具"的身份存在，则无法感受到教育的价值。

教师职业内在意义是指教师所具有的个人职业理想、社会责任等对其工作生活产生影响的内在心理状态。作为一种"人"的存在，教师职业内在意义必然体现在对学生的"影响"上。在现代教育中，教师不仅仅是知识的传授者，更是学生发展的促进者和引路人。教师学习力对于促进学生发展具有重要作用，是学生发展的重要条件之一。随着社会经济的发展，人们越来越重视教育对于个人价值实现和社会发展的积极作用。但是，由于社会价值观念多元化等因素，很多人在追求自身价值实现的过程中容易陷入困境，特别是青少年学生群体更易出现学习动力不足、厌学等问题，影响了其成长和发展。教师学习力建设对于促进学生健康成长、成人成才具有重要意义，教师只有唤起学生内在的学习力，才能拥有充满活力与生命力的职场生活。

（四）有助于社会适应与变革

教师学习力有助于推动教育现代化建设，也是社会适应与变革的迫切需要。教师是一种职业也是一种专业，具有一定的专业性和特殊性。在社会飞速发展的今天，知识更新速度快、专业领域不断扩展等特征日益凸显出来。

---

① 毛菊.教师学习力：核心要义、受限表征及培育路径[J].课程.教材.教法，2018，38（07）：106-111.

② [德]马克思，恩格斯.马克思恩格斯全集：第40卷[M].北京：人民出版社，1982：6.

"学习是有机体普遍存在的适应环境的一种手段"①，教师需要与时俱进地学习新知识和新技能来满足社会需求。同时，教育工作需要不断改革和创新以适应新时代学生发展和社会发展的需要。在这种背景下，教师不仅要具备丰富的知识储备和深厚的理论功底，还要具备一定的教育教学能力以及研究能力。②虽然，教育现代化是一个复杂而漫长的过程，但教育现代化是一个不断发展变化的过程。面对新时代教育改革和发展中遇到的新问题与新挑战，教师要积极学习、主动探索、不断实践与创新，以适应社会发展变化对教师专业素质提出的新要求。同时，随着社会结构转型升级和科学技术进步发展带来了"知识爆炸"现象，教师要不断提升自己的学习力助推社会的适应与变革。总之，在教育现代化背景下，教师学习力在有助于推动教育现代化建设与发展、促进教育教学改革与创新、提高教育质量和学生综合素质等方面发挥着重要作用。

三、教育现代化背景下教师学习力的影响因素

教育现代化是国家现代化的重要组成部分，其实质是教育与社会发展、经济建设的同步发展。随着新一轮科技革命的兴起，互联网、人工智能、大数据、云计算等信息技术对教育的改革和创新起到了重要的推动作用，促使教育进入一个崭新的时代。而教育现代化用现代教育理念、方法和手段来发展现代教育，进而推动教育理念、体制机制和人才培养模式的变革。同时，教育现代化也要求教师通过学习不断提升自身综合素养。《中共中央国务院关于全面深化新时代教师队伍建设改革的意见》中明确提出："到2035年，教师综合素质、专业化水平和创新能力大幅提升，培养造就数以百万计的骨干教师、数以十万计的卓越教师、数以万计的教育家型教师。"③教育是国之根本，教师是教育的主要实施者，教育现代化背景下教师的学习力是推动教师专业发展、促进学生全面发展的重要力量。探究教育现代化背景下

---

① 梁忠义. 实用教育辞典 [Z]. 长春: 吉林教育出版社, 1989: 402.

② 许亚培. 微课在英语课堂中的应用 [J]. 英语画刊（高中版）, 2022（12）: 55-57.

③ 中共中央, 国务院. 中共中央 国务院关于全面深化新时代教师队伍建设改革的意见. ［EB/OL］. http://www.gov.cn/xinwen/2018-01/31/content_5262659.htm.

教师学习力的影响因素，有助于我们全面了解教师学习力的现状，找出教师学习力存在的问题，有针对性地进行提升，从而助推教育发展。

（一）学习动力

艾森伯格（Eisenberger）和夏洛克（Shanock）的研究亦表明，较强的动力与优异的学习成绩、较好的智力表现以及坚持性和创造性均呈正比例关系[①]；杨磊的研究表明，对专业发展的认同度能够直接影响教师的学习动力，从而影响教师的信息化学习力。[②]学习动力是学生对学习的内在需求，是一种驱动其进行学习的精神力量。作为教师，应该明确自身的角色定位，明确自己的学习目标，不断提高自身素质。学习动力是学习活动主体因内在需要而产生的一种学习取向和动力，是影响学习活动的内在动力。在教师专业发展过程中，教育现代化背景下的教师学习动力是一个内因与外因相互作用的过程。从内因来看，教师作为个体，其自身的特质及需要会影响其学习动机；从外因来看，教育教学外部环境及社会发展环境会影响教师的学习动机。在教育现代化背景下，社会需要和自身需要都会对教师的学习行为产生影响。

首先，社会需要对教师学习行为起着推动作用。社会对教师的要求从传统的"传道授业解惑"逐渐发展成了"主动的教学反思者"等新称谓。这就要求教师不仅要具备扎实的专业知识和技能，还要具备良好的职业道德与人格品质，这样才能培养出德、智、体全面发展的人才。

其次，自我发展是教师成长、成才、成功和实现个人价值的内在要求，自我发展也是教师工作能力和水平提高的内在要求。自我发展是在外界刺激与影响下产生的一种内在需要，教师只有拥有较强的自我发展意识，才能充分发挥其主观能动性，积极主动地进行学习和研究，产生学习动力，形成学习兴趣，从而不断提高自己的专业能力和水平。

最后，在教育现代化背景下，教育信息化程度不断提高，新技术、新媒体不断涌现，这就需要教师不断学习以适应时代发展及学生需求。在教学过

---

① EISENBERGER R, SHANOCK L. Rewards, Intrinsic Motivationand Cr eativity: ACase Studyof Conceptualand Methodological Isolation［J］. Creativity Research Journal, 2003（15）：121-130.

② 杨磊. 教师信息化学习力发展研究［D］. 重庆：西南大学, 2019.

程中，教师不仅要掌握相关教学技能和知识，还要善于运用信息技术对学生进行全方位引导和教育。因此，教师只有不断学习才能更好地适应时代发展及学生需求。同时，提高教育现代化背景下教师的学习力，不仅社会要为教师提供良好的学习环境和条件，还要提高教师的专业认同度，教师自身也要树立学习目标，提高个人学习兴趣，从多方面着手以激发教师的学习动力。

（二）学习能力

"教育现代化"是一个动态变化的过程，它不是一个静态和封闭的概念，而是一个开放、动态的过程。在新时代，教师作为一个重要职业群体，也要顺应时代发展要求，积极学习和应用先进的教育教学理念，转变传统的教学方法和教育观念，提高自身学习能力。一方面，教师要具备创新思维和批判思维，将自己所学知识与实际问题相结合，以求在课堂上获得新知识、新方法、新技能；另一方面，教师要不断更新知识储备。例如：教师要利用互联网资源丰富自己的专业知识与技能，还要坚持终身学习理念，提高自身学习力。

"学习力指一个人的学习动力、学习毅力、学习能力和学习创新力的总和，是人们获取知识、分享知识、运用知识和创造知识的能力。"[1]邹云龙和陈红岩通过研究表明，学习能力可以分为三个层次：基础层、同化层、外化层。以人的生物学机能为基础，以元认知能力和发展能力为内化，以表征能力和自主能力为外化，体现学习主体在能力培养中的核心地位。[2]教师学习能力是教师在日常教学实践中所表现出来的适应、参与和创造学习环境的能力。

首先是自主学习能力。教师应具备主动学习的意识和观念，具有发现问题、分析问题和解决问题的能力。

其次是反思和创新能力。教师要通过反思自身教学实践活动并及时总结经验教训，寻找教育教学问题并提出解决方案；还要勇于尝试新事物、探索新领域，将新理念、新方法融入日常教育教学中。

---

① 许佩卿. 学习力及其作用 [J]. 教书育人, 2011 (30)：75-77.

② 邹云龙, 陈红岩. 学习能力的本质内涵和维度建构研究 [J]. 东北师大学报 (哲学社会科学版), 2021
　 (06)：156-162.

再次是合作能力。在当今教育现代化时代背景下，知识不再是个体或组织进行自我管理、自我提升以及自我实现的唯一资本。知识不会自动流入从外部到内部、从抽象到具体、从孤立到关联的过程中去，只有通过与他人合作才能实现知识由内而外的转化。合作能力不仅是教师自身专业发展的基础条件和必要保证，也是教师与社会环境之间进行互动交流和融合发展所必需的能力。

最后是知识建构式学习。教师在教学过程中积极地建构自己的知识体系，并通过对知识点的建构来掌握所学知识。因此，要提高教育现代化背景下的教师学习力，需从教师自我效能、学习策略水平、问题解决能力及知识积累量等几个方面提高教师的学习能力。

（三）自我管理

学习的自我管理是指个体能够主动地调整自己的心理活动和学习行为，以克服不利情境，进而积极寻求发展的能力。[①]自我管理是个体对自己行为的主动控制，是个人在没有外部控制和监督的情况下，对自身行为进行自觉调节、自我约束、自我激励、自我控制的能力，是个体与环境相互作用的结果。在教育现代化背景下，教师在专业发展中的自我管理能力既是教师专业发展水平的重要标志，也是其自身素质和能力不断提升的重要保障。[②]教师要积极主动地提升自己的自我管理能力，在专业发展过程中始终保持学习力发展的能动性和积极性。李雪莲认为，要持续地提高学生的学习状态，就必须及时地实施目标调整[③]；钟智贤认为，通过控制情绪，可以调节学习的心情，并对学习的结果产生影响[④]；周永红等的研究结果表明，学生的时间管理能力和他们的学习行为有非常明显的相关性。[⑤]

[①]　王益明, 金瑜. 自我管理研究述评 [J]. 心理科学, 2002 (4)：453-456, 464.

[②]　孙二军. 基于"问题解决"的教师职前专业学习路径及培养策略 [J]. 国家教育行政学院报, 2019 (02)：62-66, 95.

[③]　李雪莲. 促进学习的课堂评价及学习目标的自我管理研究 [J]. 现代外语, 2016, 39 (3)：399-407, 439.

[④]　钟智贤, 林安琪, 王觅. 自我管理：远程自主学习的基本能力 [J]. 远程教育杂志, 2008 (4)：29-36.

[⑤]　周永红, 吕维芳, 杨于岑. 时间管理倾向与学习拖延：自我效能感的中介作用分析 [J]. 中国临床心理学杂志, 2014, (3)：533-536.

足以见得，教师的学习目标、教师的学习情绪及教师的学习时间管理能力等因素都会间接地影响到教师的自我管理能力，从而影响教育现代化背景下教师的学习力。教师要以专业发展为目标进行自我规划和安排，要明确自己的未来发展目标、职业规划、工作计划等内容。在制订这些内容时，要以教师专业发展为目标进行学习与研究，只有明确了自己的未来发展目标及规划内容，才能更好地确定自身学习内容，从而有效提高自身学习力水平。同时，教师还应该不断制定与自身职业相适应、符合自己发展实际情况的学习计划，并将其落实到实际行动中去，只有这样才能更好地提高自身专业能力和素养水平。

（四）学习环境

余胜全和何克抗认为，学习环境是学习资源与人际关系的组合，主要包括师生间以及生生间的人际关系、教师的专业水平、学习空间、学习材料和学习指导等，它们都是影响学习者学习的重要因素。[1]在初中生的学习能力方面，家庭环境对初中生的学习力有很大的影响[2]；家庭环境主要通过其社会经济资源、家庭文化资源和文化氛围等因素发挥影响作用。[3]杨磊认为，校园内的学术气氛对教师的学习力有直接的正面的作用。[4]除此之外，教育现代化背景下的以下环境因素也会对教师学习力产生一定影响。一是资源支持，教育现代化需要教师不断更新知识和教学方法。一个丰富的资源支持系统，如：图书馆、电子资源、培训课程等，可以为教师提供所需的学习材料和工具。二是技术设施，现代化的教育倚重于科技应用。学校和教育机构提供先进的技术设施，如计算机、互联网、多媒体教室等，可以为教师提供在线学习、交流和资源共享的平台。三是学习交流平台，教师可以通过交流与合作来提升学习力。学校或专业组织建立交流平台，如：研讨会、讲座、在

① 余胜全, 何克抗. 网络教学平台的体系结构与功能［J］. 中国电化教育, 2001（8）: 12-18

② BOURDIEU P, PASSERON J. C. Reproduction in Education, Society and Culture［M］. London: Sage Publications Ltd, 1990: 71-106.

③ 皇甫倩, 朱莉萍, 吴晓琼, 等. 职前教师学习力影响因素模型研究——基于全国1013位职前教师的实证调查［J］. 教育理论与实践, 2022, 42（17）: 21-26.

④ 杨磊. 教师信息化学习力发展研究［D］. 重庆: 西南大学, 2019.

线论坛等，有助于教师与同行互动，分享经验和资源。四是专业发展机会。提供专业发展机会，如：参加研讨会、培训课程、学术会议等，可以让教师不断更新知识、了解教育前沿，从而提升其学习力。五是支持性文化。学校和教育机构营造出尊重学习、鼓励创新的文化氛围，教师在这样的环境中更愿意不断学习和尝试新的教育方法。六是反馈与评估机制。学校为教师提供有效的反馈和评估机制，帮助他们了解自己的教学表现，找到改进的方向，并激励他们持续学习和成长。七是时间管理支持。教师的工作通常繁忙，有合理的时间安排和管理支持，可以帮助他们在繁忙的工作中腾出时间进行学习和专业发展。

在教育现代化背景下，教师专业发展的新模式要求教师学习环境发生变化，包括学习资源、学习方式、学习共同体等方面。一个积极支持教师学习的学习环境能够增强教师的学习力，使他们更好地适应教育现代化带来的挑战和变革。

四、教育现代化背景下提高教师学习力的策略

"教育现代化"是我国在新时代背景下对教育发展提出的新要求，这也为教师学习提供了新的契机。教师要在教学过程中不断提升自我学习力，通过理论知识的不断积累和实践能力的提高，实现教学能力的提升。

（一）教育现代化背景下提高教师学习力的内在发展策略

在教育现代化背景下提高教师学习力的内在发展，需要一系列策略和举措，以确保教师能够不断适应快速变化的教育环境，并为学生提供更优质的教育。以下是一些关键策略：

1. 激发教师内驱力，增强教师的学习价值感

学习价值感是指个人对所学习内容的价值与意义的感受和体验。在当今社会，社会经济高速发展，社会文化、价值观、生活方式都发生了翻天覆地的变化。教师作为社会文化的践行者，是引领整个社会文化和价值观念的重要力量，只有不断学习新知识、新技能，不断提高自身素质，才能更好地引领学生健康成长。而教师要想实现专业成长，必须具备终身学习的意识和能力。教师的学习动机和学习兴趣是影响教师学习力的重要内驱力。教师内

驱力是教师内在的一种推动力，它能够促使教师在教学过程中不断探索和创新。皇甫倩和靳玉乐指出，尽管82.1%的教师有较强的学习动机，但其学习力水平仍不理想。"老师们无法感受到学习带来的乐趣。"[①]基于此，我们更应该重视激发教师的内驱力。教师内驱力来自教师自身的需要和价值感。一般来说，内驱力具有三个特点：第一，内在性。即教师个体需要并依靠自己来满足学习需要。第二，个体与环境互动性。即教师个体与环境互动，与他人互动。第三，可获得性。即教师个体获得学习成果以满足其精神需要和物质需要。

如何激发教育现代化背景下教师的内驱力，增强其学习价值感是我们亟待解决的问题。首先，要为教师专业发展创造条件和机会。一是要建立科学合理的评价机制，引导教师树立终身学习理念；二是要搭建促进教师专业现代化发展的平台，让教师在实践中学习；三是要激发和满足教师参与现代化教育教学研究的需求；四是要建立教育现代化激励机制和约束机制，充分调动广大教师学习的积极性、主动性、创造性，对表现突出、取得显著成绩的优秀青年教师给予适当奖励；对成绩优秀、作出重大贡献或突出成绩的优秀青年教师给予一定物质奖励。

其次，要为教师营造良好的学习氛围。在一个群体中，如果没有明确的组织目标和共同的价值取向，没有良好的文化氛围和协作氛围，就不能激发所有人共同努力地工作，孟母三迁也是同样的道理。因此，营造良好的学习氛围对于提高教育现代化背景下的教师学习力至关重要。为教师提供参与各种教育教学研究和实践活动的机会：举办各种形式多样、内容丰富、具有特色的教育教学科研活动和实践活动；组织开展以评课为核心内容和手段、具有较强针对性和实效性的评课活动。

最后，将前沿的教育理论与实际教学相结合，让教师深刻体验理论在实践中的魅力，从而增强其内驱力。同时，积极倡导定期的自我评估和师生互动反馈，让教师认知自身成长，并明确改进方向。鼓励教师在教学中勇于创新也是不可或缺的一环，为教师提供创新空间和支持，鼓励他们尝试新的教

---

① 皇甫倩, 靳玉乐. 教师学习力测评模型的构建及应用[J]. 教师教育研究, 2021, 33 (03)：65-76.

学方法与技术工具，这不仅有助于激发他们的学习兴趣，更能够使他们更好地适应日新月异的教育需求。通过培养教师的学习兴趣和提升内驱力，实现教育价值，教育现代化的浪潮将迎来崭新的可能，为塑造更卓越的教育环境贡献力量。

2.提升教师自我导向学习能力，强化教师终身学习意识

Chou D N认为自我导向学习能力是对学习负责，自我控制学习时间，自我管理学习任务，独立参与学习活动，拥有多种问题解决技能。[①]冯琪认为，自我导向学习能力是时间管理、目标设定、批判性思维、自我监控和自我评价等能力。[②]它既是一种认识能力，也是一种实践能力。在教育现代化背景下，教师只有拥有了正确的自我导向学习意识，才能在工作中有更高的工作效率和更高的工作质量。然而在现实生活中，很多教师缺乏自我导向学习能力，没有明确地把终身学习作为自己的发展目标。他们更多地把"工作需要什么就学习什么"作为一种被动式、被命令型、机械式的行为。往往认为只要把自己现有的知识全部传授给学生，就可以实现自己的教学目标了。正是这种"学"与"教"之间的脱节，使教师不能充分发挥自身的潜能，影响了教师专业发展。因此，在教育现代化背景下，要想成为一个称职的教师，就必须提高自我导向学习能力，强化终身学习意识。

首先，正确认识自我导向学习能力。在教育现代化背景下，教师作为社会中知识传播与文化传承的主要力量，是推动社会发展和进步、培养社会主义合格建设者和可靠接班人的关键力量。这就要求教师必须具备强烈的自我导向意识、良好的自我导向目标和坚定的自我导向信念。在工作中明确自己的成长发展方向和努力方向；坚定的自我导向信念会使得教师在教育教学过程中不受外界因素干扰、坚定自己内心想法，有勇气去面对和解决问题。

其次，强化终身学习意识。只有具备了终身学习意识，才能更好地提升自我导向学习能力。我国著名教育家陶行知的"生活即教育""社会即学校""教学做合一"等教育观点都表明了终身学习是提高教师学习力最好的

---

① CHOU P N. Students perceptions of success in the online graduate-level classes: A self-directed learning perspective [J]. Contemporary Issues in Education Research, 2013, 6(1): 115-122.

② 冯琪. 自我导向型教育实习方案研究 [D]. 长春: 东北师范大学, 2017.

方式之一。因此，在教育现代化背景下，教师必须树立终身学习意识，不断地接受新知识、新观念、新技能，提高自身综合素质。

最后，提升深度学习能力。何玲和黎加厚认为，深度学习是在理解学习的基础上，学习者能够批判性地学习新的思想和事实，并将它们融入原有的认知结构中，能够在众多思想之间进行联系，并能够将已有的知识迁移到新的情境中，做出决策和解决问题的学习。[①]只有具备了深度学习能力，才能有效地进行自我学习和终身学习，从而更好地提升教师的学习力。所谓"知行合一""学以致用"，就是要将所学到的理论知识与自己所从事的实际工作相结合，要将所学到的知识技能在工作中应用起来、实践起来。

3. 关注教师学习的适切性，提升教师学习力品质

皇甫倩和靳玉乐在研究中表明：93.7%的教师学习方式主要是"网上培训或短期进修"，然而通过分析发现，培训的效果并不佳，多数教师被强制要求培训，培训进行大班授课，没有考虑教师的个体差异性，产生职业倦怠心理。[②]在教师学习力建设过程中，要关注教师学习的适切性，即根据不同教师群体的需求和特点，提供相应的学习资源和平台，以使其通过不同途径和方式获取所需知识与信息。

在教育现代化背景下，需要我们更加关注新时代教师群体的需求与特点。首先，针对教师群体特点进行有针对性的学习内容设计，需要为其提供丰富多样的课程资源和平台。

其次，针对不同学习对象进行有针对性的学习资源设计。在教育现代化背景下，我们需要更加关注老年、中年和青年教师群体在信息技术方面以及资源获取方面存在着巨大差异性，因此，我们需要有针对性地开展相关培训活动。在教育现代化背景下，我们需要更加关注不同学习对象之间存在着巨大差异性，从其需求与特点出发开展有针对性的学习资源设计活动，以满足不同学习对象在不同方面对信息技术与资源获取方面的需求。

再次，在充分尊重教师学习意愿的基础上，对各种资源进行广泛的整合。教师学习是一种主动的、有目的的学习活动，需要充分尊重教师学习意

---

① 何玲, 黎加厚. 促进学生深度学习[J]. 现代教学, 2005(5)：29-31.

② 皇甫倩, 靳玉乐. 教师学习力测评模型的构建及应用[J]. 教师教育研究, 2021, 33(03)：65-76.

愿，要根据教师的工作性质和工作内容，广泛整合各种学习资源，为教师提供多样化的学习途径，激发教师学习动机。通过讲座、参观、观摩等形式，提高教师对新课程的认知能力，要在教师自主学习与专业引领之间寻求平衡。对于在自主学习过程中遇到问题的教师，应该帮助其分析问题产生的原因和解决问题的策略，从而促进其专业成长。

最后，根据教师的学习方式及个人体验，在对教师的学习进行设计时，要体现出"适切性"。基于对教师个人经验的考虑，在教师学习的内容设计上，需要重点关注两个方面：一是了解教师个体经验。教师个体经验是教师进行学习的重要基础和前提，了解不同教师的个人经验是选择适合其发展特点与需求的学习内容设计的基础。二是关注教师个体学习风格。不同类型教师在学习内容选择上具有差异性，因此，需要重视对这部分教师群体进行针对性培训。此外，需要关注教师群体学习风格的一致性以及个体经验与群体经验之间存在着互补关系等。

（二）教育现代化背景下提高教师学习力的外部助推策略

教育，作为社会进步的引领者，扮演着塑造未来的重要角色。而在这个知识迅速更新、教育需求多元化的时代，教师作为知识传递者和引导者，其自身的学习力显得尤为关键。

1. 构建多元化的教育模式，拓宽教师的学习渠道

（1）建立民主和谐的管理模式

要"深入实施教育数字化战略行动，将国家教育智慧平台打造成教育领域重要的公共服务产品"，实现现代化管理。[①]现代化管理不应该是一种强制的、命令的管理，而应该是一种民主、平等的管理模式。首先，要制定合理的规章制度，加强对教师的教学监督和检查。学校应建立民主和谐的管理模式，让教师有足够的话语权，让教师在教学过程中积极主动地去思考问题、解决问题。其次，要加强对教师的培训和指导，让教师在教学过程中不断提高自己的教学技能。可以定期组织教师开展教学研讨活动，帮助教师解决在教学过程中遇到的问题，提高其自身教学能力。最后，要为教师营造良

---

① 怀进鹏. 加快建设教育强国［N］. 人民日报, 2022-12-21.

好的学习氛围。可以组织一些教师培训活动，邀请专家来学校为大家举办讲座，为教师提供学习和交流的机会；定期开展读书活动、论文评比活动等，鼓励教师多读书、读好书、写好文；组织一系列有利于教师学习和提高自身专业能力的活动，如参加新课改培训、校本教研等活动；组织教师外出参观学习、参加研讨会、观摩优秀课堂教学等。

（2）搭建学习平台，创造机会让教师交流学习

习近平总书记在中共中央政治局第五次集体学习时强调："强教必先强师。要把加强教师队伍建设作为建设教育强国最重要的基础工作来抓，健全中国特色教师教育体系，大力培养造就一支师德高尚、业务精湛、结构合理、充满活力的高素质专业化教师队伍。"[1]积极为教师搭建学习平台，通过各种形式的培训、教研活动等方式，使教师在与他人的合作交流中获得提升。例如，组织教师到其他学校观摩优秀的教学经验，分享教学心得；组织教师在教研活动中相互交流，共同探讨如何更好地开展教学活动；还可以组织教师到优秀的课堂观摩学习，让教师近距离地感受优秀教师的教学方法和理念。通过这种形式，可以让教师在与他人的交流合作中取得提升和进步。同时，要为每位教师提供良好的发展平台。一方面，要为每一位教师提供参加各种培训和交流活动的机会，让每一位教师都有展示自己能力和水平的机会；另一方面，学校要为每一位教师提供能够提升自身专业水平和业务能力的学习平台。在这个过程中，学校要充分尊重每一位教师的意见和建议，通过平等交流来激发他们不断进步的欲望，使其能够在教学过程中获得更多收获。在教育信息化背景下，为了使教师更好地掌握信息技术知识，可以开展各种信息技术培训活动，邀请一些有经验的教师分享其在实践过程中总结出的经验和方法，引导教师利用信息技术来解决学习过程中遇到的问题。要为教师提供交流学习机会，让他们有机会走出校园去向优秀教师学习，从而提高自己在教育教学中的能力和水平。在交流学习过程中，教师不仅能够相互学习先进的教育理念和教学方法，还能够与其他教师共同探讨教学中存在的

---

① 习近平在中共中央政治局第五次集体学习时强调　加快建设教育强国　为中华民族伟大复兴提供有力支撑［EB/OL］.（2023-05-29）［2023-06-01］. http://www.moj.gov.cn/gwxw/ttxw/202305/t20230529_479780.html?eqid=9825d952000398ff0000000664757ed7.

问题。交流学习可以使教师在互动过程中不断提升自己，从而增强其学习价值感。总之，应为教师提供多样化的学习平台，促进他们不断提升自身教学水平，激发其自身的内驱力。

（3）加强教师培训，提升教师学习力

为了提升教师的学习力，学校可以通过开展教师培训活动来帮助他们养成良好的学习习惯。首先，可以通过组织开展各种形式的教研活动，让教师积极参与进来。其次，学校可以在教研活动中倡导教师交流经验、互相借鉴、共同进步，激发教师进行自主研究的热情。最后，可以通过安排教学名师与青年教师进行经验交流和分享等形式来促进青年教师的成长。通过这些活动使教师在教学中不断地获得提升，促使他们拥有更强的自主学习意识。

现代信息技术和网络技术具有开放性、共享性、交互性等特点，为教师提供了与其他教师交流、沟通、共享和合作的平台。基于教育现代化背景下，教师的学习方式也产生了转变，形成了多元的学习模式，教师也可利用碎片化的时间不断学习，完善自身学习素养。以下为教师可参考的网络资源：

可汗学院：https：//cmn.khanacademy.org/

中国微课大赛网：http：//dasai.cnweike.cn//

网易云课堂：http：//study.163.com/

微课网：http：//www.vko.cn/

中国慕课：https：//www.icourse163.org

2.建立教师学习共同体，助推教师学习力全面均衡发展

在教育现代化的浪潮中，教育的本质和形式正在经历着深刻的变革。如何适应这一变革，培养具有创新能力和综合素养的学生，成为摆在教育界面前的重要课题。而教师作为教育改革的中坚力量，其自身的专业发展和学习也势必需要得到全面的推进和支持。在这一背景下，建立教师学习共同体被认为是助推教师学习力全面均衡发展的重要途径。陈悦认为，在一个教师学习共同体中，教师都有着一个共同的目标，他们以自主学习的方式，和同行进行协作，分享自己的实际经验，并从别人那里吸取专业知识，反省自己的教育和教学行为，从而增强他们的自信心，将他们的团队精神结合起来，

从而更好地推动专业发展，提升教育品质。[①]张爱杰提出，"教师学习共同体"是指在平等、自主的基础上，以实现对教学活动中出现的问题与困惑、分享知识与信息，并在此基础上得到发展的一种集体组织形式。[②]教师学习共同体的核心理念在于，将教师从孤立的个体转化为紧密合作的群体，通过合作与共享，推动其学习力的全面均衡发展。在这个共同体中，教师不再是孤军奋战的孤胆英雄，而是能够相互借鉴、相互促进的成员。这种共同体中的合作精神不仅仅体现在课堂经验的交流上，更表现在教材编写、教研课题研究等领域。教师们可以联合起来，共同编写适应时代需求的教材，从而更好地满足学生的学习需求，同时合作研究教研课题，促使教育研究的深入，为教育实践提供更加科学的指导。这种合作不仅能够加强教师的专业能力，还能够为教育体系的创新与发展提供源源不断的动力。

在教师学习共同体中，个体的成长和整个集体的进步相辅相成。每位教师都能够从集体中获取所需的支持和启发，从而更好地应对多变的教育环境和学生需求，而集体的进步也正是依赖于每一位教师个体的积极贡献。这种共同体中的互动与合作，将教育从封闭的"传道授业解惑"转变为开放的知识共建共享，为教师的个人发展和职业发展提供了更加广阔的空间。值得注意的是，建立教师学习共同体并非一蹴而就的事情，其中需要克服不少挑战。首先，需要改变传统的教育观念，让教师们认识到合作共赢的重要性。其次，需要提供适当的平台和机制，促使教师之间的交流和合作变得更加顺畅。最后，需要引入相应的激励机制，鼓励教师积极参与共同体建设，使其真正成为教师个人成长的动力。综上所述，建立教师学习共同体是推动教师学习力全面均衡发展的有效途径。这种共同体不仅有助于丰富教师的专业知识，更能够培养其教育心理、教学技能等综合素养。通过合作交流，教师们能够更好地应对教育挑战，为学生的全面发展提供更优质的教育资源和环境。因此，建立教师学习共同体不仅是对教师个体的关怀，更是构建创新活力的教育生态的重要举措。

---

① 陈悦. "互联网+"背景下小学教师学习共同体建设研究——以镇江市Z小学为个案[D]. 徐州：江苏师范大学，2018.

② 张爱杰. 教师学习共同体的构建障碍及对策研究[D]. 新乡：河南师范大学，2016.

在当今教育现代化的浪潮中，教师学习力的发展显得尤为重要而迫切。教育不再局限于传授知识，而是更加强调培养学生的创新能力、批判思维和综合素养。面对如此迅猛的变革，教师们需要不断地更新自己的知识体系，拓宽教育视野，并掌握跨学科的解决问题的能力。个体化的规划使教师能够有针对性地选择学习路径，培养与自身专业发展相符的能力，而积极的学习环境则为教师提供了持续进步的动力，鼓励他们在共同探讨中成长。跨学科资源的引入使教师能够站在更高的视角审视教育问题，从而更好地应对挑战。与同事合作开展研究项目不仅促进了知识的共享，更培养了教师解决实际问题的能力，而实际教育实践中的尝试则让教师从反思中汲取经验教训，不断优化教学方法和策略。在教育现代化的大背景下，教师的学习力发展不仅是个人的需要，也是整个教育体系进步的引擎。通过以上策略的有机融合，教师们能够更好地适应变革，为学生提供更高品质的教育，从而推动教育的持续创新与发展。

第五章　教育现代化背景下高职教师职业能力的发展

最新修订的《中华人民共和国职业教育法》中强调了对职业教育教师队伍的重视，同时习近平总书记也在职业教育领域发表了重要指导意见，他提出，在教育现代化的过程中，要加快构建现代职业教育体系，培养更多高素质技术技能人才、能工巧匠、大国工匠。目前的首要任务，是建立一支高质量、高水平、现代化的高职教师队伍。2022年5月，教育部办公厅发布的《关于开展职业教育教师队伍能力提升行动的通知》中明确指出"要完善高职教师标准框架，研制高等职业学校教师职业标准，逐步建立层次分明，覆盖公共课、专业课、实习实践等各类课程的教师职业标准体系"，及"研制新时代职业院校'双师型'教师标准。"[①]在教育现代化进程中，职业教育水平提高的快速与否，与教师的职业能力密切相关。

一、教育现代化背景下高职教师职业能力的结构

随着高职教育的不断发展进步，对高职教育的研究也逐渐增多。其中，关于高职教师职业能力的研究不断深入，众多学者的研究角度各有不同，向玉琴从教材、教学方法、学生、教学管理、自我调节和教学研究等方面对高职教师进行研究和分析；齐桂莲等人通过研究制定了信息时代评价教师水平的系统，主要体现在教学规划、信息处理、教学研究和学习等层次上。[②]

而关于高职教师职业能力结构的研究也随着时代的发展不断更新着，国外学者诺尔、希勒等人认为思维的条理性、逻辑性、口头表达能力、组

---

① 教育部办公厅. 关于开展职业教育教师队伍能力提升行动的通知［EB/OL］. ［2022-05-17］http://www. moe. gov. cn/srcsite/A10/s7034/202205/t20220523_629603. html, 2022-05-17.

② 帅建华. 独立学院教师职业能力模型构建和应用研究［D］. 南昌：南昌大学, 2019.

织教学活动的能力等是从事高职教师职业不可或缺的特殊能力。苏联学者夫·恩·果诺波夫认为高职教师的职业要求高职教师具有理解学生的能力、通俗易懂讲授教材的能力、劝说他人的能力、组织能力、把握教学分寸的能力、创造性工作的能力、迅速反映教育的情境并在其中保持举止灵活的能力、胜任所教学科的能力、引起学生兴趣的能力或在某一区域考查高职教师的能力。[①]学者叶澜等认为，教师专业架构应包括"能力结构""专业概念""知识结构"这些部分。[②]胡建波针对高职教师职业能力的结构进行深度研究，通过大量的调查研究得出教师职业能力包括双师素养要素、专业要素、职业要素、实践要素、科研水平要素、人际交流水亚要素、学习水平要素、专业教学探索水平，并制定了高职教师职业能力标准在全国范围内得以广泛应用。[③]刘明将高职院校教师职业能力描述为：教师在教学过程中体现的决定教学效果，同时影响着学生心理素质和专业水平的所有价值观念、道德品质以及专业能力。据此，其构建了由师德水平、知识水平、能力水平3个一级要素和11个二级要素构成的高职院校教师能力体系。[④]朱建柳认为高职教师分为合格教师、骨干教师、专业负责人三大类，而不同种类的教师所具备的能力应是不同的，研究发现高职院校专业教师职业能力是一个由10个能力领域、44个能力单元项目所组成的。帅建华在研究独立本科院校的教师职业能力时，将其分为职业道德教育与示范能力、人才培养方案制定能力、课程方案设计能力、教学设计能力、实施教学能力、反思教学能力、教学资源开发能力、服务与管理学生能力、建设校内外实训基地能力、指导学生职业技能能力、自我专业成长能力、校企合作与产学研能力、职业素养共13种能力。[⑤]王海琴认为高职教师职业能力分成基本能力、关键能力和专属能力三个层次，共10项能力。[⑥]随着社会发展进程的加快，习近平总书记曾多次

---

① 杨晓陶.高职院校教师职业能力探析:以广州城市职业学院为例[D].广州:暨南大学,2008.

② 叶澜,等.教师角色与教师发展新探[M].北京:教育科学出版社,2001:183

③ 胡建波.高职院校教师职业能力研究[M].成都:电子科技大学出版社,2012:21.

④ 刘明.高职院校教师能力建设与管理[M].合肥:中国科技大学出版社,2012:75.

⑤ 帅建华.独立学院教师职业能力模型构建和应用研究[D].南昌:南昌大学,2019.

⑥ 王海琴.高职院校教师职业能力提升研究[D].西安:西北大学,2019.

提道要加快教育现代化，因此高职教师职业能力也应随时代的不同赋予其特定的意义。本书中所指的教育现代化背景下高职教师职业能力包括师德水平、知识水平、能力水平三各部分。

（一）教育现代化背景下的师德水平

1. 坚持正确的政治方向，具有高度的责任感

"十四五"规划和2035年远景目标纲要中提道："建设高素质专业化教师队伍。建立高水平现代教师教育体系，加强师德师风建设，完善教师管理和发展政策体系，提升教师教书育人能力素质。"①《中国教育现代化2035》中也重点强调要大力加强师德师风建设，加强教师思想政治教育。坚守教育者优先的原则，引导教师深度学习和理解习近平新时代中国特色社会主义思想，积极实践社会主义核心价值观，熟练掌握马克思主义的基本理论和立场观点方法，将党的教育政策贯穿于教育教学的全过程。②教育现代化说到底是人的现代化，是中国人的现代化，因此，走在教育现代化的路上，我们首先要肯定党的领导并坚持马克思主义理论，将习近平新时代中国特色社会主义思想内化于心，外化于行，将当下最新最权威的政治动态在日常生活和课堂教学中加以传播。让正确的积极的政治思想在每位学生心中开花，是每一位高职教师的首要责任和义务，也是高职教师职业能力中师德水平的重要体现。

2. 热爱高等职业教育，敬业爱岗

从"师者，所以传道授业解惑"到"爱国守法、爱岗敬业、关爱学生、教书育人、为人师表"，这是时代的变迁对师德的重新构建。教育部、中国教科文卫体工会全国委员会的《高等学校教师职业道德规范》从"爱国守法、敬业爱生、教书育人、严谨治学、服务社会、为人师表"六个方面阐述

---

①　中国教育报. "十四五"规划和2035年远景目标纲要提出建设高质量教育体系［EB/OL］.［2021-03-13］http://www.moe.gov.cn/jyb_xwfb/s5147/202103/t20210314_519710.html.

②　中华人民共和国中央人民政府. 中共中央、国务院印发《中国教育现代化2035》［EB/OL］.［2019-02-23］https://www.gov.cn/zhengce/2019-02/23/content_5367987.htm.

了高校师德规范。① 在教育现代化背景下，信息的快速更迭让"敬业爱岗"有了全新的诠释，在当下社会中，高职教师应当回归初心，乐于奉献、认真负责、不求回报地将教育从课堂开展至日常生活当中。当下时代的学生都是个性独立有思想的个体，高职教师在教学岗位中要用全部的热情和爱投入工作，与学生共同成长，成为学生的领路人、陪伴者，要有毅力和恒心面对网络上的舆论，坚持工作，要以学生为本，踏踏实实完善工作。

3. 热爱学生，诲人不倦

学生作为教育的主体，热爱学生理所当然地成为教师职业道德的核心内容。教育部发布的《关于进一步加强和改进师德建设的意见》中指出：教师应该以热爱学生、教书育人为核心，以学为人师、行为世范为准则。其中爱是教育的灵魂，是教育的根基，没有爱就不会有教育，每位教师的教育风格可能各具特色，但爱应该是教育永恒不变的主题。从古至今，爱心都是学生掌握知识的敲门砖、启迪心智的开始，尤其是现代化教学的时代，教师面对的问题学生越来越多，就更要用爱来呵护每一朵待放的花苞。

4. 以身作则，为人师表

教师的职业特性决定了教师必须是道德高尚的人群。优秀的教师用品质来进行教育、用品质来塑造自身的典范，必须在道德层面达到标准。教师不仅是学生道德素质的反映，更是他们塑造人生价值的优秀示范。优秀的教师应当从优秀的人那里吸取教训，对他们进行学习和效仿，持续提升自己的道德素养和个性，同时也要将正确的道德理念教导给学生。②

在教育现代化背景下要想做一名好老师，就要求自己所知道的必须要远超过要教给学生的范围，且学习知识的速度要与时俱进，不仅要有胜任教学的专业知识，还要有广博的通用知识和宽阔的胸怀视野。我们说教给学生一碗水，首先自己要有一桶水，但在现在万物互联的教育现代化时代，一桶水是远远不够的，跨学科的知识以及弘扬价值观的建设等等都值得我们用心准

---

① 魏影. 高职院校师德师风考评体系探究与实践——以苏州市职业大学为例[J]. 职业技术教育，2020, 41（23）: 61-66.

② 张丽娟, 郭昱轩, 时锦雯. 习近平总书记关于师德师风建设重要论述的时代价值和践行路径——习近平总书记关于师德师风建设的重要论述研究系列论文之三[J]. 高教论坛，2021（11）: 1-4.

备一潭水，才能做好为人师表的典范。好教师的标准还应是智慧型教师，要具备学习、处世、生活、育人的智慧，既授人以鱼，又授人以渔，能够在学生所需要的生活学习等各个方面给予帮助和指导。

（二）教育现代化背景下的知识水平

1.深厚的专业知识

教育现代化背景下，一名教师应具备的基本素养有扎实的理论基础、与职业密切相关的专业知识储备等，这些是在工作岗位上的立足之本、取得一定的成绩的根基，同时也是不断创新、追求更好专业发展的基础。这些知识大部分来源于教师本人在求学期间掌握的理论和实践知识，也有在工作后通过自主学习、工作实践等方式不断积累起来的专业知识。[①]学科知识是教师认识本专业、认识本职业，以及认识世界的基础。只有学科知识丰厚，才能在课堂上游刃有余，在与学生沟通交往中彰显个人的学识魅力。

2.广泛的职业相关知识

高职教师与普通高校教师之间最重要也最显著的不同即是，高职教师在具备深厚的专业知识的同时也要掌握宽广的、前沿的、与职业相关的知识。职业教育的目标是培养高技能人才，倡导的是工学结合的模式，所以与相关企业对接是基本要求。因此，为了更好地实现教学目标，高职教师应该具备与行业企业接触的机会，应该掌握各类企业以及整个行业的发展动态相关知识，在加快推进教育现代化实施方案（2018—2022）和《中国教育现代化 2035》中均明确提出要求高职教师5年内应有不少于六个月的企业实践经历[②]，并通过课堂教学、实习实训、实验设计等多种方式，结合理论开展教学，将职业知识传授给学生，缩短课堂教学与真实工作之间的差距，为日后学生尽快适应工作岗位打下坚实基础。

3.必要的教育理论知识

在教育现代化背景下，教育对象为职教学生的情况下，掌握教育理论知识并能够灵活运用是必要的。王桂清学者称此为一种解决怎么教的条件性

---

① 胡梅荣.高职教育教师专业发展研究［J］.教育与职业，2015（35）：67-68.

② 中国政府网.中共中央办公厅、国务院办公厅印发《加快推进教育现代化实施方案（2018-2022年）》.
　　［EB/OL］.［2019-02-23］ https：//www.gov.cn/xinwen/2019-02/23/content_5367988.htm.

知识。[①]这就要将教师所知道的知识经过一番心理学化和教学法化的加工，使之变成学生可接受的知识，并把学生的知识变成学生的能力。这种知识一般来说是指教育教学理论知识。例如，在面对高职学生进行授课的过程中，要根据学生的年龄特征和个性心理特征来进行针对性的备课，同样的知识点对于不同学生可采用不同的教授方式，要尊重学生，了解学生。所以在备课时，不光要备教材内容，也要储备学生的基本情况做铺垫，尤其是现代化背景下，了解学生的方式早已不局限于与家长沟通、课堂观察等方式，也可以通过社交软件来了解学生的不同性格和喜好。以此最大效率地实施"因材施教"。

（三）教育现代化背景下的能力水平

1. 教学能力

教书育人是高职院校教师必须具备的核心能力。刘明认为高职教师的教学能力主要包括语言表达能力、驾驭教材的能力、教研能力以及运用现代教育手段的能力。结合当下的教育现代化背景，高职教师在具备原有这些能力的基础上，更应该注重利用信息化手段进行教学，教师信息素养的提升在一定程度上能够促进教育现代化的进程。经历教育信息化2.0阶段的学习，教师首先应该了解信息化的重要意义，其次将学习和培训内容积极运用在日常教学中，在课堂中适时运用数字化手段、多媒体手段、网络化手段的教师才能更好地教导新时代的学生，才能打造属于自己的特色课堂，才能构建适合教育现代化进程的教学模式。

2. 科研能力

2022年5月新修订的《中华人民共和国职业教育法》中要求让受教育者具备相应的职业道德、科学文化和专业知识，要把职业道德、职业安全健康意识和职业工作习惯等都传递给学生，帮助他们树立正确的职业观，教师需要具备相应的教学能力。高职教师职业能力的基本内容之一就是能够有效地开展教学活动。

随着科技的发展和人才需求的不断提升，职业教育不止传递给学生正确

---

① 王桂青.论教师知识结构的现代化[J].宁波大学学报（教育科学版），2004（02）：56-58.

的道德观和扎实的专业知识，还要密切关注相关科学技术的发展，探究学习学术行业的前沿知识，提高自身的"应用型"科研能力，更好地服务社会、行业、企业需求

3. 实践能力

实践能力是教育教学现代化背景下高职教师一个至关重要的能力。《中国教育现代化2035》中，明确了应该完善职业院校专业师资到重点行业企业实践激励机制制度，将专业师资普遍变成"双师型"的师资。[①]在2022年新颁布的《中华人民共和国职业教育法》中也专设了"职业教育的教师与受教育者"模块，足以看出新修订的职业教育法中对教师与受教育者都同等重视，新法中规定"国家建立健全职业教育教师培养培训体系，要求职业学校的专业课教师应当具有一定年限的相应职业工作经历或者实践经验，达到相应的技术技能水平。"这也是首次以法律的形式规定了教师必须具有企业实践及技能水平。抓准职业教育的定位是为国家培养高素质的技能人才，因此身为教师理应以身作则，先了解行业一线工作的主要流程，能够成为理论教学当中的支撑点。教师的企业实践水平直接影响到学生实践技能的培养和提高，是教育现代化背景下，产学研融合时代对人才培养的要求。

4. 创新能力

前总理李克强指出："高校要增强学生的创新精神、创业意识和创造能力。"创新、创业、就业在新法中多次出现，要培养学生的双创能力，高职教师首先要拓展和提升自我的职业能力，做创新型的教师。在三全育人的指引下，在教学过程中，教师的创新思维具体体现为课堂教学创新模式、开设合理的课程思政模式等，当然创新思维不仅体现在教学过程中，还运用于行业企业的实践中，教师需要把握行业的发展动态，将相关的新知识和新技能融入自己的教学、企业实践反思中，提升自己的创造力。将课程教学、实训演练、项目指导融为一体，着力培养和锻炼学生的创新思维和实践能力，助

---

① 中华人民共和国中央人民政府. 中共中央、国务院印发《中国教育现代化2035》[EB/OL]. [2019-02-23] https://www.gov.cn/zhengce/2019-02/23/content_5367987.htm.

力未来的就业创业。①

二、教育现代化背景下发展高职教师职业能力的重要性

（一）教育现代化背景下发展高职教师师德水平的重要性

1. 立德树人、德技并修是教育现代化进程中对教师的新要求

习近平总书记强调，强教必先强师。师德师风建设在教育现代化发展进程中一直处于首要位置，全面加强并不断强化师德师风建设，能为新时代高职教师高质量发展"把好方向舵"，也能为教育现代化建设"夯实地基"。自党的十八大以来，国家对于高职教师的师风师德建设极为重视，2019年12月教育部等七部门联合印发《关于加强和改进新时代师德师风建设的意见》《教育部关于高校教师师德失范行为处理的指导意见》等相关政策文件的颁布，标志着国家逐渐形成高职教师师风师德的发展体系，并在2021年12月，中共教育部党组印发的《关于完善高校教师思想政治和师德师风建设工作体制机制的指导意见》中提出"构建党委集中统一领导，党政齐抓共管，教师工作部门统筹协调，各部门履职尽责、协同配合的大教师工作格局"，这强调了党在师风师德建设中不可撼动的绝对地位，确保党牢牢掌握教师队伍建设的领导权。②

2. 高职人才培养目标和学生现状要求教师富有爱心

2021年4月，在全国职业教育大会上传达了习近平总书记的重要指示，强调职业教育是全面建设社会主义现代化新征程中不可缺少的一部分，应该建设一批高水平职业院校和专业，推动职普融通，增强职业教育适应性，加快构建现代职业教育体系。③但目前对社会中的大多数人来说，选择职业教

---

① 廖萍, 王莎莉. 新职业教育法背景下高职教师职业能力探究[J]. 苏州市职业大学学报, 2023, 34（01）: 8-12.

② 孙翠香, 米靖. 党的十八大以来中国特色高职教师高质量发展的制度构建与实践探索——我国高职教师发展政策与改革实践述评[J]. 教育与职业, 2022（20）: 13-21.

③ 新华社. 习近平对职业教育工作作出重要指示 强调加快构建现代职业教育体系 培养更多高素质技术技能人才能工巧匠大国工匠 李克强作出批示[EB/OL]. [2021-04-13] https://edu.youth.cn/wzlb/202104/t20210413_12853086.htm.

育仍然是退而求其次的备选选项，进入高职院校学习出于喜欢的人少之又少，而大多数学生都是出于考试失利的无奈选择，因此他们内心实际上对职业教育认同度不高。因此，高职院校教师要有极大的热心，多在学业方面给予关心和照顾，为学生指点迷津，引导学生消除自卑心理，调整心态，重新确立积极的人生目标，正确认识职业教育，正确评价并努力实现职业人生价值。据相关调查结果显示，纯粹的农村学生占比在职业院中已经稳稳超过四分之三，而地级以上城市的学生比例在逐步减少①，单亲家庭和有留守儿童成长经历的学生也不在少数。根据学生的成长状况来看，高职院校教师需要奉献更多爱心，在帮助贫困学生顺利完成学业的同时，促使其以健康心态和感恩之心走上工作岗位，回报社会。②

3. 内化师德师风有利于个人素养的提升

师德建设能为教师个人素养提供持久动力，并能让教师个人素质不断提升，向越来越好的方向发展。个人素养的建立要使教师改变很多已经形成的习惯，甚至对生活会有很大的改变和牺牲，但是这是为了更好地发展。个人素养的养成需要教师自身对自己的情操、品德、素质等不断完善并能够辨别、抵制一些外界的名利、欲望和不良风气。教师既是教育者也是学习者，高职院校的教师要不断提高自己在政治思想、理论教学上的素质，在实践和教学中不断完善自我。③

高职院校教师加强自身师德修养，其实就是不断进行自我教育的过程，这也是教师个人由道德他律向自律转化的一个过程，实质上也是提升教师个人素养的过程。也就是说，要想塑造教师的师德修养，首先要通过学习掌握师德理论基础，随后将道德标准作为指导，最后在教学和生活中将标准内化于心，慢慢地完善自己，形成属于自己的独特气质和个性。师德是需要经过长期培养的，而不是一朝一夕就能形成的，要将自己一直置于学习的状态中，通过不断地学习补充新思想和观念，紧跟时代节奏。把握时代变迁的脉搏，观念的更新需要加快步骤，教育理念要和时代的发展

---

① 淮妮, 金莹. 高职学生现状、问题及对策分析 [J]. 陕西教育 (高教), 2019 (04): 74-76.

② 龚宏富. 爱与责任: 高职教师师德提升的立足点 [J]. 学校党建与思想教育, 2014 (10): 76-77.

③ 段斐. 陕西省高职院校师德建设研究 [D]. 西安: 西安工业大学, 2014.

相吻合，并在日常生活中进行实践，才能让自身的师德理论与时俱进，进而道德修养才能提高。

（二）教育现代化背景下发展高职教师知识水平的重要性

1. 提升高职教师知识水平是推进教育现代化的使命和任务

提高教育现代化水平对于我国从教育大国迈向教育强国有重要意义，而提高教师知识水平则是推动教育现代化的使命和任务。在加快教育现代化，建设教育强国背景下，高职教师肩负着艰巨的任务，他们不再是单纯的传统意义上的教师，不仅要肩负起培养高素质技能型人才的重任，还要成为创新职业的引路人和启蒙者。高职教师在知识水平上的与时俱进主要体现在专业知识的改变，首先应转变传统的教育观念，不断更新最前沿的教学理念，掌握新知识新技能，用最新的观念和知识教书育人。其次，高职教师也应该学会借鉴其他学科的相关研究成果，比如高职教师对学生的评价，不能单独以成绩为唯一考核标准，应该注意素质教育中德智体美劳的全面发展，同样对高职教师的评价也不能简单以学生成绩来体现，更多要考虑教师的专业知识、职业知识和教育理论知识等。教育现代化终究是为了实现人的现代化，因此具有过硬的知识底蕴，实时掌握职业动态，随时更新教育理念，才能一步一步实现培养人才的现代化，从而实现我国的教育现代化。①

2. 教育现代化更需要自我更新型教师

近年来国家为加速推进教育现代化进程，不断出台相关政策文件，但不论是政策文件还是社会舆论的发酵，大多都属于外驱力，教师自身要对所学习的东西进行内化，才更为高效。自我更新型教师多数情况下被认为是反思型教师和创新型教师的有效结合体，强调从自我专业发展意识和反省认知能力等认知层面上进行自主建构的重要性，是一种自觉的、自发的、从内心主动愿意去学习去更新知识体系的一种积极上进的教师类型。②

对于教育现代化背景下的自我更新型教师而言，综合性知识与专业性知

① 陈登，张建敏，汪蓉. 教育现代化背景下高职教师专业化研究回顾与展望[J]. 新课程研究（中旬刊），2016（05）：108-109.

② 马知遥，常国毅. 新时代背景下自我更新型教师的要素重构[J]. 当代教师教育，2021，14（01）：54-60.

识的有效融合，相互构成其认知体系，在教学和日常学生管理中能够进行应用，使其能针对综合性人才和专业性人才进行分门别类的教育教学，是当下时代提升教师专业素质的不二之选。

（三）教育现代化背景下发展高职教师能力水平的重要性

1. 成为"双师型"教师是教育现代化背景下的主流趋势

"十四五"时期是我国职业教育改革全面开始开启新征程、跃上新台阶、谋求新发展的关键期，也是职业教育教师队伍数量扩增、提质赋能的重大机遇期。[①]2021年中共中央办公厅、国务院办公厅印发的《关于推动现代职业教育高质量发展的意见》中提道："推进不同层次职业教育纵向贯通，促进不同类型教育横向融通"的精神，突出了纵向贯通主动适应教育现代化社会中对中高端职业教师的发展要求，即要求教师要成长为全能型教师，横向融通主动适应人的终身发展，是职业教育未来发展的增长点。[②]实现创新型、应用型、技能型的职业人才培养要求和技术技能人才培养定位，其必然对教师队伍的育人水平、队伍结构以及教学能力、技能水平等提出新问题、新挑战。[③]培养兼具理论教学和实践技能的高素质"双师型"教师是加快构建教育现代化高职教育体系、深化高职教育改革发展的关键之举，成为推动高职教育现代化的重要突破口。[④]

2. 教师信息化水平的提升能够推动教育现代化的发展

在进入21世纪以来的20多年间，我国始终将提升教师信息化教学能力，作为推进教育现代化的重要举措。[⑤]而信息技术是信息化的显著特征，因此

[①] 陈莉. 双师型教师在实现职业教育现代化中的建设机制研究 [J]. 福建教育学院学报，2022，23（04）：106-109.

[②] 人民网. 推动现代职业教育高质量发展论坛在京举办 [EB/OL]. [2021-11-17] https: //www. 360 kuai. com/pc/9dba6954462f3029b? cota=3&kuai_so=1&r_efer_scene=so_3&sign=360_da20e874.

[③] 刘源，门保全. 核心能力视角下高职院校"双师型"教师培养路径研究：基于"圆锥式六维一体"能力模型 [J]. 职教论坛，2021，37（7）：95-101.

[④] 黄海燕. 新时代背景下高职"双师型"教师的制度建构与培育策略 [J]. 教育与职业，2020（05）：67-74.

[⑤] 陈耀华. 提升教师信息化教学力的中国路径及优化发展 [J]. 中国电化教育，2020（12）：99-104.

职教的教育现代化的实现主要依托于现代信息技术的发展。[①]为加速提升职教信息化水平和高职教师信息化教学水平，教育部开展了全国职业院校教学信息化大赛，为高职教师提供平台和机会共同交流学习。随着"互联网+"时代的不断深入，要求高职院校的教师必须从传统的教学工作模式中跳出，及时做出创新与改变，只有与现代社会的发展相适应才能在教育行业中立足，不断地学习与进步，真正顺应"互联网+"这个新时代的发展趋势。[②]

3. 鼓励教师实践创新是推进教育现代化的前进动力

《教育现代化2035》中提道，创新能力是衡量教育现代化的重要标准[③]。由此确定了创新能力不可撼动的地位。高职教师应在现代化进程中积极探索教育新理念、新制度、新内容、新方法、新手段，提升高等教育与经济社会发展的融合度，培养数量充足、素质精良、适应经济社会发展需要的各类人才。顺应移动互联网、大数据、人工智能和智能增强技术等迅猛发展的时代潮流，以高等教育信息化促进先进教学内容与方法的融合，打破传统教育制度、形式、机构、空间和时间边界，构建智慧校园，拓展无边界高等教育。[④]

高职教师之全部职业所为皆与其职业能力息息相关，职业能力犹如高职教师职业生涯的灵魂与命脉，引领其全部职业行为，掌控其业绩表现，决定其工作成效。由此，突出职业能力的重要性，重视并促进教师职业能力创新发展，成为高职院校及高职教师在及教育现代化背景下的必然之选与务实之举。2017年，教育部办公厅印发《职业院校教师素质提高计划项目管理办法》，强调要"确保项目实施质量和成效"，并就职业院校教师素质提高计划项目的管理做出了明确规范。从中可以清晰可见高职教育深化改革、建设

① 杨英. 以信息化推动职业教育教学现代化的中国探索研究[D]. 徐州：江苏师范大学，2018.

② 刘方歆. "互联网+"时代高职教师职业能力面临的挑战与对策[J]. 现代职业教育，2019（07）：200-201.

③ 中共中央，国务院. 中国教育现代化2035[EB/OL]. [2019-02-23] http://www.xinhuanet.com/politics/2019-02/23/c_1124154392.html.

④ 史静寰，叶之红，胡建华等. 走向2030：中国高等教育现代化建设之路[J]. 中国高教研究，2017（05）：1-14.

地方技能型高水平大学对高职教师的全新要求，突显了教育现代化背景下高职教师职业能力创新发展的必要性与紧迫性。由此，主动适应并积极应对高职教育改革发展需求，推动高职教师职业能力创新发展，以有效服务于地方技能型高水平大学建设，成为实现教育现代化进程的催化剂，成为摆在高职院校及其教师群体面前的崭新课题。①

三、教育现代化背景下高职教师职业能力发展中出现的困境

（一）教育现代化背景下高职教师师德师风建设中遇到的困境

1. 国家对职业教育发展重视较晚，师德师风建设进程缓慢

我国对于职业教育发展的开端可追溯到1985年出台的《中共中央关于教育体制改革的决定》，并在1985年—2014年间共召开7次全国职业教育工作会议，对职业教育体系建设做出专门规划和设计。但由于缺乏相关政策法规的支持，职业教育体系尚未有确定的清晰的体系，因此在高职教师的师风师德建设方面重视程度远远不够，甚至一度由于师风师德问题出现高职教师的社会地位低于其他学段教师的现象。直至2019年8月20日，习近平总书记在甘肃考察山丹培黎学校时，发表了"发展职业教育前景广阔、大有可为"的重大论断②，标志着我国职业教育发展进入快车道。

在2019—2023年这四年之间，国家相继出台了一系列政策以促进职业教育的高质量发展。如在党的十九大报告中提出，要完善职业教育和培训体系，其中培训体系包括对高职教师的师风师德培训；2019年，国务院印发的《国家职业教育改革实施方案》（简称"职教20条"）中进一步明确，要完善学历教育与培训并重的现代职业教育体系；2020年9月，教育部等部门联合发布《职业教育提质培优行动计划（2020—2023年）》，明确提出要优先进行教师师德师风建设；2022年5月1日正式开始实行重新修订的《中华人民共和国职业教育法》更加明确了职教在社会中的地位，有了法律的支持，高

①　张辉. 新时代语境下高职教师职业能力创新发展的意义与影响[J]. 太原城市职业技术学院学报，2018（11）：70-71.

②　教育部. 从"大有可为"到"大有作为"——新时代中国职业教育高质量发展综述[EB/OL].［2022-08-18］http://www.moe.gov.cn/jyb_xwfb/s5147/202208/t20220819_653869.html.

职教师的师风师德建设问题正朝更好更快更优的方向发展。由此可见，国家始终高度重视职业教育体系建设，但如何建立健全中国特色现代职业教育体系长期处于"点题"到"破题"的进程中。对于高职教师队伍建设中师德师风方面的培训和提升基本是任务式的、零散的，尚未形成清晰明了且完整的体系。

2.高职教师自主发展意识不够强烈

受到国家层面大方向的政策影响，我国高职院校对于教师自身发展、成长的相关要求较其他学段教师相比不是特别严格，同时由于社会中的不良观点认为只有不学习的孩子才会在职业院校就读，认为职业院校是比普通学校低一级的学校，因此教师素质高低、教学水平如何都显得不那么重要。教师在上岗之后，只要完成基本教学任务，确保学生的生命健康，并能够遵守国家法律，不违反学校规章制度，大多数都能够继续在学校任教。另外，在职业院校里职称评定的要求不高，竞争不大，教师只需要在科研中取得一些成果，具备一些硬性条件就可以晋升高级职称，其中师德为先的条件并无具体办法来考量，所以一个拥有高级职称的教师并不一定是一个高素质的教师，这与教师的成长之间并不完全匹配，在一些城市甚至存在教师从中小学调入职业院校以行晋职称之便的现象。

在高职教师成长过程中，培训是不可忽视的环节，但现今大多数教师并不能完全根据自己的需要选择想要参加的培训或进修，而通常是由学校统一组织开展的培训项目，由于培训内容过于宽泛和宏观而吸引力不足，并且大部分周期较长的培训都安排在寒暑假，导致教师参与的积极性并不高。目前职业院校师资紧缺，教师除了进行教学之外，还要担任班主任或其他行政职务，参与完成招生、就业、学生管理和大量的课程、专业建设等繁重的工作，如在学期中自主选择参加一些短期培训，则需要自行调整课务、安排好班级工作，既得不到休息，又在培训中得不到针对性的成长，故多数教师参与意愿也不强烈，根本无暇顾及教师个人专业成长。长久起来，便形成了在缺少约束也没有激励的情况下，高职教师进行自我发展的意识不强，主动提升素质修养的意识不强的现象。[①]

---

① 王昊.教育现代化背景下高职教师专业化发展探究［J］.职业教育(中旬刊)，2019(07)：21-24.

（二）教育现代化背景下高职教师知识能力水平提升的问题

1.高职教师的教学能力提升幅度与教育现代化进程尚未匹配

高职院校的教育化进程在近几年的国家政策扶持下发展速度较快，为提升教学质量，高职教师的教学能力提升是必然，各类培训都应需而生，教师的教学能力在快速提升的同时，也暴露出一些问题。

（1）教学设计多注重理论而缺乏实用性。

在2019年颁布的《加快推进教育现代化实施方案（2018—2022）》中明确提出高职教师5年内应有累计不少于6个月的企业实践经历之后，高职院校教师走进行业企业的时间确实有所增多，部分教师能意识到教学内容与实际工作的脱轨，并有意识地结合岗位内容进行授课，但仍然对新技术、新产品、新岗位等缺乏敏锐的洞察力，无法在教学设计中体现出来，导致学生在走向工作岗位之后会发现学的东西与实际工作中遇到的东西并不相符的现状。

（2）教学设计中对职业道德部分的诠释较为模糊

部分职业院校找不清自我定位，普遍认为"技能"是第一要义，而随意缩减或占用理论教学课时，认为学生掌握到手的技能才是真实的教学成果，拥有一技之长就能够在找工作时占优势。实际上这种思想是不够具有前瞻性的，掌握技能固然重要，在初次就业的时候确实能够产生利好的优势，但长远来看，要想在此行业中长久发展并立足，必须要具备良好的职业道德和职业素养，因此教给学生实用技能之前要把职业道德和职业素养的教育放在首位。

（3）教学设计和活动中缺乏前瞻性

由于高职院校在教师科研方面要求并不严格，因此在课程建设、产品与设计研发、高职教育教学研究、校企合作等方面，高职教师往往表现出能力不够。这种能力不足直接体现在课堂上，很多教师的理论知识过时，对本领域未来发展趋势判断不清，教师带着尚未更新的、守旧的知识和思想面对教育现代化背景下的教育对象，是无法给予其正确的职业建议，无法为学生做行业、职业发展预测，也无法指导学生做好职业发展规划的。[①]

---

① 袁小英.高职教师职业能力提升困境及对策[J].清远职业技术学院学报，2016，9（06）：76-79.

2. 高职教师信息化能力较为薄弱，对多媒体的使用以及多媒体知识的掌握匮乏

在教育信息化2.0时代落下帷幕，3.0时代即将开始的时间节点上，高职教师的信息化能力在经过一轮培训后有所提升，高职教师对网络教学能力的提升产生积极的态度，但仍然存在一些问题。曾有学者通过对全国23所高职院校教师的信息化教学能力进行调查研究，结果显示，当前信息化教学中所面临的困难首先体现在领导不重视信息化教学，受传统教学观念影响，学校缺乏信息化教学环境；其次是部分高职教师经过信息化培训之后，信息技术与课堂教学融合程度尚浅，仅停留在简单的技术操作层面上；再次，目前高职院校分层次开展信息技术教学能力提升工作，但尚未取得理想成效；最后，部分高职院校领导对教师信息化教学本身理解不够，对其重要性和必要性的认知不足。[①]到目前为止，我国信息化教学模式尚处于入门探索阶段，还未完全普及，还需要在日常教学中不断练习实践，进一步消除那些认为信息化教学过于烦琐，只会徒增教学工作量而产生的抵触情绪，让广大教师能够感受到到信息化教学带来的高效和便利，能够积极主动地融入信息化教学改革的浪潮中来，稳步推进我国职业教育现代化的发展进程。[②]

3. "双师型"教师对岗位专业了解不够

据教育部发布的《中国职业教育发展报告 2012—2022年》中的数据显示，在2012—2022年这十年间，职业学校专任教师规模从111万人增至129万人，增幅17%，其中"双师型"教师占专业课教师比例超过50%。[③]相比于之前的年报数据，虽已看出有明显增幅，但"双师型"教师数量仍然不足，专任教师生产实践经验欠缺等问题仍然是制约职业院校教育现代化进程中人才培养的瓶颈之一。多数入职的教师都是经过本科、研究生重理论、轻实践的

① 赵学瑶, 赵敏之, 孙影. 高职院校教师信息化教学能力提升研究——基于全国23所高职院校的实证分析[J]. 职业技术教育, 2018, 39 (16): 41-46.

② 范雯雯, 毛艺蓉. "混合式教学" 背景下高职教师信息化教学能力提升途径探析[J]. 智库时代, 2019 (47): 120-121, 125.

③ 教育部. 中国职业教育发展报告2012—2022年 [EB/OL]. [2023-05-19] https://www.100ec.cn/detail--6627744.html.

培养模式所培养出的人才，而职业教育更提倡要将在企业的实际运作和经营的实践经验应用到教学过程中，要求教师必须与企业联系，增强自身的行业经验，这无疑给很多教师增加了额外的工作量。因此，很多教师并不愿接受"职业教育"的理念，即使被学校派出去企业实践，也只是应付了事走形式并不会认真的学习，部分专业教师因教学任务繁重，客观上没有实践去企业锻炼或从事技术研究和社会服务工作。但还有相当一部分教师因缺乏相应激励性政策和科学的职业生涯规划指导，在主观上自主发展意识不强，安于现状，得过且过。因此会出现虽有"双师型"教师称号，但却对岗位专业了解不够的现象。

4.高职教师在教育管理类方面知识缺失

高职教师群体与其他教师的不同之处体现在，大多数专业教师的学科知识、素养和能力强于教育知识能力素养。学者在探究自主意识下教师专业发展能力过程中，通过调查问卷的方式询问高校教师最需要在哪一些方面提高自己的专业发展水平时，结果显示，仅有18%的高职教师想要提升自己的教育基本理念，绝大部分教师认为可以不提升或是没有意识要提升此方面的知识能力。强专业能力、轻教育理念在很大程度上对学生的教育是无章法无意义的，高职学生的年龄阶段大多在15-22岁之间，此阶段为人生快速发展的第二时期，他们正要形成自己的世界观、人生观、价值观，这一阶段的学生教育工作在某种程度上比学习知识、掌握技能更重要，应该正确运用相关心理学、教育学的知识将学生塑造成更好的人。例如，身为班级管理者如何处理学生犯错的问题，新教师多数会通过请教老教师的方式来解决，老教师则会凭借经验来处理，但应该在处理问题的同时思考清楚背后的真正原因及产生这一现象的心理依据。在这些方面上，没有教育学背景的专业高职教师就会差强人意，其教育管理方面能力的缺失应该得到重视并亟待提升。

四、教育现代化背景下高职教师职业能力的提升路径

（一）国家层面

1.进一步完善职业教育教师资格与标准的制定

（1）高职教师准入标准需进一步细化

近几年国家对职业教育的发展高度重视，在会议、政策上均有所体现，

但尚未踏实落地。所颁布的文件中对职业教育教师准入标准内容，学历资历、技能证书和业绩成果等都进行了细化。例如，《国家职业教育改革实施方案》和《深化新时代职业教育"双师型"教师队伍建设改革实施方案》中对高职教师的学历资历均已提出明确要求。另外，我国也可以在技能证书方面构建国家资历金字塔，让不同的技能等级证书能够在领域内平等替换，进一步完善技能资格认证。在资历、工作年限方面，国家应该明确规定各个专业的入门最低标准。最后，在某种特殊情况下，申请者的技能水平也可以通过其业绩成果来体现，例如，申请者可提供其参与省部级及以上课程或项目建设、相关领域的创作专利、科研成果、参加过的与专业相关的比赛等证明自身的专业技能水平。利用这种证明方式对教师的技能与能力水平进行多种形式、多元内容的考察，更容易选拔出大量行业技能工匠成为高职教师队伍中的一员。

（2）充分利用社会多方力量，重新规范教师资格认证程序

本应处于齐头并进、共同发展的职业教育和普通教育作为双轨制的两个不同类型的教育，人才培养的规格、需求、方式也大不相同，因此在考核与认定高职教师资格时，应与普通教师资格的认证方式有所区分，应充分考虑职业教育的类型属性和特点，根据专业特点和地域特色制定各层次、各类别、各专业的国家高职教师资格认证制度，且在教师资格审查环节严格把关。申请认定的教师在报考国家高职教师资格考试前，首先完成对学历、专业技能水平和教育教学能力等方面硬性资格的审查，其次在教学能力、现场实践操作能力的考察过程中，应采取多样多次、阶段性的考核，注重对实践能力的灵活考察，在高职教师资格考核与认定中邀请行业企业等社会多方力量共同参与，在教师实践经历和技能水平的认证方面提供行业企业的视角，通过行业企业专家对申请者在培训中工作态度、职业素养、专业技能的考核，体现行业企业家和社会对当前教育现代化背景下对教师职业能力的需求，从而有效地为学校选拔和培养卓越的高职教师。

（3）加强政校企合作，严控教师招聘过程保证有效公正

要想提升聘用教师过程的有效性与选聘结果的公平性，首先可以政校企合作，在面试环节邀请企业人事代表或相关行政部门管理者担当评委，与学

校的意见进行综合从而选拔出优秀的教师人选，这可以从源头保障高职教师的质量，提高该制度人才选拔过程的有效性。其次，学校的招聘环节应公开透明，并组建或邀请第三方监察小组对整个招聘环节进行监督考察，杜绝破坏公平选聘原则的现象发生，这样既保证了选聘结果的公平性，又加强了相关利益方之间的交流与理解，减少政府与学校在教师选聘中产生的分歧，以保障教师选聘结果的合理性。①

2. 进一步完善职业教育教师培养培训体系

（1）摒弃空洞宽泛，开展实用性职前培训

要想对新入职的高职教师进行实用性较强的职前培训，首先需要对目前教育现代化背景下高职教师的"来源结构"掌握清楚，通过分层分类的方式从根本上明确不同年龄阶段、不同类型、不同专业的新教师在职前培训中真正需要的是什么。其次，应遵循我国职业教育改革发展的基本特征——政策导向性，以此作为依据来制定培训内容。传统的高职教师职前培训内容多数大而空，不能够覆盖到全部专业，所以导致在当前的高职教育发展中，"重视职教发展"在大多数时间都是一句空洞的"口号"，并无实际意义。要想开展符合当下要求的高等职业教育教师职前培训，就要求我们要打破传统制度的藩篱，尝试新时代下的教育现代化的职教式培训，构建适合新时代高职教师自身的职前培训制度。重视高等职业教育的"高等性"与"职业性"，针对新时期"双师型"教师队伍发展的需求，在教育现代化背景下，从"新教师到底需要什么"开始思考高职教育所需要的职前培训目标、组织架构、培训方式、考核指标及评价标准，构建符合高等职业教育现代化需求的新的高等职业教育职前培训制度体系与实施方案，从普通高校教师职前培训制度的禁锢中脱离，从根本上形成教育现代化的高职教师职前培训。

（2）关注教师需求，进行个性化职后培训

要想让教师自觉自愿地参加职后的知识技能培训，国家及政府就要制定适度性偏向教师的政策。当前我国很多职业院校的教师知识技能更新比较迟缓，周期比较长，这其中原因比较复杂，国家的相关政策支持不足是原因之

---

① 李文静, 邓春梦. 国际比较视阈下职业教育教师准入制度研究[J]. 职教论坛, 2023, 39(02): 122-128.

一。为此，我们可以根据目前教育现代化背景下职业教育的发展需要设定强制性和鼓励性并存的职后进修制度，如为了尽快让教育信息化普及，制定职业教育教师职后必须接受与信息化相关的规定时长的培训，并在完成培训之后根据完成情况对该教师实施核减工作量的措施；也可适当将教师"晋职晋级"的制度和职后培训相互关联，培训学时作为岗位绩效考核的重要模块，从而调动教师参加职后培训的积极性。同时，对教师职后教育的考核应多元化，摒弃过去考试成绩与论文导向的考核方式，更换为更符合当下教育现代化时代的理论学习考核、岗位工作成效考核与教学科研考核，还要有包含企业实践学习、工作场地学习、实践指导等多重方面在内的考核，凸显考核方式的实践导向。①

（3）紧跟现代化热潮，多元化信息培训

随着信息技术的不断发展，信息化教学平台的功能越来越完善，学校新晋教师也随之不断呈现年轻化趋势，但教师的信息化水平存在差距，因此需要将教师学习资源平台不断扩大更新。可以借助现代网络信息技术、大数据、云计算、虚拟现实和人工智能等前沿技术支持的实物情景和实训操作等资源来构建数字化的教师学习资源平台；根据教师发展需要和教学需要来整合网络化与数字化的教学资源；构建模拟实训资源库，教师可以自主选择学习资源，从而实现自我成长；根据教师成长规律以及教学的阶梯型特点构建不同阶段、不同类型与不同层级的教学学习资源库。除了数字化资源以外，还应该像发达国家学习，广泛吸纳产业界的精英参与职业教育教师培训，如聘请大型企业的劳动模范、技术专家、卓越技能人才等担任兼职教师，让他们成为"最具活性"和"最智能化"的教学资源。让这些从事实际工作的相关人士组建开放型学习组织"实践共同体"，这个共同体应"以实现培训教师的教学能力提升为共同追求，以教师个体在实践中所遇到的问题为纽带，以教师之间的协商对话为手段，以相互开放的教学实践为合作场域"②。在

① 李春珍，廖文丹，吕姗. 发达国家职业教育教师培养的制度体系与中国借鉴[J]. 职教发展研究，2022（03）：63-72.
② 徐兵. 高职院校教师教学能力提升"生长型"实践共同体的构建[J]. 职教发展研究，2022（1）：103-108.

教育现代化全面覆盖的时代，将教育数字化与数字化卓越教师培养相互结合，在学科建设上，尝试推进人工智能+教育的平台创建；在资源上，通过信息化培训建构支撑一流教师教育的数字化资源体系。①

（二）学校层面

1.为教师学习共同体提供资源支持，促进高职教师职业能力提升

在构建教师学习共同体的过程中，不仅要有实际的沟通，更要有跨时空、跨地域的协作与资源的共享，而这一切都需要强大的科技的支撑。网络科技为学习者提供了一个沟通的平台，为学习者创造了一个现实的学习环境，使共同体内的学习者能够更好地进行合作学习。教师学习共同体是以其成员积极、自觉地学习为前提的，但是，这种自我意识并非自发性的，它的发展同样需要一个从他律到自律的发展历程，同时，还需要有一定的制度保证。学校应当为教师们的科研与研究工作创造有利的环境，例如：组织社区活动的时间，场地等等，通过在实践中让教师们融入小组中来，为他们创造一种动力、一个和谐的人际氛围，让他们对每一个参与到职业和社会生活中的教师都给予足够的重视，从而让其工作积极性得到充分的调动。②

2.为职业教师有针对性地提供成长平台

作为提高教师各个领域技能的一个重要地方，学校要努力适应他们的发展需要，给他们创造一个良好的发展环境。其中，要帮助他们克服"双师型"教师在教学中所面临的困难，清除障碍，为"双师型"师资的培养创造条件，比如，由学校安排专项资金，以保证到企业实习的老师不受影响。在企业实习的过程中，学校应当根据相关岗位员工的工作量，及时、足额地计算学校的教育工作量。此制度可为"双师型"师资到企业进行顶岗实习建设提供资金保证，所有的费用都由职业学院来支付，这既使教师们在计算工作量和经济上都没有了顾虑，同时也减轻了企业的压力，实现了一种和谐的双赢。同时，学校还应当为教师们提供一个科研、比赛等方面的平台，让他们能够及时地了解到自己的学科领域的最新动态，从而能够更好地把握自己的专业发展趋势，更好地提高教师的职业能力。此外，随着职业教育的不断深

---

① 赵凌云,胡中波.数字化：为智能时代教师队伍建设赋能[J].教育研究,2022,43(04)：151-155.
② 蒋丹兴.构建教师学习共同体 促进高职教师职业能力提升[J].科技视界,2013(33)：289-290.

化和我国经济建设对应用型人才的需求，也要求职业院校具有国际化的专业发展眼光，不仅要掌握和把握职业院校的最新发展理念，而且要开展国际上的对比研究和实践，确立我国高端职业院校师资队伍建设的国际规范。

3.重视学校基础设施建设，打造良好的信息技术环境

信息化对职业院校教师的信息素质教育具有重要意义。首先，要从财政上保证学校的发展，持续加大资讯基建的投入，保证资讯科技在职业教学中的应用。其次，应该加强对信息化的支持。在学校的网络建设中，要对学校网站和网页的有关内容进行完善，并且要对其进行实时的更新，将学校的网络资源进行完善，尤其是在教学和信息资源上，将完善的"办公自动化"应用平台搭建起来，通过信息技术，让教育管理更加信息化，力争通过互联网直播等手段，在远程教学中进行，并为网上资源的公开和分享提供一个平台。在多媒体教学设备的建设中，应确保一定的数量，合理地安排各种功能，并将各种种类、等级的多媒体课堂布置起来，以适应日常的教育需要。另外，要建设好"教学课件"制作中心，从各个角度为教师们做好多媒体教学课件的开发和利用，让教师们互相交流、互相学习；做好校内的校内广播与录像交互工作，使教师能够在最短的时间内获得足够的资料。最后，要加快数字图书馆的发展。高校图书馆的信息资源十分重要，建设好高校的信息资源数据库，可以使高校的教师有针对性地进行教育、研究；构建良好的网络信息服务通道，以多维度的服务形式，采用数字传播手段，使教师能够在最短时间内获得有用的信息。

4.创设有利环境，创造教师学习的必要条件

要营造一个良好的教学氛围，就必须从三个层面入手：第一，让教师有足够的自主学习与协作的时间。特别是要尽量避免传达信息型的会议，尽量减少召开小型会议，用校园简讯或电邮代替，让教师有更多的合作时间。在此基础上，加强教师的职业发展及学术研讨会的利用，尽量减少一周一次的主题演讲，增加本地教师之间的讨论与协作。把有关科目的教师们的课程表做出统一的规划，例如将音乐，美术，体育，电脑等课程合并在一起，这样教师就可以在一星期里有更多的持续的时间来讨论同一类的题目。有的学校聘请代课教师，辅助教师和实习教师，为专职教师提供了更多的职业发展机

会。[①]

（三）个人层面

1. 发展自我意识，激发教师职业发展的内动力

培养学生的独立意识不仅是一位专业的教师所必需的，更是一位走向自身发展的专业教师所必需的。赵明仁在《关于教学反思与教师专业化》的著述中引用了柏拉图的言论："凡是自动的才是动的初始"，来阐释拥有自主意识的重要性。只有当职业教师自觉地、主动地、独立地进行自我发展时，职业教师专业发展才能算真正开始。[②]应及时掌握国家的有关教育方针及发展趋势，使自身的教学观念得以更新与完善。要重视先进的教育思想，要清楚地认识到现代教育对教师职业技能的具体需求，要树立起一种多元的、综合的职业能力概念，要有一种自觉地建立起专业实践、研究、教育管理、社会交往协调等方面的意识，并将其落实到实践中去。

2. 多进行应用型研究，将理论转化成实践

在平时的工作中，要尽量多地参与到专业的实践中来，积极地参与校本课程开发，自觉地在教学中发掘研究项目和研究对象，努力学习新的教学技巧和信息技术，合理地分配时间，在教学和职业发展之间实现均衡，既要学会将知识导入，又要在课堂上理性地输出。

3. 调整自我心态，增强职业认同感

新修订的《中华人民共和国职业教育法》规定"职业教育是与普通教育具有同等重要地位的教育类型"，在职业教育中，师生的权益和身份得到了合法的保护。教师应该加深对职业教育的认识，要想让职业教育取得更大的成效，就必须具备较强的事业心、崇高的责任感和良好的道德素养。教师必须对自己的专业充满热情，并具有一定的专业荣誉感，这样，他们就能够战胜自己的工作迷茫，减轻或者解决自己的工作疲劳，从而让自己的发展动力得到充分的释放，让自己的专业技能得到提升成为自己发展的内部需要。新法律明确了高职院校的发展趋势，同时也为高职院校的师资队伍发展带来了

[①]　白益民. 教师的自我更新: 背景、机制与建议[J]. 华东师范大学学报（教育科学版），2002（04）：28-38.

[②]　刘晓. 基于自我实现理论的高职教师专业发展路径研究[D]. 抚州: 东华理工大学, 2014.

新的机会和挑战。在新的形势下，高职教师必须不断地充实和升级自身的专业知识和教学方法，同时还要总结产业中的新技术和新发展，提高自身的专业能力，为培养适应时代需要的高质量的技术和技能人才作出贡献。

第六章　教育现代化背景下高校教师教学能力的发展

教育现代化必须彰显以人为本的理念，促进人的全面发展和社会的可持续发展。在新的时代背景下，高校教师教学能力要顺应时代要求发展，即向人道性、多样性、民主性、终身性、理性化方向发展，应先转变自我教育观念与教育角色，再依托现代化的教育手段和教育理念对教学手段、教学素养、教学工具、教学方式等进行改革与创新。为此，高校教师要不断促进教学设计能力、教学方法运用能力、教学媒体运用能力、创新力、反思能力等方面的现代化发展，不断提高教学能力，进而努力弥合教育现代化要求与高校教师教学能力发展不平衡之间的矛盾。

教育现代化正向较高水平的新动态迈进，且对我国高校教师教学能力提出了新要求。2019年2月23日，中共中央、国务院印发了《中国教育现代化2035》，提出推进教育现代化的总目标：到2020年，全面实现'十三五'发展总目标，到2035年，总体实现教育现代化，迈入教育强国行列。[①]不仅如此，习近平总书记2021年4月在清华大学考察时的讲话中指出："教师是教育工作的中坚力量，没有高水平的创新成果，没有高水平的师资队伍，就很难培养高水平的创新人才，也很难产出高水平的创新成果。大学教师对学生承担着传授知识、培养能力、塑造正确人生观的职责。"[②]在教育现代化背

---

① 中共中央 国务院印发《中国教育现代化2035》[N].人民日报, 2019-02-24（01）.

② 人民网. 习近平在清华大学考察时强调 坚持中国特色世界一流大学建设目标方向 为服务国家富强民族复兴人民幸福贡献力量.［EB/OL］.（2021-04-20）［2021-04-21］. http: paper: people. com. cn/rmrb/html/2021-04/20/nw. D110000renmrb_20210420_1-01. htm

景下，我国不仅要促进高等教育高质量发展，而且要呼唤高校教师队伍向现代化方向发展，从而培养出符合时代要求的优质教师队伍。

对于高校教师教学能力的界定存在着不同的视角，其中潘懋元认为"大学教师教学能力包括两个方面，一方面，大学教师要具备不断更新知识和调整知识结构，提高自己学术水平的能力，另一方面，大学教师也应该具有研究治学规律，寻求最佳治学方法的能力"[①]。尽管对于高校教师教学能力的界定存在诸多视角与分歧，但是从教育现代化的特征与要求出发，高校教师教学能力应该从教学设计能力、教学实践能力、教学资源开发与利用能力、教学创新力、教学反思能力等方面进行发展。

一、教育现代化背景下高校教师教学能力面临的挑战

现代化课堂教学中高校教师应该充分发挥现代化教学工具在课堂教学中的作用，充分重视人在教学中的全面、可持续发展，积极创新教学方法与手段，以呈现多样、新颖、智能的课堂。况且高校教师的教学水平直接影响着教育的高质量发展，由此高校教师教学能力在教学设计能力、教学方法运用能力、教学媒体运用能力、教学创新能力、教学反思能力等方面面临着诸多挑战。

（一）高校教师教学设计能力的挑战

教师教学设计能力包括课堂教学内容设计能力、课堂教学方法与手段设计的能力等。教育现代化要求教育具有科学化特点，其中包括课程的合理性、教育活动的合理性等，再加上现代化设备在高校课堂的普遍使用，高校教师对于课前的教学设计更是重中之重，而教学设计的质量直接决定了课堂呈现的效果与教学效率的高低。其实大多高校教师的信息化、现代化教学素养很好，但是都没有将其运用于实际教学中[②]，为了培养具有现代性特点的人，高校教师必须切实地把现代化教学理论与教学实践相结合，并促进现代技术与课程的融合。教育现代化的科学化不仅仅只关注课程、教学的合理性，更多的是关注人的发展和人的现代化，所以存在以下挑战。

① 　徐继红.高校教师教学能力结构模型研究［D］.长春：东北师范大学，2013：21-23.

② 　侯欣舒.论高校教师的教学能力培养［J］.内蒙古财经大学学报，2016，14（03）：87-90.

在教学内容设计方面，高校教师教学内容与学生发展需求契合度不足，教学内容呈现方式单一。高校教师在进行教学内容设计时缺乏对学生未来发展需求的了解，从而使高校教师在进行教学内容设计时只关注了教学与知识本身，没有延伸到学生发展上。高校教师在预设教学内容呈现方式时，惯用的方式、知识点的繁多、教学环境等都限制了教师对教学内容呈现方式的设想。

在教学方法与手段设计方面，教学方法与智能设备结合不恰当，教学手段预设灵活性不足。现代智能技术应该为传统的教学方法锦上添花，但是高校教师在教学设计时就直接忽视了智能技术的优势，或直接忽略了用现代设备互补传统教学方法与手段。

（二）高校教师教学方法运用能力的挑战

教育现代化要顺应终身学习时代的需求，高校教师的课堂教学就需要具备让学生学会学习、学会合作的能力，这些能力也是适应学习型社会的挑战与变化的能力。那么，高校教师的教学形式就不得不从曾经一贯的"秧田式""灌输式"转化为一种更理性、自由、现代性的教学形式。对教师而言，他们在教学方法的运用中会遇到以下阻力。

一是大多数教师对改革教学方法的意识不强。教师缺乏在教学方法变革方面的认识，从而鲜少有教师会主动探索教学方法改变的路径。研究发现，尽管68.6%的教师意识到了教学方法对学生的重要影响，但多达80.5%的教师很少学习和研究教学方法。[①]

二是教师对教学方法运用能力不足。教学方法改革需要投入诸多的时间与精力，加之很多教学方法尚不成熟，还有很多缺陷与不足，况且大多数教师对改革教学方法的意识不强，所以教师只是在片面地使用新的教学方法，并没有深入研究其利弊，从而很难对传统教学方法进行有利互补。

（三）高校教师教学媒体运用能力的挑战

现代化的教育往往伴随着信息化的发展，现在我们正处于5G时代、融媒体时代，各样的信息化课程资源会不断涌入高校课堂，这就要求高校教师除

---

① 姚利民，段文彧. 高校教学方法改革探讨 [J]. 中国大学教学，2013（08）：60-64.

了必须熟练掌握常用办公软件之外，还需要掌握线上授课终端平台的操作，可是大多数高校教师仍很难操作新的智能设备。

现代科技设备的发展打破了人们沟通和交流的时空界限，可是对于手机进入课堂，大多数高校教师是不能接受的。[①]但就现在情况看，智能设备早已成为教师和学生的课堂助手，它们所具有的丰富多彩的、多样性的拓展性知识库是帮助学生搭建完整的知识宝塔的柱石，也是激发学生想象力和好奇心的手段，在大势所趋之下，高校教师不得不与之磨合。虽然已有很多教育类软件在市场广泛运用，且已被大多数高校教师纳入课堂当中，而且高校也已出现了如慕课堂、智慧课堂、翻转课堂等顺应现代化要求的新型课堂模式。尽管如此，仍然有相当比例的教师认为这些技术在高校课堂中的运用是可有可无的[②]，因此大部分现代化教学媒体仍处于待开发、待合理利用的状态。

（四）高校教师教学创新能力的挑战

教育现代化要求教育具有多样性，此处的多样性要求高校教师使用多种多样的教学方法、呈现多样的课堂形式等。虽然高校教师对课堂教学形式、教学方法等都在不断尝试创新，但是高校教师的教学创新主动性仍然不强，主要有以下几个挑战。

首先，高校教师相对落后的教育观念限制了高校教师教学创新力发展。"教育现代化的重要理念应该是个性化、差异性、创造性、开放性。要做到这一点，就要坚持以学生为主体，改革传统人才培养模式。"[③]当前，在教学观念上，教师大多只注重讲授法教学，这样的授课模式在一定程度上忽视了学生的个性化与差异性；在知识观念上，教师大多注重静态知识的传授，此处的静态知识指知识应当是确定的内容，动态知识则指任何知识都是在发

---

① 魏德才, 程倩. 智能手机与高校课堂教学之间关系的调查研究 [J]. 辽宁省交通高等专科学校学报, 2015, 17 (04)：54-57.

② 袁斌, 罗雪, 梁勤超. 信息技术在高校体育课程教学中的运用研究 [C]. 教师教育论坛（第三辑）, 2019：319-324.

③ 中共中央国务院印发《中国教育现代化2035》[N]. 人民日报, 2019-02-24 (01).

展中不断流变①。这一知识观念限制了教师与学生共同学习、成长的机会。

其次，学生的占有式学习方式制约了高校教师教学创新力发展。"占有式学习就是学生尽可能完整地把听到的一切记在笔记本上以应付考试。"②由于学生长期处于老师讲学生听的模式中，所以他们习惯了依赖教师和被动吸收从而不适应自我做主。大学学习更加注重学生自我学习能力和创造力，而当高校教师在尝试新的教学方式时，学生的占有式学习方式却难以承接教师新的教学方法，从而让教师不得不顺应学生，因此教师难以进行教学创新，进而教学创新力也难以提升。

最后，教学创新力的提高受制于应试教育环境。在我国的教育机制下，虽然已经在执行教育现代化的相关要求，但是高校教师和学生在此背景下也承受着压力，例如：学生就业压力、科研压力、招生压力等。③而在这些压力背后都由一串串数字承载着，为了这些数字，教师和学校不得不让学生在短时间内获得提升，而最有效的方式就是大班制下教师直接把知识转化为学生可接受的间接经验。

（五）高校教师教学反思能力的挑战

教育现代化下的教育是具有创造性的教育，而且高校教师的教学能力需要适应高等教育高质量发展的时代要求。高校教师的教学反思能力包括教师对教学方法、手段、行为产生的结果进行审视分析与调整。在这一背景下，高校教师教学反思能力显得尤为重要，因为教学的创新是在教师对自身一次次的自我否定、自我更新中产生的。但是高校教师在课后鲜少关注自我反思，首先教师教学环境并不在意鼓励教师进行反思，更多的是关注教师的教学成果；其次教师自身反思意识淡薄，高校教师与中小学教师存在一定差异，高校教师不仅有教学压力还有科研压力，所以他们没有时间反思也长期没有反思的习惯；最后高校教师评价制度忽视培养教师反思能力，在教师评价制度中，几乎都在关注教师的学术评价、科研能力评价，很少关注教师评

---

①　冉亚辉. 中国高等教育基本理论与逻辑体系研究［M］. 南昌：江西人民出版社，2020：67-74.

②　胡劲. 基于学生发展的高校教师教学观与课程观的转变［J］. 鄂州大学学报，2015，22（01）：90-91.

③　邱晖，许淑琴. 提高大学生自主学习能力目标下高校教师角色转变［J］. 黑龙江高教研究，2014（01）：86-89.

价反思能力的①。反思意识的淡薄使得教师难以意识到反思的重要性，环境与制度的不鼓励使得教师难以突破自身意识局限，因此高校教师的教学反思能力就难以形成与提升。

二、教育现代化背景下高校教师的教学能力的发展路向

教育现代化是一个持续发展的过程，在高校教学中也同样重视学生与教师的可持续发展，而且教育现代化要求现代课程与教学应该具有人道性、多样性、民主性、终身性、理性化等特点。②因此，高校教师也要跟随教育现代化发展，及时把握现代化特征，不断自我更新，朝着落实树立立德树人根本任务、发展优质教学、提升教育质量方向发展。

（一）重视教师教学能力的人道性发展

"教育现代化过程中教育呈现出诸多的特点，其中教育人道性是教育现代性的首要和根本特征。"③人道性的教学能力素养表现为"教师遵循学生的身心发展规律，利用现代人本的教育理论开展教育教学，具备人本化的教学思想、教学态度和教学方法，具备持续的学习能力、自我发展和创新能力。"④所以高校教师需要不断提升教学能力、教学素养，促使自身不断成长，最终提高教学质量，力求搞优质教学、人本教学，因为优质的教育有助于培养学生全面发展、可持续发展。高校教师在教学设计和教学实施时仅保证高质量还不够，还需要关注学生需求与教学内容的相关性。最重要的是，教师教学能力的各方面发展都应该关注人的可持续发展，比如：教学设计能力发展应该预设培养正确的价值观念，教学实施更是应该多关注人的全面发展、自由发展，教学反思中应该审视教学方法与行为是否符合伦理。

（二）重视教师教学能力的多样性发展

教育现代化中教育多样性"把人的发展和人的多样性需求视为衡量教

---

① 赵琼，吴岚. 高校教师教学反思能力培养的研究 [J]. 黑龙江史志，2009（02）：166.

② 褚宏启. 教育现代化的路径：现代教育导论 [M]. 2版. 北京. 教育科学出版社，2013：322.

③ 褚宏启. 教育现代化的路径：现代教育导论 [M]. 2版. 北京. 教育科学出版社，2013：3.

④ 尚飞飞. 人本视角下生物教师素养的现状与对策研究 [D]. 新乡：河南师范大学，2015：13.

育现代性的首要尺度，视为现代教育合理性的第一标准"①。教师呈现多样且优质的教学内容不仅让学生有全面选择、自由发展和开阔眼界的机会，而且使这些机会成为先进的、开放的、高品质的机会。所以，在现代化的教学环境与要求下，高校教师用多样性的教学方式和人道性的教学方法开展探究性课堂，以培养学生主动发现问题、分析问题、解决问题的能力，而且更要关注教学内容与学生需求的相关性。高校教师教学设计能力和教学实践能力的发展不仅要注重人的多样性发展，而且要注重社会的多样性发展。个体发展多样性主要关注人的自由发展，社会发展多样性主要关注社会文化需求多样性发展，那么关注社会发展的多样性就需要提及文化多元性，高校教学应促进对社会文化的认同和对社会公平的共识和追求②。因此，只有糅合个性化个体发展因素与社会公平认知的因素，才能达到人与社会多样性发展的目的。

（三）重视教师教学能力的民主性发展

"教育民主化要求教育具有平等、民主、合作、能调动教育者与受教育者的积极性等特点。"③但是在高校教学中，民主不仅体现为道德与法律层面的民主，更多的体现为教学风格、课堂氛围的民主。由于高校教师的教学对象是一群心智成熟的成年人，他们有自己的想法与思考，且更多地追求民主与尊重。据调查显示，不同层次的大学生都喜欢性格开朗、热情，能主动与学生交流、沟通和互动的老师。④因此，在教育现代化背景下，更注重高校教师在教学管理能力、教育教学能力方面的民主性发展，也就是，高校教师在教学过程中，首先不能搞一言堂，而是要打破应试教育弊端，回归教育本真——营造轻松、快乐的学习氛围。其次要尊重学生、倾听学生、关注学生。在教学中最难的是面对学生的质疑与反驳，但是在如此关注人性发展的今天，高校教师要鼓励学生质疑与反驳。最后教师要公平对待每一个学生。

---

① 褚宏启. 教育现代化的路径：现代教育导论 [M]. 2版. 北京. 教育科学出版社, 2013: 192-193.

② 王涛. 中国社会的文化多样性与教育政策探析 [J]. 中国教育学刊, 2020 (03)：43-50.

③ 褚宏启. 教育现代化的路径：现代教育导论 [M]. 2版. 北京. 教育科学出版社, 2013: 220.

④ 魏钢焰. 大学生对教师教学风格需求差异的调查研究 [J]. 黑龙江教育（高教研究与评估）, 2010 (02)：56-59.

高校教师不能用分数、家庭背景等为学生贴标签而区别对待，而是要尊重学生的人格尊严，严慈相济。

（四）重视教师教学能力的终身性发展

现代教育体系建设越来越向终身教育方向迈进，而终身教育理念的提出改变了人们的学习方式和对知识学习的认知，甚至促进了教育系统的实质性变革[①]。对教育现代化而言，终身学习理念更是重要，因为这一理念为培养具有现代精神的自由人提供了可能性。"教育终将超越传统教育的规制，进而能够从时间与空间维度来展现其核心，即注重人的多方面发展。"[②]在教育现代化中，不仅高校教师需要培养自由的现代人，而且高校教师更需要成为自由人，实则自由与全面教育是互为目的的，所以想要培养现代化的自由人，就必须使其有自由的时间与空间进行全面教育。在这样的趋势下，高校教师更需要革新自身教学观念，树立终身学习理念，拓宽生命广度，不断提升教学能力。

综上所述，在教学过程中，高校教师不仅要切实树立终身学习的理念，以提升自身知识素养，而且要树立全面教育的理念，以促进自我全面发展，从而培养全面发展的学生，甚至要把二者深度融合，推动高等教育向现代化方向发展。

（五）重视教师教学能力的理性化发展

"现代化所倡导的科学化、人性化、法制化，都是社会理性化过程的产物和表现。"[③]在高校教师教学能力的发展中，他们不仅要关注自身教学思维的科学化、教学方式的人性化，而且要关注课程的合理性。

进一步加强学术研究与教学实践的融合发展。为了促进高校教师教学思维的科学化，需要特别重视高校教师的教学研究能力，所以"新时代大学教师教学专业发展的走向为：教学与学习范式一体化"[④]。面对新时代的教育

[①] 褚宏启. 教育现代化的路径: 现代教育导论 [M]. 2版. 北京. 教育科学出版社, 2013: 205-207.

[②] 徐莉, 杨然, 辛未. 终身教育与教育治理在教育现代化中的逻辑联系——实现中国教育现代化2035的思考 [J]. 中国电化教育, 2020（01）: 7-16.

[③] 褚宏启. 教育现代化的路径: 现代教育导论 [M]. 2版. 北京. 教育科学出版社, 2013: 208-215.

[④] 孙士茹, 杨冬. 新时代大学教师教学专业发展的走向、阻力与突破 [J]. 高等理科教育, 2020（05）: 70.

要求，我们要更加重视激活高质量发展的动力活力，更加重视催生高质量发展的新动能、新优势，所以在教育现代化的背景下要全力打造学术型教师队伍。教学固然重要，可是高校教师只有在不断深入研究专业知识的过程中强化自己的认知，才能拥有"长流水"一般的知识储备以进行教学活动。更重要的是，教师必须懂得"如何教""教什么""怎么教"等问题，这一切趋向科学化、合理化，教学才能更科学、更合理。

课堂教学模式更趋向于"互联网+教育"模式。现代化的发展总是伴随着数字化、网络化、智能化的发展，身处这样一种环境中，高校教师就更加需要致力于消除"数字鸿沟"，推动高校教育教学数字化进程。由于新一轮的科技革命和产业变革孕育兴起，所以数字技术也强势崛起。信息化2.0时代的到来，为智慧教学提供了机会，为学生自主学习提供了保障，并增加了教学活动中学生的参与性和体验感①，所以数字化与智能科技进入课堂更是不可阻挡的趋势。"互联网+教育"的教学模式正在高校课堂当中不断发展着。为了促进高校课程的合理性与现代化发展，开放的教育资源沟通了学校与社会，打破了校校之间的隔阂，这对高校教师创新课堂、提升自身的教学质量有着不可忽视的作用。②

三、高校教师教学能力适应现代化发展的策略

高校教师教学能力的提升关乎高校教育质量、未来社会人才流动，所以这不仅是教师个人能力的提高，更是关乎现代化人才培养以及现代化社会发展的问题。根据教育部等六部门发布的《关于加强高校教师队伍建设改革的指导意见》，其聚焦了高校教师队伍建设的关键领域和重点方面，该指导意见为高校教师发展提供了习近平新时代中国特色社会主义思想指导、新时代

---

① 周冠环，吴佩蓉，赵鑫. 教育信息化2. 0时代基础教育改革的机遇、挑战与走向 [J]. 教学与管理，2020（11）：13-16.

② 杨翠平. "互联网+"背景下高校教学模式创新研究与启示 [J]. 长春师范大学学报，2016，35（10）：108-110.

教师思想建设发展路径等多项意见①。因此，借助现代化的时代特征促进高校教师教学能力发展是必不可少的，这个过程要从教学本身、教师个人、外部环境变革等方面着手，使高校教师现代化教学能力得到提升，从而培养出符合现代化发展的教师与学生。

（一）激励高校教师利用现代智能科技盘活知识点

身处于科技发展的新时代，高校教师就需要合理利用现代化技术使其成为教学优势，在教学的源头直接加入现代智能科技成分，使枯燥的知识点活起来。科技手段在一定程度上可以增加知识创造过程中的趣味性，在此基础上加上教师个人教学魅力，课堂生动性就不言而喻。

1. 合理利用"互联网+"模式开放的教育资源创新课堂教学

当前教育类软件多样，甚至聊天工具都被利用为课堂教学的辅助手段。网络的不断发展，为新时代的教师提供了激发学生深度学习与趣味学习的手段，比如：慕课堂与自主学习法相结合会使得学生的自主学习有资源可依，变得不那么盲目；学习通与小组讨论法、合作学习法、练习法、任务驱动法等相结合有利于巩固学生对知识点的理解；QQ、微信与读书指导法相结合会让学生与教师更加方便快捷地共享文件资料。这些"互联网+"模式既回应了当前时代对信息化设备的需求，也辅助教师打造虚实结合的互动课堂、智慧课堂。

2. 利用智能科技丰富知识的趣味性与延展性

高校教师面对的是一群成年的学生，他们有自己的思维与判断，所以鲜少有教师注意到高校学生也是需要知识趣味性的，毕竟现代学生的需求不再单纯局限于分数与成绩，更多的是在学习过程中探索新知的乐趣与成就感。况且教育现代化背景下的高校教学更加注重教学灵活和唤醒学习活力，那么激发知识的趣味性与延展性就顺应了这一时代诉求，最终达成深度学习观念且激发学习趣味性，鼓励学生的核心素养现代化及人道性发展。

（二）增强高校教师专业知识与技能的培训

中国自孔子提倡"启发诱导"到《学记》中提倡"教学相长"，再到蔡

---

① 教育部. 教育部等六部门关于加强新时代高校教师队伍建设改革的指导意见. ［EB/OL］.（2021-01-04）［2021-1-31］. http://www.moe.gov.cn/srcsite/A10/s7151/202101/t20210108_509152.html

元培提倡"思想自由，兼容并包"，无不突显学生的主体性与师生之间的共同学习和共同成长。师生关系在现代社会早就不是一场你强我弱的博弈，而是相互促进、相互成长的友好、和谐关系。为了推动高校师生可持续发展，用高校教师强大且广博的专业知识奠基起学生自我学习与探究的道路，并在学生探究过程中促进知识迁移与内化，教师就需要树立教学领域的正确的世界观与方法论。

1.加强高校教师科技运用能力的培训

在整个现代化的课堂中，教师自身科技手段运用不熟练或者纯粹不懂使用是最致命的缺陷，这样的缺陷是导致现在课堂鲜少出现智能手段运用的根源。既然存在这样的弊端，就需要对教师进行信息技术运用能力的培训，比如可以利用集中讲解信息技术、教学实践运用信息技术，组织教师网上培训，分发书籍自主探究等方式进行高校教师的能力培训[①]，使教师会使用、能使用，最终达到在教学过程中准确使用，从而打造高效、趣味的课堂。

2.普遍设立高校教师教学发展中心，持续提升教师的教学与学术研究能力

高校教师教学发展中心肩负着教师培训、研究交流、质量评估、咨询服务、教学资源建设等重任[②]，所以高校教师教学发展中心应该普遍且高质量地设立。高校教师教学发展机构在美国就已取得一定的成效，据调查，"到了二十世纪八十年代，美国的大学教学中心已经超过了100个"[③]。因此在我国也可以普遍设立以"教学服务"为核心的机构，其既可以促进高校教师教学与学术研究的可持续发展，也可以激发教师教学激情和学术研究的热情，以不断推动教学与学术研究的纵深发展。"面向质量建设和质量革命为主导逻辑的高等教育时代，人才培养的体质增效必须把教师教学专业发展作为基本依托和内源保障。"[④]那么，设立一个高质量的教师交流平台就显得尤为

---

① 张义.教育现代化背景下教师信息化教学手段培训方式初探[J].中国教师，2015（A2）：167.

② 李若冰.高校教师教学发展中心建设研究[D].桂林：广西师范大学，2014：15.

③ JERRY G. GAFF, RONALD D. Simpson. faculty development in the Unite States[J]. Innovative Higher Education, 1994, 18（3）：167-176.

④ 孙士茹，杨冬.新时代大学教师教学专业发展的走向、阻力与突破[J].高等理科教育，2020（05）：71.

重要，这样的交流平台为高校教师提供了专业发展的共享路径、学术探究的分享舞台。

（三）鼓励高校教师创新教学方法与手段

教育现代化要求解放学生的思想束缚，培养有创新、有个性、自由发展的人，那么教学方法中因材施教的因素必不可少，但是仅其一点还不足以培养全面发展的人和具有创新力的人。所以，在教学方法遵循"适切性"原则的基础上，可以通过任务驱动、教师评价机制等方式来促进学生的创新力发展。

1.切入任务驱动，培养学生的自主探究能力

这是一个更加强调"以人为本"的年代，而在过去的教学方法运用中，学生参与程度极低，并且学生主体性与探究性都受到一定程度的制约。教育现代化要打破这一困境，高校教师利用任务驱动让学生进行自主学习与讨论，直接切入任务主题，放手让学生一探究竟，这样既让学生体会到探究知识的乐趣，还培养了学生发现问题、分析问题、收集资料、应用资料等多种能力。教育现代化要求教学具有开放性，而任务驱动性的切入关注学生的学习行为与过程，并且激励学生广泛学习。

2.建立健全教师评价机制，激发教师以新理念培养新人才

建立相应的教师激励机制可以在一定程度上以外部动力刺激的方式使教师以新理念培养新式人才，这样的机制可以从评价端切入，促进教师教学现代化的提高。

第一，可以实行五"破"五"立"，以高规格、强系统，突出立德树人，突出问题导向，推进全面教育发展。[1]第二，可以实行多元评价主体，革新教师和学生的评价模式。在教师评价中，不仅要注重教师的科研成果评价，而且要注重教师的教学评价，从全方面、多领域来评价教师教学；在学生评价中，树立正确人才观，在推进核心素养教学的同时严格学业评分标准，不仅关注学生学业的成绩，更关注学生全方面的发展，坚持"以人为本"的学生观。

---

[1] 中共中央 国务院印发《深化新时代教育评价改革总体方案》[N].人民日报，2020-10-14（01）.

（四）推动高校教师"学习型小组"建设

"学习型小组"的建设起到相互帮助、相互促进、相互监督的作用，这样的小组由专业性强的教师带队，共同开展现代教学发展任务。小组式学习可以促进知识共享、观念沟通，并且小组问题以多元方案解决，这样的模式消除了自我封闭发展的弊端，以促进教师更快发展。学习型小组的建设突出整体发展和可持续发展观念，在教师具有共同发展愿景的基础上培养教师自我驱动力发展，并把外部动机内化为内部动机，便可促进这样的动力机制在团体中泛化。在现代化进程中，"人"的价值不断突出，而任何一种管理模式都必然包含着对人性的基本理解。[①]学习型小组的建设的目的在于突出尊重人的自由选择的同时互助学习，这是一种适应时代要求的教师学习模式。

针对终身学习和信息化的要求，学习型小组以其相互帮助的作用促使信息技术手段的学习更加快捷与便利，从而使教师逐步发展为掌握信息化设备、使用技能的新时代教师，以其相互监督的作用督促小组成员不断自我更新。

（五）促进高校教师理性与感性兼顾发展

坚持真理尺度和价值尺度的辩证关系，就要求我们必须坚持科学精神和人文精神。其中科学精神要求我们必须坚持实事求是的精神和崇尚理性思维；人文精神要求我们把人民利益和人的发展看作一切认识和实践活动的出发点，贯彻"以人为本"的原则。现代化就其本质而言是一场理性化的运动，其中理性就是指崇尚事实，相信逻辑。教育人道性就是要求教育应该是人道的，具有人道主义的情怀，它所彰显的无疑是价值理性。[②]感性和理性在提示高校教师在自我发展中，不可忽略人性发展的重要因素，要关注人的作用，并坚持把立德树人的根本任务落到实处，所以理性与感性兼顾发展才是推动教育现代化发展的可取之道。

在高校教师教学能力发展中，真理原则与价值原则的兼顾给予了教师理性判断与感性思维的能力，于此可以创设既轻松和谐又不失学术严谨的教学课堂氛围——坚持用科学的方法培养有温度的人；在坚持真理原则的基础

---

① 李灵莉, 李天鹰. 构建学习型教师组织 [J]. 教学与管理, 2002 (04): 7-9.

② 褚宏启. 教育现代化的路径: 现代教育导论 [M]. 2版. 北京: 教育科学出版社, 2013: 192.

上引导学生大胆猜想；在利用班级授课教学组织形式的同时，发展学生自主思考的能力并培养现代性人文关怀；鼓励学生自我评价、自我反思、自我学习。

"高等教育现代化要求我们要以先进的教育思想和理念为指导，使高等教育与经济、社会的现代化发展相适应，达到现代世界高等教育先进水平，培育出满足现代经济和社会建设要求的新型劳动者和高素质人才。"[①]自《中国教育现代化2035》颁布之日起，对于教育现代化的探究就没有停止过，其实面对教育现代化背景下的高校教师教学能力发展，我们要紧紧跟随现代化发展需求，积极学习贯彻国家政策，最重要的是高校教师自身观念的转变、各项教学能力的提升和立德树人根本任务的落实。虽然在改革的道路上仍然有许多的顾虑，但是改革永远在路上。在科技与社会的不断变革中，高校教师应促成高校教学的高质量发展，并"积极发挥共建共享的作用，创新因地制宜的应用模式，促进信息技术与教学的融合发展，以教学信息化推动高校质量变革，效率变革和动力变革，促进高校人才培养质量提升"[②]。高校教学现代化发展势在必行，只有创建有情感、有爱、有思考的课堂，才能培养现代化的人，从教师教学能力培养到课堂教学的每个环节，除了满足最基本的教学需求以外，还需要努力创新一种"活"性课堂，这样的课堂具备现代化能力，可以培养"活"思考、"活"发展、"活"学习的现代人。

---

① 夏季亭. 帅相志. 教育现代化与地方高校转型发展［M］. 北京: 科学出版社, 2019: 37.
② 瞿振元. 中国高等教育现代化的若干问题［J］. 中国高教研究, 2017（07）: 1-5.

第七章　教育现代化背景下中小学教师信息化素养的发展

　　加快推进教育信息化是实现教育现代化的迫切需要，教师作为教育系统中的重要一环，必须具备信息化素养。教育现代化背景下提高教师信息化素养可以促进我国教育的均衡发展，有利于打造一支高素质的教师队伍，为社会培养创新型人才做出贡献，加速实现人的现代化。为此，国家应发挥保障作用，增加经费投入，鼓励学校积极创设现代化信息环境，搭建提升教师信息化素养的平台，使教师发挥其主观能动性，自我塑造，提升自身信息素养，进而推动教育现代化的稳步前进。

　　十年树木，百年树人，百年大计，教育为先。如今我国已经进入现代化阶段，教育也走向了现代化。教育现代化应走在时代的前列，引领各个领域逐步进入新时代，加快中华民族伟大复兴中国梦的实现。在推动教育现代化的进程中，教师的信息化素养尤为重要。在信息时代，人们的生活和学习中都有互联网的身影，教师应该首当其冲，提升自己的信息化素养，为学生做出榜样，为社会培养创新型人才，实现人的现代化，推动教育现代化向前发展，实现国家和民族的伟大复兴。

一、教育现代化对中小学教师信息化素养提出的新要求

　　美国学者阿历克斯·英格尔斯提出，现代化的最终要求是人的素质的变化，即人的思想、品格、心理等文化属性和精神属性的改变①。教育现代化

---

① 　[美]阿历克斯·英格尔斯. 人的现代化［M］. 殷陆君，译. 成都：四川人民出版社，1985：110.

的目标是促进人的现代化，所以为了实现这个目标，国家做了很多的战略部署。针对教师队伍的建设，《中国教育现代化2035》中指出："要建设高素质专业化创新型教师队伍，坚持把教师队伍建设工作作为基本工作，为教育现代化提供人才支撑"①。教育工作者是培养人才的主要力量，只有专业的教师队伍，才能培养出高素质、高水平的创新型人才，实现的人的现代化，对教育现代化的进程才会有促进作用。

在信息化的社会，现代信息技术给教育带来的直接影响就是促进了教育的信息化。2012年我国发布的《教育信息化十年发展规划（2011—2020年）》中指出："教育信息化是实现当今教育现代化目标不可或缺的动力和支撑"②。教师作为教育系统中的重要一环，必须具备较高的信息化素养，这样才能适应信息化时代的要求，组建一支专业化的教师队伍，不断推进教育现代化的进程。为了全面落实党的十九大精神，按照《中共中央 国务院关于全面深化新时代教师队伍建设改革意见》的决策部署，结合信息时代的要求，根据《教育信息化2.0行动计划》，教育部决定实施提升教师队伍信息素养的伟大工程，建设一支有创新能力、信息素养的专业教师队伍，以促进教育现代化的整体推进。本章将从教育现代化背景下的中小学教师应具备的教育信息化观念、丰富的信息化知识、现代化的信息技术以及高尚的信息化道德等方面，分析教育现代化对中小学教师信息化素养提出的新要求。

（一）更新教育信息化的观念

列宁指出："人的意识不仅能反映客观世界，还能创造客观世界。"③教育观念在教学中至关重要，它引领了教育发展方向，决定教育的变革速度。现如今，教师的教育观念使教育走向正轨，向好的方向发展，对于培养未来具有创造性的人才具有良好的效果。在互联网时代，传统教学被信息化的教学所取代，身为教师必须带头更新教育观念，用全新的理论去武装自己

---

① 教育部. 中国教育现代化2035 [EB/OL]. (2019-02-13) [2020-04-12] http: //www. moe. gov. cn/jyb_xwfb/s6052/moe_838/201902/t20190223_370857. html.

② 教育部. 教育信息化十年发展规划（2011—2020年）[EB/OL]. (2012-03-13) [2020-04-12] http: //www. edu. cn/zong_he_870/20120330/t20120330_760603. shtml.

③ ［苏联］列宁. 哲学笔记 [M]. 北京: 人民出版社, 1974.

的头脑，更好地从事教学工作。

1. 以人为本的教育理念

人本主义教育思想的领军人物夸美纽斯在著作《大教学论》中提出"把一切知识交给一切人"[①]，我国古代教育家孔子提出"因材施教"的教育原则，这些都充分地体现了"以人为本"的教育理念。教师应该根据学生的特点给予不同的、适切的教育，并且不能放弃任何一个学生。无论国内国外，无论古代现代，"以人为本"的教育理念一直被人认可，在教学中也有体现。在过去，我国教育受到实用主义的影响，呈现了功利的应试教育形式，在教育手段的应用和内容的安排上都以升学为目的，忽视了人的发展，偏离了以人为本的轨道。教师是教学的主体，其教育观念直接影响教育效果，如果教师以功利的态度进行教学，并不是秉持"以人为本"的观念，那么学生也将功利地去接受知识，被动学习，不会有主动探寻知识的欲望，也没有创新精神。为了促进人的全面和谐发展，我们必须要树立"以人为本"的教育观念，积极开展教学活动，引领学生在正确的道路上不断前行，克服各种艰难险阻，不断实践，突破自我，勇于创新，最终促进自身全面和谐的发展，成为新时代的人。在教学过程中，中小学教师必须端正"以人为本"的教育观念，调动学生学习的积极性，尊重学生个体差异，积极培养创新精神，促进学生全面发展，让其成为具有分析、判断、理解能力的符合社会要求的现代人。

2. 终身教育的观念

20世纪60年代以来，终身教育在世界范围内广泛传播，成为各国制订教育方针的依据，越来越被大家所重视。在过去的教育中，大部分中小学教师并没有意识到终身教育这一问题，仅仅是以升学为目的，所以忽视了对学生终身学习理念的培养，导致学生没有意识到要终身学习。随着国家进入现代化国家的进程不断加快，对更高层次的人才的要求，导致教育必须贯穿人的一生。为了实现终身教育，身处一线的教师必须树立终身教育的观念，引领学生成长成才，不断增加知识积累，锻炼创新的能力，为教育现代化做出贡

---

① 　[捷]夸美纽斯. 大教学论[M]. 傅任敢，译. 北京: 教育科学出版社，2014: 57.

献，储备力量。面对教育现代化的挑战，不仅学校教育要进行改革，教师教育也应该不断推进，面向现代化的新时代，要打破传统的教育模式，突破一提到教育就是学校教育的固化思维。要提倡终身教育的思想，让所有的人都接受教育，尤其是教师更应该不断地学习新思想、新理论充实自己，这样才能更好地教育学生。

3. 创新性的教育观念

陶行知在他的著作中说过："处处是创造之地，天天是创造之时，人人是创造之人。"①创造无处不在，无时不有。我国杂交水稻之父袁隆平，就是一个有着创造精神的人，他在水稻培育的领域，不断提出新的理论、新的想法，不断反复试验，最终解决了我国的粮食问题，正是袁隆平教授这种勇于创新的精神，才有了我们现在的美好生活。可见，创新对于我们的生活至关重要，它可以将我们所学知识转变为做事的能力，从而改变我们的命运。但在以往的教育中，过于强调知识本身，学校的教师们大多照本宣科，完全依赖于书本，不求创新，导致学生思维不活跃，不乐于思考，没有创新创造的能力，一味地进行接受式学习，不知道自己想要什么、能干什么，只知道自己要升学，一旦走出学校很难在社会上有所作为，毕业就面临失业。在如今这个经济快速发展的社会，没有创新精神的人，是跟不上时代的步伐的，也不能迎接知识经济的新时代，所以我们要搞创新教育，从基础教育开始培养学生的创新意识。作为中小学教师，要有创新性的理念，带着发展的眼光去探寻教育改革和发展的价值，要创新自己的教学模式，有意识地培养学生的创新思维和创新意识，给教育带来本质上的变革，促进教育现代化的稳步推进。

（二）灵活运用现代化信息技术的能力

《教育信息化"十三五"规划》提出："到2020年，教师的信息化教学能力将成为评判一个学校办学水平的指标之一。"②现代化社会，运用现代技术手段教学的教师能够提升自己的教学水平以及提高教学质量，增加知识

---

① 胡晓风, 等. 陶行知教育文集 [M]. 成都: 四川教育出版社, 2007.

② 教育部. 教育信息化"十三五"规划 [EB/OL].（2016-06-17）[2020-04-12] http: //www. moe. gov. cn/srcsite/A16/s3342/201606/t20160622_269367. html.

来源的途径，使教学方法更加多样。中小学教师信息化的教学能力推动了现代化信息手段与教学活动的密切结合，对实现教育信息化有重要影响，体现了信息技术在教育领域发挥的作用，也对教师的职业发展有很大帮助，让教师成为现代化的专业型人才。所以，现在最紧要的任务是提升教师的信息化教学能力，这对教师的职业发展有很大的促进作用，也对教育迈进现代化起到了推动的作用。

1.运用现代信息技术获取新知识的能力

《中共中央 国务院关于全面深化新时代教师队伍建设改革的意见》中强调"遵循教育规律和教师成长规律，全面提升教师素质"[①]。当今的信息时代，教师的信息化素养发展被提上日程。以往教师获得新知识的途径一般来自书本或者培训，获取知识的途径相对狭窄，并没有利用网络获取知识的意识，所以在自我成长及专业发展方面进步较慢，没有很大的突破，不利于教师自我成长。随着现代社会的到来，网络越来越发达，很多教师有了利用网络获取知识的意识，拓宽了知识增长的途径，可以通过现代技术更快更准确地获得自己想要的、与自己任教学科相关的专业知识，不断地武装自己的头脑，使自己成为现代化的教师，跟上时代的步伐，为教育现代化作出贡献。

2.将信息技术与课堂教学有机结合的能力

现代教育技术作为教师参与教育现代化的技术手段，其技术的精湛与否，直接关乎教育现代化的成效。几十年来，都是一块黑板，一本书，一支粉笔，三尺讲台就是教师的天下，教师滔滔不绝地讲，学生仔仔细细地记笔记，教师讲得多，学生活动少，没有情景的创设，思维也没有充分地激发，这样的教学活动是乏味的，教学手段是单一的，很容易导致学生厌学以及教师职业倦怠。现代信息技术手段非常发达，教师应该将信息技术与自己的教学活动有机地结合起来，让自己的课堂更加有生机。尤其是中小学教师，由于他们面对的教学对象的身心正处于不稳定时期，所以使用信息技术可以使教育内容更加直观，调动学生的积极性，让学生主动去学习，有利于学生进

---

① 中共中央、国务院. 关于全面深化新时代基础教育教师队伍建设改革的意见[EB/OL]. （2018-01-20）[2020-04-12] http://www.gov.cn/zhengce/2018-01/31/content_5262659.htm.

行充分思考，培养学生的创新能力和创新思维。利用信息技术进行教学不仅对学生有利，对教师也有很大的帮助，可以节省许多授课时间，使课堂形式变得多样化，深受学生喜爱，使自己的课堂更加现代化。

3. 将信息技术应用到科学研究的能力

"教育科研是促进学校改革和发展的第一生产力。"[①]以往，提到教育科研，很多中小学教师会觉得与自己毫无关联，认为那是教育科研人员、教授们的职责，所以导致中小学教师们不搞研究，在面临教育改革时参与性不高，落实程度不好。所以近年来，我国教育改革力图提高中小学教师的科研能力。许多学校为此也做了努力，设立了研究基金以及成立了科学研究小组，制定了科学研究的方案以及实施策略，教育科研在基层教师中掀起了一番浪潮。由于中小学教师并没有过多的时间去调研，所以需要借助网络、借助信息技术来获取研究材料，并且通过现代信息技术交流经验、学习他人观点，既节省了时间和精力，又提高了教师使用信息技术的能力。这样不但提升了自己的教学水平以及科研能力，而且还产生了大量的研究成果，促进了教育的进步，推动时代的发展。

4. 将信息技术与教学评价相结合的能力

当前，在我国中小学教育发展中，信息化技术占据重要地位，影响我国教育发展，所以身为教师必须投身到教育改革中。课堂教学是一个环环相扣的系统，各个环节都影响着教学目标的实现，尤其是教学评价环节，如果没有及时的评价、改正，那么将很难取得令人满意的效果。在评价中最应该注意的是公平，教育部印发的《教育信息化"十三五"规划》上提出："优先提升教育信息化促进教育公平、提高教育质量的能力"[②]，可见教育公平非常重要。当教师面对所有学生的时候，在有限的课堂时间内很难面面俱到，这就意味着教师没有做到公平，就需要教师运用信息技术手段，建立每个学生的个人档案，将学生个人的日常表现以及考试成绩录入到系统中，借助计算机辅助评价系统，对学生进行综合评价，知道每个学生的问题在哪儿，应

① 李月粉. 浅谈中小学教师从事教育科研的重要性 [J]. 教育实践与研究, 2003 (11)：10-11.

② 教育部. 教育信息化"十三五"规划 [EB/OL]. (2016-06-17) [2020-04-12] http://www.moe.gov.cn/srcsite/A16/s3342/201606/t20160622_269367.html.

该怎样去解决，这样才能让学生及时改正，变成一个全面发展的人。

（三）教育的合理性要求教师具有高尚的教育信息化的道德

在传统教育中，师德是教师的基本素质，即使在现代教育中，也必须继承和发扬。"无德无以为师"，所以教师必须要有道德。如今是网络时代，信息的传播非常快，对于信息道德应该重视起来，尤其是教师在开发、传播、利用、管理信息的过程中，必须遵循道德标准。由于学生具有向师性，所以教师在教学过程中，必须利用自身较强的信息道德素质，理性地选择和使用信息，确保信息的准确性和科学性，促进学生的信息道德的提升，为学生的身心发展营造一个良好的环境。只有教师强化自身的信息道德，才能促进自身教学水平和能力的不断进步，培养出能引领社会进步的创新型人才。

二、 教育现代化背景下中小学教师信息化素质提升的价值

教育信息化是实现教育现代化的前提，也是促进教育公平、推进教育改革的重要手段。教师是教育活动的主体，只有教师参与到教育信息化的进程中，不断地改变自己的观念，提升自己应用现代化技术的能力，不断创新，改变传统的教学模式，吸取最新的教育思想，终身学习，才能促进教育现代化的实现。教师信息化素养的提升促进了新教育思想的快速传播，教师可以利用网络得知教育改革最前沿的信息；也能够促进教育均衡发展，教师可以将自己的特色课程上传到网上或者直播授课，让更多的学生学习并反复钻研。例如，在面对新冠疫情时，举国上下都在积极地与病毒抗争，学子们也都在家中积极响应国家的号召，面临着无法到学校学习的情况，各个地区纷纷进行网络授课，让孩子们在家中自主学习，做到"停课不停学"[①]。面对这种紧急状况，就需要教师具有高水平的信息素养，运用网络进行教学，通过信息素养来保证学生们的学习质量；其也对学校的智能化建设有很大的帮助，教师们都有较高的信息化素养，学校就可以进行信息化管理，省时省力而且更加公平，也有利于培养学生的信息能力，促进教育信息化的进程，推动教育的现代化。

---

① 顾小清. 抗疫时期呼唤信息化素养［R］. 华东师范大学教育学部. 2020-2-20.

（一）有利于把握以人为本的教育理念，实现教育现代化

"'以人为本'回答了在我们的现实世界中，人最重要，人是最根本的，相对于神和物而言。"[①]在信息化的时代，有信息化素养的教师，可以更好、更正确地获取、加工、利用信息，掌握最新的教育理念，转变自己的教育思想。教师具有正确教育观念有利于对学生进行正确的引导，促进学生向更好的方面发展，不是完全的死教书本、照本宣科，而应该以学生为主，充分尊重学生差异，因材施教，促进学生全面和谐地发展，更加适应现代信息化的社会，变成一个有创造精神、有实践动手能力的，能面对并能解决困难的现代人才，而不是一个没有灵魂的考试机器。

（二）有利于加速教育变革，推动教育优质均衡发展

《关于深入推进义务教育优质均衡发展的意见》中强调，努力实现"让每个孩子都能享受公平而有质量的教育"[②]。我们要在原有现状基础上提出一系列深化改革的措施，为每个孩子健康成长创造更好的育人环境。城乡教育有差异一直都是我国教育改革的难题，如何缩小城乡之间的差距，是我们必须要解决的问题。正如我们所知，农村教育的师资以及教育资源都不是很丰富，所以我们要利用现代信息技术改变这种状况，信息技术能够在城乡学校之间实施资源共享。例如，2003年实施的"农村中小学现代远程教育工程"[③]项目，通过互联网将优秀的教学资源引向农村学校，通过信息技术促进了教育公平。这种资源共享，就需要教师有较好的信息化素养，首先城市教师要能够利用现代化技术手段，将好的教育资源传向乡镇，乡镇教师也要有良好的信息化素养，能够通过现代化技术手段，学习到良好的、最新的资源，不断地更新教育内容，掌握最新教育动向，学习有效的教育管理方法，使自己的教学活动更加尽然有序，更加有成效，借鉴良好的教学组织形式，将自己的教学活动组织得更加有趣、有新意、有活力，使学生们更愿意主动地学习。

---

① 张敏. 我国当前"以人为本"思想的哲学思考 [D]. 南京: 南京师范大学, 2006: 6.

② 国务院. 关于深入推进义务教育优质均衡发展的意见 [EB/OL]. （2019-09-05）[2020-04-12]. http://www.cqvip.com/QK/89408X/20125/43671756. html.

③ 高铁刚. 信息技术提升教育均衡发展的机制与方法研究 [J]. 中国电化教育, 2014（1）: 32-38.

（三）有利于更新创新人才培养的方式，实现人的现代化

在信息化的社会，人们的方方面面都发生了巨大的变化，现代信息技术在人们的生活中无处不在，这就要求教师要能很好地掌握现代化技术进行教学，以适应现代化社会新型人才培养的要求。学习本身是一个枯燥无味的过程，教师如果一味地向学生塞知识，则会使其产生厌学的后果，尤其是在基础教育阶段，所以中小学教师应该摒弃守旧的教育思想和教学方式，利用现代化信息手段，不断地了解新的教育内容、高效的教学手段、多样的评价方式等，不断地创新自己的教学活动，使课堂更具有创新性，以便于更好地培养适应新时代的人。在教学过程中，教师的教学方法会大大影响学生的学习成绩，正确的教学手段会起到事半功倍的效果。以往教学中讲授法深受广大教师的喜爱，长年以来也不愿意改变，导致课堂枯燥无趣，学生的学习效果也不理想。如今在信息时代的推动下，教师可以利用现代化的技术手段教学，激发学生的学习兴趣，培养学生的创新精神，独立自主地展开学习。例如，化学教师在讲解置换反应时，可以利用幻灯片，制作出溶解的过程，让学生们更加有兴趣，有探索的欲望，想动手尝试，这样就激发了学生对知识的渴望，想要获得更多的知识，并且也种下了创新的种子，更有利于创新型人才的培养。

（四）有利于提升校园智能化水平，促进教育的现代化

依据教育部发布的《教育信息化十年发展规划2011—2020》中关于未来教育信息化建设的要求，在借鉴了丰富的经验基础上，有的学校提出了"智慧校园"[①]的想法，即利用互联网、大数据、云技术，打造多功能的智慧校园。随着信息时代的到来，现代信息技术越来越发达，人工智能大数据给教学带来了很大的益处，但是如何利用好这些有利资源，很大程度上取决于教师是否具有信息化素养。教师具有信息化素养，能够很好地利用现代信息技术，打造智慧课堂，利用互联网、移动终端打造交互空间，方便学生们更好的讨论、研究，也可以创设翻转课堂，使学生们可以在线学习查找资料，相互讨论，分享收获，最终解决问题。这样的智能课堂，很大程度上提高了教

---

① 教育部. 教育信息化十年发展规划（2011-2020年）［EB/OL］.（2012-03-13）［2020-04-12］http:// www. edu. cn/zong_he_870/20120330/t20120330_760603. shtml.

学质量以及教学效率，为打造智能校园做了贡献。具有高信息化素养的教师，可以很好地利用网络资源，实现网络化管理，促进校园智能化水平的提高，推动学校的现代化进程，为培养现代化的人才作出贡献。

三、教育现代化背景下中小学教师信息化素养的发展途径

在教育现代化的时代，要有现代化的教师作为引领，因此信息化素养是一线教师必不可少的。教师应有强烈的信息意识，知道在自己的教学活动中要利用现代化信息手段，还要对信息有强烈的识别度，知道哪些信息是正确的，大力地开展素质教育，运用现代化信息技术展开教学，为社会培养全面、有个性的现代化人才。综合来说，教师的信息素养在当今时代来说是必然要求，也是素质教育和课程改革的要求，那么如何培养教师的信息化素养是很重要的问题。笔者认为，应给予教师良好的信息化环境，让教师接触到信息化技术，不断地在实践中摸索，提升自己的素养；还应对教师实施培训，提高教师的专业素养以及信息化素养，让教师成为终身学习的典范；要健全保障机制，有奖有罚，赏罚分明，这样可以促进教师主动积极地提高自身的信息化素养；要让教师参与到信息化教学的科研活动中，切身地去调查研究，不断思考实践，打造出高效的信息化课堂。

（一）发挥国家的保障作用

为贯彻全国教育大会精神，确保教育现代化的稳步推进，我国制定了《加快推进教育现代化实施方案（2018—2022）》。该方案中指出，要"大力推进教育信息化，培养'互联网+'条件下的新型人才"[1]，实现人的现代化。在实现人的现代化进程中，教师的信息化素养很重要，所以国家应强力保障教师信息化素养的全面提升，促进教育现代化的稳步推进。

1. 健全科学的教师信息化素养提升的保障机制

"信息化是现代化的加速器，是推动教育现代化的重要动力来源。"[2]教师的信息化素养是实现教育现代化的关键和前提，所以要建立科学的、权

---

[1] 中共中央、国务院. 加快推进教育现代化实施方案（2018—2022年）［EB/OL］.（2019-02-23）［2020-04-12］http://www.gov.cn/xinwen/2019/02/23/content_5367988.html.

[2] 任友群. 加快实现教师队伍现代化［N］. 学习时报，2019-03-15（06）.

责分明的保障机制，保证教师信息化素养的顺利提升。在实施政策过程中，要建立领导小组，带头执行，一般以学校为单位，校长作为组长，严格执行决定，全力保证信息化素养的提高；而且还要制定考核制度，将教师的信息化教学实践以及培训情况作为日常考核的组成部分，这样可以让教师更加重视信息素养，能够主动去提升自己的素养；并且还要定期举办网络课程或者优秀课件的评比活动，获得奖励的优秀课件可以发布到网络上，供同行们借鉴学习，打造出更优质的精品课件，成绩优秀的教师可以获得相应的奖励，在升职时给予优先考虑，更加激励教师提升自己的信息教学能力，在日后自己的教学活动中更多地使用信息技术，使自己的课堂更加生动，以便于培养学生的创新意识，同时也不断提升自己的信息素养。

2. 增加提升教师信息化素养投入经费以培养高素质教师

经济是社会发展的前提，全面提升中小学教师信息化素养，就必须有足够的经济支撑，利用经费创办培训机构以及进行相关科学研究。《中国教育现代化2035》在促进教育现代化进程中明确了三个保障，要优化教育经费的使用结构，全面提高经费使用效益。中央财政通过"国培计划"、中小学教师信息素养提升计划等项目，大力支持有关单位进行中小学教师信息化素养提升的培训，并且还积极倡导社会团体踊跃地参与到支持中小学教师信息化素养提升的队伍中来，鼓励企业投资，创办培训机构，打造出智能化、信息化、网络化的教师信息素养培训平台。中央财政、地方财政、社会企业都要给予经费支持，为提升中小学教师信息化素养保驾护航。培养出高素质、高水平、创新型的教师队伍。

3. 构建"手拉手"现代化合作学习模式

国家在进行全面深化改革时要求均衡发展，在教育领域也要做到中西部教育、城乡教育均衡发展，实现教育公平。由于地域限制，我国西部地区教育相对来说发展比较落后，这会对实现教育公平有一定的阻碍作用，在教育现代化时期，我们要破处这一障碍，实现教育的机会公平、资源公平、结果公平。教育部在2020年3月为了推动实现教育优质均衡发展提出："到2022

年，全面实现'三个课堂'的战略，弥补区域城乡之间的差距"①。为了实现教育公平，我们应该构建一种新型的教学模式——"手拉手"模式，鼓励中西部地区的教师以及城乡的教师形成伙伴关系，两两结成学习的对子，相互帮助共同钻研，通过互联网共享课堂，共享教学资源，形成"教学共同体"，通过网络集体备课、共享课堂，并且对农村教师进行长期的信息技能的辅导，帮助中小学教师提升信息化素养，提高课堂质量，推动教育现代化的进程。

（二）发挥学校的能动作用

学校是实施教育现代化的主阵地，也是提升教师信息化素养的主战场。学校应为教师提供良好的信息环境，并且组织开展多样化的活动，促进教师信息化素养的提升，建设一支有能力、全面发展、有信息化素养的高素质教师队伍。学校要起到积极的带动作用，激发教师的热情，更好地提升自身的信息化素养。

1. 创设良好的现代化信息环境

教师提升信息化素养的前提是有信息化的环境，目前，不少学校存在设备不足、陈旧落后的情况，严重阻碍了教师提升信息化素养的步伐。教育部发布的《关于数字教育资源公共服务体系建设与应用的指导意见》中指出："到2020年，基本建成覆盖全国、互联互通、用户统一、共治共享、协同服务的具有中国特色的数字教育资源公共服务体系"②。创设现代化信息环境，加强硬件设施的建设，让教师有充分实践的机会，不断应用信息技术，让自己的教学活动更生动有趣，更加充满现代化。

现代化信息环境对教师培训活动也很有帮助。多媒体是辅助教学的设备，因此在教师培训时，可以利用互联网进行交流，探讨多媒体教学的各方面问题，交流优秀课件的设计以及制作的心得体会，进而有所收获，提升自己应用信息技术的能力，提升自己的信息素养，提高课堂教学效率；现代化

---

① 教育部. 关于加强"三个课堂"应用的指导意见［EB/OL］.（2020-03-09）［2020-04-12］http://www. edu. cn/xxh/zt/fk/202003/t20200309_1715811. shtml.

② 教育部. 关于数字教育资源公共服务体系建设与应用的指导意见［EB/OL］.（2017-12-22）［2020-04-12］http://www. moe. gov. cn/srcsite/A16/s3342/201802/t20180209_327174. html.

的信息环境还在教师日常事务管理方面有很大用处，学校应该建立自己的网络办公平台，只要用电脑就能处理日常事务，例如教师可以将学生成绩、家长电话号码、家庭住址、学生评价、学生性格特点等建立档案，只要输入学生的姓名，就可以充分了解学生的各方面状况，更好地做到因材施教，根据每个学生的特点，有针对性地进行教育，发挥学生的个性；同时，学校的管理部门的教师，也可以将通知、公告、考核等工作在网上进行，节省了依次传达的时间，让所有的考核都公开、公正、公平，增强了教师的积极性，更好地投入到教育现代化的工作中来。

2. 开展骨干教师现代化教学的引领活动

"见贤思齐焉，见不贤而内自省也"（《论语·里仁篇》）。榜样的功能是强大的，可以起到示范的作用，所以在提升中小学教师信息化素养的问题上，学校可以组织骨干教师的引领活动，在骨干教师的积极引领下，让所有教师都主动学习信息技术。每一个学校都应针对不同学科选出一人作为学科骨干教师引领人，到相应的培训机构进行人工智能教育教学能力的培训，学成之后，学校组织全校的教师参加"骨干教师多功能课堂"的引领活动，由骨干教师向大家传授培训的心得，以及如何利用互联网优化自己的课堂，分享提升信息化素养的策略。同时，且学校还要定期组织研讨活动，打破学科界限，融合多方资源，推动信息化教育的创新，打造出有自己学校特色的精品课程，探索基于互联网的教学组织形式，创设交互的教学空间，实现教育教学的现代化、信息化、数字化，促进教师提升信息化素养，推动教育现代化的进程。

（三）自我塑造，提升自身的信息化素养

"唯物辩证法认为事物的内部矛盾是事物发展的根本原因。"[①]教师信息化素养的提升不仅需要外部提供支撑，更需要自己发挥主观能动性，自我塑造，树立正确的价值观，提升自身的信息化素养。每个教师都是独立的个体，都有其独特的个性，所以教师应该结合自己的特点，不断地自主学习、终身学习，积极地参与培训活动以及开展教学研究，为学生起到良好的示范

---

① 牟秀华.试论事物发展的内因和外因[J].教育教学论坛,2010(27).

性作用。

1. 积极参与信息技术应用能力的培训

很多中小学教师不注重自己的信息化素养，这会使教育现代化的脚步减慢，所以要转变教师的观念，对教师进行信息技术的培训。首先，要健全培训制度以及考核制度，让教师充分重视起来。在实施过程中，要明确培训目标，树立正确的信息观念和信息意识，让教师意识到信息技术对教育现代化的推动作用，使其从内心接受培训。其次，要教会教师基本的信息科技的相关知识和数字化教学技能，让教师对互联网有初步的了解，这样才能进一步利用互联网进行数字化教学。再次，要培训教师有获得正确信息并处理信息的能力，只有正确的信息才能创造正确的知识，达到良好的教学效果。

除了有明确的目标，还要有多样的培训形式，以适应不同阶段教师的需求。可以利用假期时间进行集中的短期培训，选择骨干教师参加，听专家讲座，开展连续、分层次、分学科的培训，培训结束后，回到自己单位进行骨干教师引领；还可以去先进单位进行参观学习、互相探讨等。通过不同的形式以及完善的培训方案，让教师进行终身学习，不断提高自己的信息素养，为教育现代化作出贡献。

2. 开展信息化教学的研究活动

教育部印发的《教育信息化"十三五"规划》中指出："鼓励教师利用信息技术创新教学模式。"[①]面对新技术时代的挑战，教师只凭经验教学是不能适应时代发展需要的。中小学教师要与教育专家们合作开展行动研究，在教育实践中探索适合自己的现代化教学模式，寻找具有时代性和丰富性的教育内容，以学生为中心开展信息化教学，让课堂更加人性化，更注重以人为本、因材施教，为实现人的现代化提供可能性，进一步推进教育现代化。

在信息技术高度发达的今天，信息素养已然与教师高度融合，成为教师必不可少的素养。中小学教师信息素养的提高，是信息技术在教育领域发挥作用的前提，是实现教育信息化的关键之一。现代社会的教师要树立

① 教育部. 教育信息化"十三五"规划[EB/OL]. （2016-06-17）[2020-04-12] http://www. moe. gov. cn/srcsite/A16/s3342/201606/t20160622_269367. html.

正确的教育理念，探索多样化的现代教学方法，努力提高应用信息技术开展教育教学活动的能力，让自己的课堂更加生动有趣、丰富多样、具有创新性。将学生培养成具有创造精神、全面和谐发展、符合社会需要的建设者和接班人。

第八章　教育现代化背景下学生学习共同体的建设

在当今教育现代化的背景下，学生学习共同体的建设显得尤为重要。这一概念强调学习的合作性和社交性，旨在创造一个学习环境，使学生能够更好地互相学习、分享知识和共同成长。学习共同体构建有助于缩小教育数字鸿沟、优化教育资源分配，促进地区之间资源共享，满足学生需求，促进教育创新、灵活性和制度改革，支持综合素质培养，实现全人教育目标。学生学习共同体的组成要素包括学习者、助学者和研修过程，形成一个有机整体。不同情境下，学生学习共同体可分为基于学生、课程、教师和环境的不同类型，适用于各种教育场景。最后，建设学生学习共同体需要提升教师信息素养，创新教学模式，完善教育设计，应用智慧教学资源，以构建支持学习共同体的生态环境。这些措施将推动教育现代化，培养更具综合素质的学生，以适应未来的社会需求。

人才培养的出发点上都有一个共同的视角和高度，那就是站在全球的视角、站在建设未来人类命运共同体的高度，去思考、去定位人才培养的理念和目标，都把培养具有领导力的未来社会引领者、开创者、建设者作为一个共同的任务和方向。[1]目前，我国高校在对人才的培养方面，更多的是着眼于当下、着眼于就业，而忽视了对世界、对人类、对未来的关注，这样的话，在未来，学生参与、影响、引导世界的能力和胆识不强，其未来的国际竞争力和领导力也就更弱。[2]

---

① 教育部. 建设未来人类命运共同体, 一流大学的人才培养使命 [EB/OL]. [2016-05-24] http：//www.moe.gov.cn/jyb_xwfb/s5148/201605/t20160524_245917.html.

② 崔育宝. 我国 "世界一流大学" 建设评价研究 [D]. 合肥: 中国科学技术大学, 2018.

在当今教育现代化的背景下，学生学习共同体的建设已经成为教育改革和发展的一个重要方向和关键课题。随着科技的不断进步和社会的快速变革，传统的教育模式和教学方法已经无法完全适应新时代学生的学习需求和发展要求。因此，建设学生学习共同体作为一种创新的教育模式，为培养具有创新能力、团队合作精神和终身学习意识的现代化人才提供了有力支撑。在教育现代化的大背景下，学生学习共同体的建设成为培养未来人才的重要途径，它也为学生提供了更广阔的发展空间，使学生能够更好地应对社会的变革和发展挑战。然而，学生学习共同体的建设也面临着一系列的挑战和困难，需要教育界、家长、政府等多方共同努力，共同推进教育的现代化进程。

一、教育现代化背景下学生学习共同体建设的重要性

教育现代化是一个国家发展的关键领域，它不仅仅涉及教育制度的改革，更是一个综合性的系统工程，包括教育内容、教育方法、教育资源等多个方面。在这个信息时代，教育现代化已经成为全球竞争力的标志之一，各个国家都在积极探索适应新时代的教育模式。在这一背景下，学生学习共同体的建设变得尤为重要，因为它不仅有助于提高教育质量，还有助于培养学生的综合素养，以适应未来社会的发展需求。

（一）缩小教育数字鸿沟，促进区域优质资源共享

在教育现代化的背景下，学生学习共同体的建设具有重要的意义，它不仅有助于缩小教育数字鸿沟，还能够促进区域优质教育资源的共享。现代教育技术条件给予学生学习活动新的发展空间，可以跨越时间和地域的限制，彼此之间相互合作、交流，吸收不同的观点和看法，进行持续的学习、反馈和反思。[①]在这个信息技术高度发展的时代，数字化教育已经成为不可或缺的一部分，而学生学习共同体的建设为教育体系带来了新的活力和机会。

一方面，学生学习共同体的建设有助于缩小教育数字鸿沟。在许多地方，教育资源的不平等分配导致了教育数字鸿沟的存在。一些地区的学生可

---

① 李永壮. 虚拟教学平台对推动学生共同体协作发展的时效性研究[J]. 福建电脑, 2010, 26 (06)：17, 5.

能无法获得高质量的数字教育资源，这将影响他们的学习和发展。通过建立学生学习共同体，可以将先进的数字教育技术和资源引入到不同地区，使更多的学生能够受益。教师和学生可以共享最新的教育工具、在线教材和学习应用程序，从而提高学习的效果和质量，缩小不同地区学生之间的教育差距。教育机构可以跨越地域边界，建立合作项目，让学生和教师有机会参与跨地区的交流和合作。这些都可以通过在线课程、远程合作项目和虚拟学习社区来实现。利用现代技术，地理距离不再是限制资源共享的障碍。这种跨地区合作可以丰富学生的学习经验，让学生接触到不同背景和文化的人，拓宽他们的视野，形成真正的学习共同体。

另一方面，学生学习共同体的建设促进了区域优质教育资源的共享。不同地区可能有各自独特的教育资源和特长，通过建立跨地区合作项目，可以让学生和教师跨越地理界限，共享这些资源。这种共享不仅有助于提高教育的多样性和丰富性，还可以加速教育创新和改进。

综上所述，教育现代化背景下学生学习共同体的建设是一项具有重要意义的举措能够缩小教育数字鸿沟，同时促进区域优质资源共享。通过培养协作精神、促进教师发展和打破地理界限，可以为学生提供更加丰富多彩的教育体验，帮助学生更好地应对未来的挑战。

（二）学生学习共同体的建设是教育革新的有效途径

习近平总书记寄语青年一代："青年兴则国家兴，青年强则国家强。青年一代有理想、有本领、有担当，国家就有前途，民族就有希望。"[1]大学生作为青年中的骨干中坚力量，应当立足当下，脚踏实地，珍惜宝贵的青春年华，把自己的命运同中华民族的兴衰荣辱紧紧相连，立鸿鹄之志，成为有理想、有本领、有追求、有作为、有担当的新时代大学生。[2][3]

学生学习共同体是新时代背景下提出的一种新型组织形式。新时代背景下提出了"以人为本"的教育理念，在此背景下学生学习共同体作为一种

---

① 刘晓艳.高校教师与学生共同体的形成与发展[J].教师教育论坛,2022,35(01):28-31.

② 赵小苗,王顺,张琳琪,等.基于线上线下混合式教学的"高压科学与技术"课程教学改革与探索[J].科学咨询(教育科研),2021(08):28-30.

③ 苗国厚,石加友.大学生人生教育的新思考[J].江苏高教.2019(2):90-93.

新型组织形式，既能够使学生自主、自由、平等地参与到学习中来，也能帮助教师更好地了解学生的需要，从而促进教学效率。教育现代化的背景下，建设学生学习共同体被认为是教育革新的有效途径之一。这一概念强调了学生、教师和教育机构之间的合作和互动，以实现更高水平的教育质量和学生发展。

首先，学生学习共同体是新时代教育中的一种新型组织形式，强调了学生、教师和教育机构之间的合作和互动，以提高教育质量和学生发展。教育现代化已经改变了教学和学习方式，提供了更多的学习机会，但也需要学生具备更强的自主学习和合作能力。学生学习共同体的建设有助于培养这些能力，因为共同体成员可以相互支持、分享经验和知识，共同解决学习中的问题。

其次，学生学习共同体有利于培养学生的自主学习能力。在传统教学中，学生在教师监督下学习，缺乏主动性和积极性。然而，在学习共同体中，教师成为引导者，学生成为学习的主体，他们可以积极交流合作，分享知识和经验，提高学习效率。

最后，学生学习共同体促进了学生个体之间的协同发展。学生之间的互动和合作关系有助于他们实现自身价值，提高综合素质。教育现代化背景下的学生学习共同体建设有助于促进学生之间的协同发展，改善学生之间的关系，从而推动更高水平的教育质量和学生发展。

（三）学生学习共同体的建设是现代教育发展的根本要求

教育现代化是指运用现代科学技术对传统教育的观念、体制、内容和方法进行改革，使教育活动适应社会发展的一种过程。教育现代化背景下，通过建设学生学习共同体可以充分发挥学生的主观能动性和创造性，有效地激发学生的学习兴趣，提高他们的综合素质和创新能力，有利于促进教学相长，提高教学质量。在传统教育中，教师往往是唯一的知识传授者，学生是被动的知识接受者，随着教育现代化的发展，通过建设学生学习共同体，教师可以从传统的知识传授者转变为学生学习过程中的引导者和指导者。通过与学生在一起合作学习，教师可以了解到学生在学习过程中遇到的问题，并有针对性地进行指导。这种指导不是简单地重复学生已掌握的知识，而是在不断激发学生学习兴趣的基础上，通过引导和启发让学生主动学习。在这种情况下，学生可以充分发挥自己的主观能动性和创造力，积极主动地学习。[①]同时，教师也可以通过对学生学习过程中出现的问题进行及时总结和归纳，不断改进自己的教学方法和教学手段，从而提高课堂教学效率。通过建设学生学习共同体，可以更好地激发学生的学习兴趣，培养他们独立思考和合作探究精神；同时也可以提高教师专业水平和教学效率，从而促进现代教育的发展。

（四）学生学习共同体的建设有助于实现全人教育

教育现代化背景下的学生学习共同体是一个有力的工具，有助于实现全人教育的目标。全人教育不仅仅关注学术知识的传授，还强调个体的全面发展，培养学生的多方面能力，使他们能够在各个领域都有所建树，并为社会作出积极的贡献。在学生学习共同体中，学生不再是知识的被动接受者，而是积极参与者和学习的主体，他们通过互动、合作和分享不同文化的观点和经验，不仅是在课堂上获取知识，还能够培养协作精神、跨文化交流的能力以及解决问题的技能。这些能力是全人教育的重要组成部分，可以帮助学生在学校以及将来的职业生涯中取得成功。此外，学生学习共同体也有助于拓宽学生的视野。通过与来自不同文化背景的同学互动，学生能够更好地理解世界的多样性，尊重不同的观点和价值观，这有助于培养学生的全球意识和跨文化沟通能力，使他们能够更好地适应全球化社会的要求。

教育现代化的背景下，学生学习共同体还可以利用先进的技术和教育资源。通过在线教育平台和数字化工具，学生可以随时随地获取信息和学习资源，个性化地制订学习计划，满足他们的学习需求，这不仅有助于缩小教育数字鸿沟，还能够提供更加丰富多彩的学习体验。最重要的是，学生学习共同体可以帮助学生更好地应对全球性挑战。在一个互联互通的世界中，学生需要具备解决复杂问题的能力，以及跨领域的知识和技能。学生学习共同体提供了一个平台，让学生在实际问题的解决中学习，培养创新思维和实践能力，为未来的挑战做好准备。总之，教育现代化背景下的学生学习共同体是

---

① 环瑞才. 优化高中化学教学新课导入的策略探析 [J]. 科技风, 2022 (13)：35-37.

实现全人教育的关键，它不仅仅传授知识，还培养学生的多方面能力，拓宽他们的视野，为他们提供丰富多彩的学习体验，帮助他们更好地应对未来的挑战。相信通过教师和学生的共同努力，我们可以真正实现教育的现代化，为学生创造更美好的未来。

（五）学生学习共同体的建设有助于适应未来社会的发展需求

在教育现代化背景下，社会发展需要适应未来需求，因此教育也必须改革。学生学习共同体是教育改革的平台，将学生置于学习的核心，以互相学习和合作为基础，鼓励他们积极参与，从中获得知识和技能。这种学习方式有助于提高学生的问题解决能力和自主性，使他们更适应未来社会的需求。未来社会需要有社会意识的领袖和公民，他们能够为社会作出积极的贡献。学生学习共同体通过参与社区服务项目，培养了学生的社会责任感和公益精神，使他们更有意识地关注社会问题，并积极参与社会改善。学生学习共同体关注跨学科知识和综合素养的培养，未来社会问题复杂，需要通过综合知识和技能，掌握培养学生的综合素养，使他们能够更好地应对多样化的挑战和机会。

在教育现代化背景下，学生学习共同体不仅满足了知识传递的需求，更重要的是培养了学生未来社会所需的创新能力、合作能力、社会责任感和综合素养。这些能力和素质将使学生更好地适应和应对未来社会的发展需求，成为有能力和有担当的未来领袖和公民。因此，学生学习共同体不仅是教育现代化的一部分，也是为未来社会做好准备的关键一步。

二、教育现代化背景下学生学习共同体的组成要素

在教育现代化背景下，通过网络教学，能够提高学生的交际能力，增强协作意识，实现独立学习。[①]柏拉图的理想国以及亚里士多德的城邦是人类共同体理论的雏形，而学生共同体是学习共同体中的一部分，具备学习共同

---

① 梁桂萍. "互联网+"时代大学数学课程教学的创新途径研究［J］. 湖北开放职业学院学报, 2020, 33（8）: 20-21.

体的一般概念和特征。[1]博耶尔在其著作《基础学校：学习的共同体》一书中首先提出了"学习共同体"这一概念，是指以学生为学习主体，以教师为辅助主体，以完成共同任务为载体，以实现成员的全面成长和进步为目标的小组。学习共同体强调人与人之间的关系以及心理上的兼容性，并借助团队的力量帮助学习。建立学习共同体，就是要让学生做学习的主人，要让学生学会学习，学会表达自己的观点，当学生有疑惑时，要鼓励学生表达自己的观点；要引导学生思考，要把发现和解决问题的权利还给学生。[2]教育现代化背景下学生学习共同体组成的核心要素是助学者、学习者和研修过程。[3]

（一）学习者

学习者是指在共同体中，根据自己的需要和兴趣，积极主动地参与到学习中，并能够充分利用各种资源进行自主学习、合作学习、探究性学习的人。在共同体中，学习者是学习的主体，是学习活动的领导者，也是学习结果的直接体验者。[4]学习者应该保持积极的学习态度，主动参与课堂和学习活动，追求知识和技能的获取。需培养学生自主学习技能，包括计划制定、自我管理和资源获取，以适应不同环境，综合素养的培养涵盖跨学科知识和协作能力。解决复杂问题并积极团队合作，有效沟通是关键，学生应明确表达观点、倾听他人，促进知识分享，积极参与评估、接受反馈、改进学习方法和表现至关重要。总之，教育现代化背景下的学习者在现代教育中应该自主、积极、具备多方面的能力和素养，以更好地应对未来的挑战和机会。

（二）助学者

在教育现代化的背景下，助学者是共同体的组织者和运营者，具体包括了教师、助教等。建构主义理论指出，学习是在一定情境下，借助教师或

---

① 彭廷廷. 学生共同体视阈下学生学习兴趣的激发——浅谈学生间人际交往对学习的影响[J]. 黑龙江生态工程职业学院学报, 2015, 28(04): 56-58.

② 余文森. 核心素养导向的课堂教学[M]. 上海: 上海教育出版社, 2017.

③ 吴振铭, 赵利娟, 南海洋, 等. 互联网背景下高职院校学生自发性学习共同体的构建与实践研究[J]. 科技风, 2022(04): 45-47.

④ 吴振铭, 赵利娟, 南海洋, 等. 互联网背景下高职院校学生自发性学习共同体的构建与实践研究[J]. 科技风, 2022(04): 45-47.

同伴的帮助而主动建构知识意义的过程。[①]学生是知识的主动建构者，助学者作为学习者的组织者，应借助研修过程发挥学生的主动性、积极性和首创精神，要为学生的学习活动提供资源，提供咨询、反馈和指导，将学习者原有的知识经验进行调动，促进他们对新、旧知识的反思和迁移。[②]身为助学者，应及时与学生进行沟通，给予学生心理上的支持，缓解学生的学习压力，消除学生的消极情绪。[③]助学者应该具备教育知识与专业技能，包括教育心理学、教育方法和教学技巧。助学者需要了解不同年龄段学习者的需求和特点，以制定适合的教育计划和方法；同时，可以进行个性化指导。助学者应能够根据每位学习者的需求和学习风格提供个性化的指导和支持，涉及制定个性化的学习计划，提供额外的练习材料，或者调整教学方法以满足学习者的需求；助学者应具备激励和鼓励学习者的能力，帮助学习者克服学习中的困难和挫折，通过积极的反馈和支持增强学习者的自信心和动力；助学者需要与学习者建立良好的沟通和倾听关系，以理解他们的需求和反馈，能够有效地与学习者交流，并倾听他们的意见是至关重要的。在教育现代化背景下，助学者可能需要使用各种教育技术和工具来支持学习者的学习。因此，他们应该具备基本的技术应用能力，具备一定学习能力，不断学习和更新自己的知识和技能，以跟上教育领域的发展和变化。总之，助学者的角色是帮助学习者实现他们的学习目标，因此需要具备教育知识、个性化指导能力、激励和沟通技能等多方面的能力和素养，这样才能更好地支持学习者在现代教育环境中取得成功。

（三）研修过程

研修过程既包括知识学习的过程，也包括助学者与学习者、学习者之间的互动过程，例如：课程、环境等。在互动过程中，助学者可以通过对特定知识的讲解与演示，帮助学习者加深对知识的理解，并使其能够将所学知识

---

① 何克抗.建构主义的教学模式、教学方法与教学设计[J].北京师范大学学报（社会科学版），1997（5）：74-82.

② 王爽."基于项目的学习"视角下"中外学生学习共同体"教学模式的应用——从中国语言文化类（英语）课程线下实践说起[J].三峡大学学报（人文社会科学版），2021，43（01）：99-104.

③ 刘奇，陈长虹.网络学习共同体及其构建策略研究[J].重庆教育学院学报，2008（23）：127-131.

运用于实际生活中。同时，在互动中，助学者还可以与学习者之间形成情感的联结与交流，进一步加强共同体内部成员之间的情感联系。在此基础上，助学者可以构建个体的身份和地位，使个体获得自我实现的价值感和成就感，最终在"1+1>2"的效果下实现研修目标。[①]

在教育现代化背景下，建设学生学习共同体需要利用各种工具和资源，以促进学生之间的合作、互动和共享。在研修过程中可以用于建设学生学习共同体的工具和资源有互联网平台和在线教育工具。使用在线教育平台，如学习通、中国慕课和雨课堂等，可以创建虚拟教室，学生可以在其中共享资料、讨论问题、提交作业和互相评价。智慧教育条件下，教育大数据等手段的应用更加有利于教学评价改革。[②]这些工具提供了一个集中的平台，学生和教师可以在其中进行协作和交流。利用一些社交媒体和协作工具。社交媒体如QQ、微信可以用于创建教育社群，学生可以在其中分享学习资源、互相交流经验和观点；协作工具如Slack和Zoom也可以用于实时交流和协作；虚拟现实（VR）和增强现实（AR）技术，这些技术可以用于创造沉浸式学习体验，学生可以在虚拟环境中共同探索、解决问题和学习新知识；在线协作文档和云存储，例如金山文档、OneDrive和Dropbox可以用于共享文档、演示文稿和项目文件，学生可以同时进行编辑和合作，提高团队合作能力；虚拟会议和网络研讨会工具，这些工具可以用于组织线上会议、讲座和研讨会，让学生可以与专家和同行交流，扩展知识领域。综上所述，建设学生学习共同体需要利用多种工具和资源，以促进学生之间的互动、合作和共享。这些工具可以帮助学生在现代教育环境中更好地学习和合作。

三、教育现代化背景下学生学习共同体的类型

构建学习共同体是建立在学生、课程、教师和环境四个基本条件之上的，我们将这四个基本条件称为"学习共同体联结"。在各类学习共同体中，起主导作用的联结因素各不相同，并表现出各自的特征与优势。从联结

---

① 刘厚萍. 构建"互联网+"教师学习共同体——教师研修方式的新探索[J]. 中国教育报, 2019.

② 林海华, 洪晓青. 智慧学习环境下开放大学教师胜任力关键要素识别[J]. 南京广播电视大学学报, 2022（01）：13-18.

的复杂性来看，这四种联结以"学生联结""课程联结""教师联结"和"环境联结"为基础，具有一定的递进性。例如，以环境联结为基础的学习共同体，就可以包含四个元素：学生、课程、教师、环境。其实，这四个因素是相互关联和相互支持的。学习社区通常是由两个或四个以上元素的联结构成，并将全部四个元素都包含在内。

（一）基于学生联结的学习共同体

以学生联结为基础的学习共同体，是由具有相同课程、相同兴趣或相同特点的学生所形成的一种学习共同体。加德纳的多元智能理论阐述了个人智能主要由七方面组成，每个人都有自己擅长的内容，学生可以根据自身优势形成共同体。这一类社群注重于增进同学之间的互动性，通过同学间的对话与交流，来提升学生的自主性。

1. 单一课程的合作学习模式

单一课程中的合作学习，是指在单一课程教学中，教师运用合作学习等有效教学策略，创设有效情境，激发学生的学习动机，引导学生开展合作探究的活动，建构学生的学习共同体，促进学生主动学习，增强所有学生的共同体意识的教学模式。[①]

2. 在大课上建立学习小组模式

"大课"学习小组是指在大课范围内，由一定数量的学生所形成的一种学习共同体。[②]

3. 学生类别模式

学生类别模式指的是因为学生有共同的特点，所以才会形成一个共同体。例如，在背景上，他们属于非主流，在学习上有困难，或者有相似的学术兴趣。[③]

---

① JENNIFER L. EASTWOOD. The effects of an interdisciplinary undergraduate human biology program on socioscientific reasoning, content learning, and understanding of inquiry [D]. Bloomington: Indiana University, 2010: 45-55.

② About FIGS [EB/OL]. [2015-03-01]. http: //fig. undergrad. fsu. edu/About-FIGS.

③ Freshman Interest Groups [EB/OL]. [2015-03-01]. http: //www. uta. edu/universitycollege/ prospective/maverick-scholars/figs/.

（二）基于课程联结的学习共同体

以课程联结为基础的学习共同体，是一种以配对课程、课程群为主要形式的、在同一学科中选择两种或两种以上课程的学生所形成的学习共同体。这类共同体注重在不同学科间建立联结，以协助学生以团体讨论的方式互相学习。①

（三）基于教师联结的共同体

以教师联结为基础的共同体，是由各个学科的教师们组成的一个小组，以一个特定的话题为中心，在课程设计、课堂教学、作业布置等方面进行协作，从而提高学生的整合学习和主动学习能力，从而构成一种学习共同体，一般被称作"协同教学学习共同体"模式。②教师和学生作为共同体的关系对象，相互依靠、相互促进、协同发展。③

（四）基于环境联结的共同体

以环境联结为基础的共同体，指的是以共同的学术兴趣或者课程计划为基础，住在同一个宿舍区域的学生所形成的共同体，这种共同体一般被称为住宿学习共同体模式④。

四、教育现代化背景下学生学习共同体的建设路径

（一）提升教师的信息素养，构建多元学生学习共同体

提升教师的信息素养并提高他们的信息化教学与研究能力是现代教育中至关重要的一项任务，教师的能力水平会更加直观地影响学生共同体的建设。教师和学生作为共同体的关系对象，相互依靠、相互促进、协同发展。⑤随着科技的迅猛发展，信息化已经渗透到了各个领域，教育也不例

---

① Paideia［EB/OL］.［2015-03-01］. http: //southwestern. edu/academics/paideia/.

② Programs & Classes［EB/OL］.［2015-03-01］. http: //evergreen. edu/academics/programs. htm.

③ 施小明，程梦勤. 基于"师生共同体"的大学生意识形态教育研究［J］.重庆理工大学学报(社会科学). 2020, 34（4）: 125-131.

④ 蒋盛楠. 美国高校学生学习共同体的类型和特征［J］.外国教育研究, 2015, 42（07）: 102-114.

⑤ 施小明，程梦勤. 基于"师生共同体"的大学生意识形态教育研究［J］.重庆理工大学学报（社会科学）. 2020, 34（4）: 125-131.

外。教师的信息素养和信息化教学与研究能力直接影响到教育质量和学生的学习效果，因此，我们需要为教师提供更多的支持和培训，以确保他们能够充分利用网络技术，构建多元学习交流的教育环境。

首先，提升教师的信息素养意味着帮助他们更好地理解和应用信息技术。教师需要了解各种数字工具和资源，包括教育应用程序、在线教育平台、虚拟实验室等，以便能够将这些工具融入他们的教学中。他们还需要了解如何有效地搜索、筛选和评估在线信息，以确保他们能够为学生提供准确和有用的学习资源。

其次，提高教师的信息化教学能力意味着教师需要学会如何设计和实施数字化教学内容。这包括制定在线教学计划、创建多媒体教材、组织在线讨论和协作活动等。教师还需要了解如何使用在线评估工具来跟踪学生的学习进展，并根据需要进行调整。信息化教学不仅可以增强教学的互动性和吸引力，还可以个性化地满足不同学生的需求。另外，教师的信息化研究能力也至关重要。现代教育需要不断地借助科技手段进行研究和创新，教师应能够使用在线数据库和研究工具来查找最新的教育研究成果，从而不断改进他们的教学方法。教师还可以参与在线教育社区和专业发展网络，与其他教育从业者分享经验和见解，从而不断提高他们的专业水平。

最后，构建多元学习交流是提高教师信息化教学与研究能力的重要一环。教师应被鼓励参加各种在线培训和研讨会，与其他教育专业人员互动和合作，共同解决教育中的挑战。多元学习交流还可以促进跨学科的合作，帮助教师更好地理解不同领域的知识和技术。

总之，提升教师的信息素养和信息化教学与研究能力是促进教育现代化的关键一步。这不仅有助于提高教育质量，还可以培养出更具创新能力和适应力的学生，使他们能够更好地应对未来的挑战。"教育的生命力在于教师的成长，而教师的真正成长在于教师个人的内心觉醒。"[①]因此，需要为教师提供全面的培训和支持，确保他们能够充分利用信息技术，构建多元学习交流的教育环境，为学生学习共同体的未来打下坚实的基础。

---

① "人民教育家-于漪"特刊[J].上海教育，2019，31（11A）.

（二）创新现代课堂教学模式，促进学生向深层次学习的进步

2018年教育部发布《教育信息化2.0行动计划》，提出实施"智慧教育创新发展行动"[①]。在教育现代化的背景下，创新现代课堂教学模式是为了促进学生向深层次学习迈进的关键路径之一。这一教学模式的出现和发展彻底颠覆了传统的教育方式，使教育从被动的知识传授转变为主动的学习体验，为学生学习共同体的建设铺平了道路。

首先，创新的现代课堂教学模式注重学生主动参与和合作学习，与传统模式的被动接受知识有着根本性的不同。学生被鼓励提出问题、展开讨论，并积极与同学合作，这样的互动环境有助于培养他们的思维和创造力，同时也促进了深度理解知识、批判性思维和问题解决能力的发展。

其次，创新现代课堂教学模式强调个性化学习的重要性，个性化学习成为现代教育的关键要素。每位学生都拥有独特的学习风格和学习速度，而传统教育模式通常采用标准化的教学方法，难以满足不同学生的需求。现代教育运用技术和个性化教学平台，帮助教师更好地了解每个学生的需求和学习进度，为他们提供个性化的学习体验。这种个性化学习有助于激发学生的兴趣，提高他们的学习动力，使他们更容易深入学习。

最后，创新的教育模式也注重跨学科整合。现实生活中的问题通常不受限于单一学科，而需要多学科知识的综合运用。然而，传统教育模式常常将学科划分得过于严格，导致学生难以看到不同学科之间的联系。现代教育鼓励跨学科教学，将不同学科的知识和技能融合在一起，帮助学生更好地理解复杂问题，培养综合思考和解决问题的能力。这种整合性的教学方法有助于学生进行更深入的学习，并将知识应用于实际生活中。

推进学生从浅层次向深层次学习通常有三步，循序渐进，学思并用。[②]其一是蚂蚁式的学习，其二是蜘蛛式的学习，其三是蜜蜂式的学习。学生学

---

① 教育部. 教育部关于印发《教育信息化2.0行动计划》的通知[EB/OL]. (2018-04-18)[2022-06-20] http://www.moe.gov.cn/srcsite/A16/s3342/201804/t20180425_334188.html.

② 陈静静，谈杨. 课堂的困境与变革：从浅表学习到深度学习——基于对中小学生真实学习历程的长期考察[J]. 教育发展研究，2018，38（2）：90-96.

习的最高境界应该是蜜蜂酿蜜式的创造性学习。[①]蚂蚁式的学习也叫群体学习，强调个人在团队中所起的作用，是一种团队合作学习，强调的是团队精神。蜘蛛式的学习也叫网状学习，它强调的是网络和关系。蜘蛛式的学习就像织网一样，把信息和知识编织成一个整体，这种方式是建立在对个人知识、个人经验和个人认识之上的一种思维模式和工作方法。蜜蜂式的学习也叫蜜蜂酿蜜式学习，它强调从前人所开辟的知识宝库中汲取营养。这种方式与我们所说的创造性地吸收前人的知识或经验有很大区别。蜜蜂酿蜜式的吸收是一种积极主动的吸收，而创造性的吸收是一种消极被动的吸收。蜜蜂酿蜜虽然辛苦，但它酿出了甜美之蜜。如果我们让学生像蜜蜂一样去学习的话，那他就会变成一只勤劳、勇敢、智慧的蜜蜂，一只优秀和善于发现问题、解决问题的能力强的蜜蜂。孔子曾说："三人行必有我师焉。"深度学习也一样，如果没有教师的指导与教育，那么学生就像蚂蚁一样盲目地学习，而没有自己的方向与目标，这也是一种"盲人摸象"。古人云："取法于上，仅得为中；取法于中，故为其下；取法于下，故为其下。"这告诉我们学习要从上到下、从左到右、从外到内、从大到小、从整体到局部、从低到高、从具体到抽象……循序渐进，由浅入深，由易到难。这样才能掌握知识。如果教师只是把学生当作一个接受知识的容器的话，那么他的学生只能成为一个知识的容器，而要把学生当作一个有思想的人来培养的话，那他的学生就是一个具有独立人格的人了。所谓"学然后知不足"就是这个意思。

总的来说，创新现代课堂教学模式是促进学生向深层次学习迈进的关键路径之一。它通过强调学生的主动参与、个性化学习、跨学科整合等方式，为学生提供了更丰富、更深入的学习体验。然而，要实现这一目标，不仅需要教育机构和政策制定者的支持，还需要教师的积极参与和不断提升自己的教育技能。通过共同努力，我们可以建设一个更加有希望和有活力的学生学习共同体，为学生的未来发展提供坚实的基础。

（三）完善顶层设计，强化师生共同体

教育是国家发展的基础，也是社会进步的动力。在当代社会快速发展和

---

① 王正华，施新平. 智慧教育2.0视域下高职学生深度学习共同体构建研究[J]. 牡丹江大学学报，2023，32（04）：103-108.

不断变革的时代背景下，教育面临许多挑战和机遇。我们深知，师生共同体的建设对于实现教育现代化目标至关重要。通过信息技术的融入，教师可以更好地针对学生的个性化需求进行教学设计，开启个性化教学的大门，真正实现"教无处不在、学无时不有"。师生共同体的建设也可以借助互联网平台和在线教育资源，促进师生之间的交流和共享，提高教学效果，扩大教育资源的覆盖面。强化师生共同体，建立和谐、有效的教育关系，将为教育事业的不断创新和提高提供坚实基础，让教育成果得到最大化的实现。

1. 以学生为中心，促进学生主动学习

构建学习共同体就是让学生成为学习的主人，让学生学会学习、发表见解、思考问题，解决问题，将发现和解决问题的权利还给学生。[①]在完善教育顶层设计的过程中，强化师生共同体是至关重要的一环。这一举措的核心目标是促进学生的主动学习，培养他们的学习共同体意识，以建构更加丰富和具有深度的学习生态环境。

首先，以学生为中心的教育理念应该贯穿整个教育体系。这意味着教育政策和实践应该着重考虑学生的需求和兴趣，鼓励他们参与课程设计和教学方法的选择。学生需要成为教育的主体，而不仅仅是被动的接受者，这需要建立一个开放和包容的教育环境，鼓励学生提出问题、探索知识、参与讨论，从而培养他们的主动学习能力。

其次，共享学习资源是强化师生共同体的关键要素。教育机构应该积极推动教育资源的开放共享，包括教材、课件、在线课程等。这不仅有助于提高教学质量，还能够降低教育成本，使更多的学生能够获得高质量的教育资源。教师和学生可以共同参与资源的创建和分享，从而促进协作学习和知识共建。再次，培养学习共同体意识也需要建立互信和合作的教育文化。教师应该与学生建立积极的互动关系，鼓励他们表达自己的观点和想法。教育机构可以设立学生参与决策的机制，让学生参与学校事务的管理和规划，这样的做法有助于建立学校和学生之间的紧密联系，培养学习共同体的意识。

最后，教育领域需要不断创新和改进，以适应不断变化的社会和技术环

---

① 孙莉, 陈路宏. 高职学生网络学习现状的调查与分析 [J]. 就业与保障, 2021 (07)：145-146.

境。教育者和政策制定者应该积极探索新的教育模式和技术工具，以提供更加个性化和多样化的学习体验。同时，也应该不断学习和借鉴国际经验，以不断提升教育质量和效果。

总之，完善顶层设计，强化师生共同体，以学生为中心，促进学生主动学习是教育现代化的重要路径之一。这需要政府、教育机构、教师和学生的共同努力，以建构一个积极、合作和创新的学习环境，为学生的全面发展提供坚实的基础，同时也为社会的进步和发展作出积极贡献。

2. 以整合为目标，加强课程之间的联结

教育现代化的背景下，学生学习共同体的建设路径需要以整合为目标，加强课程之间的联结。这是一个迫切的需求，因为传统的教育体系常常将各个学科视为孤立的知识领域，学生被迫在这些孤立的学科之间跳跃，缺乏综合性的认知能力和跨学科的思维能力。因此，我们需要重新思考课程设计和教学方法，以创造一个更加有机、互相关联的学习环境，培养学生的综合素养和跨学科思维能力。

首先，课程之间的联结应该体现在课程设计的初衷上。教育者和课程设计者应该考虑如何让不同学科之间的知识和技能相互衔接，形成有机的整体。例如，可以设计跨学科的项目，在一个项目中涵盖多个学科的知识和技能，这样学生可以更好地理解学科之间的关联性。此外，可以引入综合性的课程，将多个学科的内容整合在一起，让学生在一个课程中学习到不同学科的知识，从而促进跨学科思维。

其次，加强课程之间的联结也需要改进教学方法和评估方式。传统的教学方法往往是单一学科的讲授和考核，这限制了学生在不同学科之间的知识迁移能力。因此，教育者应该采用更多的跨学科教学方法，例如项目学习、问题导向学习等，让学生在解决实际问题中运用不同学科的知识和技能。评估方式也应该反映跨学科能力的培养，不仅仅是单一学科的考试，还可以采用综合性的项目评估，评估学生在不同学科之间的综合能力。

再次，教育现代化的背景下，技术工具可以成为加强课程之间联结的有力支持。虚拟现实、人工智能、在线协作平台等技术可以帮助学生在不同学科之间进行虚拟实验、模拟项目，促进跨学科的学习和合作。同时，信息技术也可以为教育者提供更多的教学资源和工具，帮助他们设计更具联结性的课程。

最后，加强课程之间的联结需要教育者和教育政策制定者的共同努力。教育机构可以提供培训和支持，帮助教育者更好地设计和实施跨学科教学。政府可以制定政策，鼓励学校开展跨学科教育，并提供资源支持。此外，学生和家长也应该积极参与，支持学校的跨学科教育探索。

总之，教育现代化的背景下，学生学习共同体的建设路径应该以整合为目标，加强课程之间的联结。这不仅有助于培养学生的综合素养和跨学科思维能力，还可以更好地满足不断变化的社会和技术需求。这需要教育者、政策制定者、学生和家长的共同努力，以创造一个更加有机、互相关联的学习环境，为学生的全面发展提供坚实的基础，同时也为社会的进步和发展作出积极贡献。通过跨学科的教育，我们可以培养出更具创新力和综合能力的未来人才，推动社会的可持续发展。

3. 以合作为特点，促进教学方法的改革

在教育现代化的背景下，促进教学方法的改革是构建学生学习共同体的关键路径之一，而合作作为其特点之一，将在这一过程中扮演着重要的角色。合作教学方法的改革不仅有助于培养学生的综合素养和跨学科思维能力，还可以促进教育体系的创新和社会的可持续发展。

首先，合作教学方法强调学生之间的互动和协作。在传统的教育模式中，教师往往扮演着知识的传递者的角色，而学生则被动地接收信息。然而，现代社会对于个体的知识和技能要求更加多元化和复杂化。通过合作教学，学生将有机会与同学分享观点、思考问题、解决难题，这不仅能够促进他们的自主学习能力，还能够提高他们的批判性思维和问题解决能力。合作教学不仅仅是在课堂上展开，也可以延伸到课外活动和社会实践中，让学生更好地应对未来的挑战。

其次，合作教学方法能够打破学科之间的壁垒，促进跨学科思维。在传统的教育体系中，学科之间常常存在着割裂和隔离，学生学习某一学科时很难将其与其他学科进行关联。然而，现实生活中的问题往往是复杂的，需要多学科知识和技能的综合应用。通过合作教学，学生可以在不同学科领域的知识和技能之间建立联系，更好地理解问题的本质，并提出综合性的解决方案。这有助于培养学生的跨学科思维和创新能力，使他们能够更好地适应未来的工作和生活。

再次，合作教学也有助于培养学生的团队合作能力和社交技能。现代社会对于团队合作和社交沟通的需求越来越高，这不仅在职场中重要，也会在日常生活中起到关键作用。通过合作教学，学生将有机会与不同背景和能力的同学一起工作，学会倾听、合作、解决冲突和分享成果。这些技能将在未来的职业生涯中变得非常重要，因此合作教学不仅仅是知识的传递，更是社会技能的培养。

最后，要实现合作教学方法的改革，需要多方共同努力。教育者应该积极探索合作教学的具体实践方法，包括设计课程、教学材料和评估方式，以更好地支持学生的合作学习。政策制定者应该制定相应的政策和法规，鼓励学校和教育机构采用合作教学方法，并提供相应的资源和支持。学生和家长也应该积极参与，支持学校的合作教育探索，提供反馈和建议，共同推动教育体系的改革和发展。

总之，合作教学方法的改革是构建学生学习共同体的重要路径之一。通过强调学生之间的互动和协作，促进跨学科思维，培养团队合作能力和社交技能，合作教学可以更好地满足现代社会的需求，为学生的全面发展提供坚实的基础。在教育者、政策制定者、学生和家长的共同努力下，可以创造一个更加有机、互相关联的学习环境，为社会的进步和发展作出积极贡献。通过合作教学，我们可以培养出更具创新力和综合能力的未来人才，推动社会的可持续发展。

（四）应用新型智慧教学资源，建构文化共同体生态环境

在当代社会，新型智慧教学资源的应用为教育领域注入了新的活力和创新力。这些智慧教学资源包括数字化教材、虚拟实验室、在线学习平台、教育评价系统等，其中评价结果的反馈能够帮助教师反思教学、改进教学，帮助学生反思学习、改进学习，为学生提供更加丰富、多样化的学习体验。[①]

---

① 黄晓玲. 校本课程学习评价的现状、特点、问题及改进［J］. 教学与管理, 2020（2）: 67-70.

而与此同时，建构文化共同体生态环境的重要性也越发凸显。文化共同体的建设可以增强人们的文化认同，推动文化多元共生和融合发展，为社会提供和谐的环境。

首先，应用新型智慧教学资源可以促进文化认同的增强。通过多样化的教学内容和形式，学生可以更好地了解和体验中国文化，增加对中国文化的认同感和自豪感。例如，通过使用数字化教材，学生可以了解中国不同地区的文化背景、历史传承和优秀成果，从而促进跨地区的文化交流和认同。同时，虚拟实验室的应用也可以帮助学生深入了解科学领域的文化内涵和实践。通过多元的教学资源，学生可以在更广阔的文化视野下，形成积极向上、自信自豪的文化认同。

其次，新型智慧教学资源的应用可以推动文化共同体的建设，营造和谐社会环境。例如，让学校教室的墙壁变成学生学习共同体生态环境中的一部分，学校可以设置各种教学资源墙、文化墙、学科知识墙等，在这些资源墙上可以展示一些与学科知识相关的图片、文字等，也可以是一些学科知识小故事等，这些资源墙可以使学生在学习过程中对学科知识有更深入的理解。又如，学校可以为学生创设一种具有教育意义的场景，如在教室里设置一个"学习共同体"墙，这个墙壁上会展示一些与传统文化主题相关的图片和文字，如剪纸手工、皮影表演、脸谱制作、太极学习、中国茶品赏等，教师可以根据教学内容让学生进行布置。通过这些资源墙、文化墙等校园文化的营造，让学生在这样一个生态化的环境中建构自己的学习共同体，使他们能更好地进行学习。这种体验式学习可以让学生在"做中学"，使其积极主动地进行探究，通过真实的项目实践来建构知识。[①]这种合作与交流能够增强学生的团队意识和协作能力，培养和谐共处的意识和习惯。

最后，应用新型智慧教学资源加强了情感共同体建设，形成了更加亲密而和谐的人际关系。通过在线学习平台和虚拟实验室，师生之间的互动得到了拓展和加强。学生可以通过在线平台与教师进行交流和互动，解决学习中的问题，获取反馈和指导。同时，学生也可以与同学们分享学习心得、提问

---

① 王嘉毅, 李志厚. 论体验学习[J]. 教育理论与实践, 2004(23): 44-47.

疑惑，建立起彼此之间的情感联系。这种互动和交流有助于增强师生之间的信任和归属感，形成紧密的情感共同体。教师在课堂教学中也能更好地关注学生的情感需求，通过智慧教学资源提供个性化的辅导和支持，培养学生积极向上、自信自主的情感素养。

综上所述，应用新型智慧教学资源可以建构文化共同体生态环境，在教育领域促进文化认同的增强、推动文化共同体建设的营造和和谐环境的加强，使学生可以更好地感受到多元文化的魅力，增强与他人的情感联系，共同建设一个和谐、友善、包容的社会。在中国传统文化的语境中，以天下为公、协和万邦、四海一家为代表的家国情怀与人文精神深刻反映出多元一体的中华民族在绵延久远的演进历程中所体现出的包容性和开放性，保证了文明共同体的延续与发展。譬如，以儒学为主导的学术体系强调"和而不同""有容乃大"，由此使中国文化共同体通过容纳多样文化而富有向心力，进而不断扩展。①因此，我们应当充分利用新型智慧教学资源的优势，积极开展相关实践，为构建文化共同体生态环境作出应有的贡献。

学生学习共同体建设是教育现代化的重要组成部分，它有助于提高学生的创新能力、合作精神和实践能力，促进学生的全面发展。要建设一个学生学习共同体，需要学校和教师的共同努力，教师与学生共同"博学之，审问之，慎思之，明辨之，笃行之"，通过创造良好的学习环境、培养学生的合作精神和团队意识，促进学生的学习动力和自主学习能力的培养。只有这样，才能实现学生学习共同体建设的目标，为学生的全面发展提供有力的支持。在当代社会，学生学习共同体建设已成为教育改革的重要议题，具有重要的理论和实践意义。

---

① 牟钟鉴.共同体：人类命运 中国经验 [N].光明日报，2015-12-14（16）.

第九章 教育现代化背景下大学生领导力的发展

大学生领导力的培养有利于实现个体现代化和大学生个体竞争力的提升，有利于学校的发展和为社会输入现代化的高素质人才。教育现代化具有民主性、公平性、创造性等多个特点，大学生领导力作为一种后天可培养的影响力和综合能力，应该呈现出终身性、个性化、全时空性的特点。当前，大学生领导力的培养存在理论支撑力度不够、培养体系不完善、教师、学生及家长对学生领导力培养的重要性的认识有所欠缺的问题。针对上述问题，教师、学生及家长应该在教育理念和培养观念、课程等方面做出改进以促进大学生领导力的发展，从而促进教育现代化的进程。

2019年2月23日，中共中央、国务院印发《教育现代化2035》，提出到2035年总体实现教育现代化，迈进教育强国的行列。[①]教育现代化是一个复杂的、系统的、长期的过程，在这个过程中对教育提出了更高的要求。教育现代化的目标就是促进人的现代化，也就意味着教育现代化向高校学生个体提出了实现个体现代化的高要求。实现个体现代化落到实处是要实现人的核心素养的现代化，而大学生领导力则是高校学生个体核心素养中必备能力。2019年《中国教育报》发布《掀起中国高等教育的"质量革命"》一文，指出中国高等教育需要开启"大学生领导力培养计划"，以此进一步促进大学生的全面发展。[②]虽然学生领导力的培养在每一学段都有其重要意义，但高校学生作为即将步入社会的预备员，对其进行领导力的培养是极为重要的。同时高校学生的领导力是促进大学生个体现代化的重要素质，在实现教育现

---

① 中共中央国务院印发《中国教育现代化2035》[N].人民日报, 2019-02-24 (01).

② 万玉凤, 董鲁皖龙. 掀起中国高等教育的"质量革命"[N]: 中国教育报, 2019-04-30 (04).

代化的过程中也是非常重要的环节。

一、教育现代化背景下发展大学生领导力的重要性

国外的专家学者指出，学生领导力就是促使个体和其他组织有效执行领导者的角色和任务过程的一种综合培养能力。[①]我国学者提出：学生领导力是由智力、人格、价值观等多种特质组成的一系列技能和能力。[②]本书通过对学生领导力相关理论的实践研究，指出学生领导力是一种促进他人合作沟通的影响力，同时也是一种合作、沟通、解决问题的综合能力。教育现代化是指与教育形态的变迁相伴的教育现代性不断增长和实现的过程，教育现代化存在的合理性与合法性取决于它是否有效地增进社会的现代化和人的现代化。[③]培养学生领导力作为促进个体能力现代化的重要途径之一，在教育现代化背景下对高校学生进行领导力的培养是非常有必要的举措。在深入了解教育现代化与学生领导力的内涵的基础上抓住二者之间的联系，大学生领导力作为一种综合性的能力被培养，对于学生自身、学校、社会三方面而言都有其重要性。

（一）培养大学生的领导力有助于促进学生个人竞争力的发展

培养大学生的领导力，有助于不断促进广大大学生的全面健康发展，为我国教育事业现代化建设培养人才，同时也是不断提升广大大学生发展个人核心竞争能力的一种有效途径。拥有超强领导力的学生，他们敢于充分肯定自己，善于充分表现自己且拥有良好的为人个性。在不断肯定自己的学习过程中不断加强树立自信，经过长时间的学习积淀，这种树立自信将会逐渐成为每个学生内在的一种气质，使学生更加自信并敢于积极投身于社会领导他人和自己的社会实践工作活动中来，良好的工作个性和善于自我表现的工作能力将会使学生的工作投入更加趋于专注，同时能够促进学生提前掌握未来职业生涯和个人生活生存所需要的技能，如此良性循环往复，大学生的个人竞争力也不断得到增强。教育现代化最终也是要落实到人的现代化，打破知

---

① 兰婷. 中学生领导力：内涵、结构及培养 [J]. 教育导刊，2018（02）：65-69.

② 王芳. 学生领导力发展的内涵及其策略 [J]. 教育发展研究，2012，32（2）：111-115.

③ 褚宏启. 教育现代化的路径：现代教育导论 [M]. 2版. 北京：教育科学出版社，2013：31.

识传授的认知壁垒，走出盲目服从、甘于平庸的传统误区，学生个人能力或综合素质就会不断增强，同时学生的个人竞争能力和社会适应能力也得到提升，这也越有利于适应当下教育现代化背景下的社会，促进学生的现代化发展。

（二）培养大学生的领导力有助于促进学校的发展

高校是高等教育的主战场，学校成为促进教育现代化的坚实基础，也是学生得到发展和提高的直接影响因素。由个人组成班级，由班级组成年级，由年级构成学校，换言之，学校的最小组成单元是学生。大学生领导力的培养被视为推动教育创新机制重要的教学改革途径，要加深学生对领导力的认知，增加学生继续学习的机会。俗话说：打好基础才能修建高楼大厦，培养大学生的领导力就像是打地基，是从最小组成单元优化学校这座"高楼大厦"，这种优化也是最为稳固的，同时高校也能获得发展。学校即社会，对于大学生而言，高校在高等教育体系中对学生进行领导力的培养，在于使个体能独立地面对社会并获得良好的生存与发展，使大学生在对社会生活现象的探究活动中自我积累、自我完善与自我发展。[①]开发一系列领导力活动让学生参与到这些活动中去，让学生成为高校的主人。

（三）培养大学生的领导力有助于向社会输送高素质人才

培养大学生的领导力有助于人才形成共同的价值追求和推动社会进步的意识能力，目标明确地推动中国教育现代化的稳步前进。高校教育所培养的人才最终都是要步入社会的，他们所拥有的意识及能力最终也是为社会进步所服务，培养高校学生的领导力有助于让学生更好地适应社会，提升生活生存的能力。与此同时，大学生的成长伴随着自我发现、自我发掘、自我激发，在这个过程中，他们逐渐明确自我理想和发展方向，其可塑性远远强于低学段的学生。时代改革速度加快，优秀的人才必须要具备开拓精神和创新精神，不断探索、不断创新，才能与时俱进。社会中的工作、人际关系错综复杂，不仅要有过硬的专业素养，也要具备一定的组织协调能力、沟通协作能力。而这几种劳动者所应该具备的能力都包含在学生领导力的范畴之内，

---

① 王芳.学生领导力发展的内涵及其策略［J］.教育发展研究，2012，32（2）：111-115.

因此，培养当代大学生领导力是顺应时代潮流的举措，也是为进步社会输送高质量人才的有效途径之一。

二、大学生领导力发展的特征

教育教学现代化就是用一个现代化的教育教学思想和现代科学教育技术手段武装现代人的意识头脑，使现代教育教学思想观念、教育教学内容、教育教学方法与现代教育技术手段和教学设备功能相匹配，逐步提高到一个现代化的先进教育水平，培育出一批适应国内、国际政治经济公平竞争的新型基层劳动者和一批高素质专业人才的发展过程。为了促进现代经济，教育现代化需具备生产性；为了建设现代政治，教育现代化需具备民主性；为了满足人发展的多方面需要，教育现代化需具备多样性；为了教育自身的健康发展，教育现代化需具备专业性和主体性。培养高校学生的领导力与教育现代化二者之间存在着某些趋同性，使二者互相促进发展。现代化后的国家经济建设必然需要现代化的专业人才，现代化的专业人才必须要能够具备现代化的专业特点，大学生领导力的培养必须能够符合新的时代特征，使所需要培养的优秀人才能够符合时代发展要求。

（一）大学生领导力发展的终身性

《教育现代化2035》中提出的促进教育现代化的理念之一就是要注重终身学习。"活到老、学到老"中蕴含着的终身学习思想，在中华民族历史上源远流长。但是终身教育从未在任何国家真正地实现过，更多的国家对其还停留在理念层面和口号上，或者被当成为一种美好的对教育最高境界的向往，能够真正去追求终身学习的人也是少之又少，如今现代化的教育终于将这美好的愿望转化为现实。[1]教育现代化具有终身性的特点，世界银行报告《全球知识经济中的终身学习—发展中国家的挑战》中指出，终身学习的框架涵盖从婴儿到退休的整个生涯的学习[2]，大学生领导力是实现培养现代化人才的步骤之一，高校学生领导力的发展也应该贯穿于学生的一生。大学生在高校教育中扮演学生的角色，步入社会生活中也需要学习适应社会发展的

---

① 陈琳, 陈耀华. 智慧时代中国教育现代化特征论 [J]. 中国电化教育, 2020 (07): 30-37.

② 褚宏启. 教育现代化的路径: 现代教育导论 [M]. 2版. 北京: 教育科学出版社, 2013.

能力和技能，因此在社会中同样扮演着学生的身份。人在学校中所学习到的知识是有限的，然而人类社会源远流长，知识是无穷无尽的，正规教育和非正规教育的知识对于大学生的领导力终身性发展提供了强大推力。大学生领导力发展的终身性的另一层含义体现为这种能力的终身受用性。大学生领导力的培养是一个细水长流的过程，需要经过无数的理论知识和实践经验的浸润才能得以成型，在如此庞大的体系中应运而生的能力并不仅仅只适用于人一生中的某个阶段。

（二）大学生领导力发展的个性化

人的现代化特别强调人的个性化发展，被视为是教育发展的主要内容。教育教学提倡充分发展每个学生的独特个性，提倡因材施教。同理，领导力是人人都有的一种潜质，但是每个人具有领导者能力潜质的表现形式是因人而异的。对于大学生而言，独立性人格外显得更加突出，作为独立的个体，行为思维的体特征更加明显。学生领导力作为大学生的一种综合能力，其个性化更加明显。个性化的核心是创造，与人沟通的语言艺术的创造性，团队合作协作的创造性，思维的发散性等等都有明显的个人风格。在高校的教育体系中培养出的人才都是整齐划一、一成不变的，不能体现出学生个体的特点，个体的价值也会降低。大学生的领导力与其他类型的领导力的性质是不同的，与其说它是一种领导力，不如说它是一种影响力。[①]大学生的学习生活方式与中小学的学习生活方式有巨大的差别，自我组织的各种社团活动众多，在这些自我组织的活动中，学生的领导力的发展则体现为对他人的影响力。对个人、对团体、对学校乃至于对社会的影响的不同，都源自每个学生的个性化发展。教育要面向全体学生，追求公平，这并不一定意味着教育就是面向标准化、同质化、平庸差异化的。承认每个学生自身潜质的巨大差异，因材施教，提供一种适合适应学生自身个性素质发展和成长需求的优质高校教育，才算是符合教育现代化所提出的个性化教育。

（三）大学生领导力发展的全时空性

所谓教育的全时空性，是指教育不再局限于学校，也没有教育年龄的制

---

① 顾明远.教育现代化的基本特征及实施策略[J].人民教育，2007（C2）：8-11.

度限制，逐步可以做到全民共同学习，处处可学，时时可学。①因此，教育事业现代化建设需要以具有全新跨时空的大方向教育观的发展视野，把正规义务教育与非正规义务教育、学校实践教育、家庭教育、社会实践教育、自我教育有机地相互结合统一起来。学生始终被认为是能力培养的重要主体，按照教育现代化对各种教育形式提出的新时代要求，在正规学校教育中，有许多专业性的教师按照教学课程标准和教育目标对广大学生进行领导力的培养；在家庭教育、社会实践活动教育等非正式的教育中，大学生可以通过组织家庭聚会或活动使自我外显的组织能力得到锻炼，在社会实践活动中通过群体互相合作交流使自身的沟通能力得到锻炼，语言艺术得到提升。在这些实践活动中，不仅可以把学到的理论知识应用于实践，也可以在实践中检验知识的实用性，并且可以通过自己的具体行为完成挑战，并且对他人形成良好影响的同时提高了自己的责任心和自信心。一般来讲，作为学校与社会的最后间隔，大学生在校期间所培养形成的领导能力和影响力对于其步入社会具有大的助力。

三、教育现代化背景下大学生领导力培养存在的问题

与国外的大学生领导力的研究相比，我国对于大学生领导力的研究起步较晚，发展较为缓慢。同时，我国的高等教育具有鲜明的特点，无论是学校教育还是家庭教育的着力培养点都在于学习成绩的提高，在高校教育教学体系中，对于学生自身能力的培养的关注度远远达不到社会发展进步的速度与要求，以往认知的偏差也是造成高校学生领导力培养不足的原因之一。此外，随着教育现代化时代的到来，让以往教育中存在的不足更加明显，使得当下的高校学生普遍存在自我管理意识弱、团队意识不强、合作意识较差等问题，②综上所述，要促进大学生领导力的发展面临着很多问题。

（一）大学生领导力培养认知的欠缺

在以往的学习生活中，无论是老师、家长、还是学生，对于学生领导力的培养都是有所忽视的，学生的重心在学科理论知识的学习上。对于大学

---

① 顾明远.试论教育现代化的基本特征[J].教育研究,2012(09)：4-10,26.
② 赵海超.中学生领导力培养初探[J].教育实践与研究,2019(03)：16-17.

生而言，高等教育更加注重学生，个性化自由发展，集中监管力度弱化。在高校生活中，虽然大学生能自己统筹安排、沟通交流，但是能够真正把握这样的机会的学生却不是大多数，主要针对的也是学生干部及社团成员等小部分群体，由此对学生的主动性存在很大的限制。家庭生活中，父母对领导力的了解更是少之又少或者只是片面性的了解。同时，在班级中若没有担任班级干部，学生则会缺乏相应的领导力发展意识，加之家庭教育和学校教育中忽视对此方面培养的重视，大学生自然而然在思想上就更加不在意发展自我领导力。同时，自我效能感作用于学生的意志，属于学生的认知领域，高校学生个体的自我效能感在一定程度上为领导力的学习创设了环境[①]，让学生相信自己的能力也是培养学生领导力的重要内容。作为班级干部容易将"领导力"错误地理解为"领导者"或者"领导能力"，从而忽视了内在的思想修养发展。大学生的领导力作为一种综合能力，技能与思想应该是并重发展的，忽视任何一方面的培养都是不可取的。

（二）大学生领导力发展科学理论的欠缺

在二十世纪七八十年代，西欧国家就开始重视对学生领导力的培养。其通过对学生领导力的教育培养来适应经济全球化所带来的综合性高素质人才要求。虽然近年来我国教育部门对于学生领导力的培养提升了重视程度，并也有了相应的成果和措施。但相对西欧国家完善的领导力教育体系来说，我国的领导力教育内容和规模都存在明显的局限性。[②]由于对于高校学生领导力发展的忽视，导致相应的学生领导力发展的科学研究偏少，理论也由此相对较少，体系不完整。在前期的大学生领导力的教学中，大多依靠的是前人在日常生活中的经验心得，对体系化、个性化的学生领导力培养方法处于懵懂的摸索状态，导致对于高校学生的培养也是缺乏整体规划。随着我国社会的不断进步，国际间的交流也越来越多，国外对于学生领导力的研究成果有可借鉴之处，但是不能照搬实行，在别人经验的基础上，我们要探索出一套立足于中国国情和中国高校学生发展特征的学生领导力发展体系。

---

① ［美］苏珊·R. 库米维斯, 等. 学生领导力发展手册（第2版）［M］.；张智强, 等译. 北京: 北京大学出版禅社, 2015.

② 刘婉清. 高中学生领导能力培养成因及策略探析［J］. 青春岁月, 2018（19）：160-161.

（三）大学生领导力的培养体制不完善

在高校教育教学体系中，学校没有明确将学生领导力的培养列为常规教育工作，教师按照中规中矩的学校日常要求对学生的学习生活加以管理，大学教师对于学生领导力的培养也未做出科学合理的培养方案，整个培养过程更是难上加难。此外，学校对学生领导力的培养没有具体落实培养的负责人及范围，而大部分的高校教师则认为是学校没有相应的规章制度来明确学生领导力的归属，导致学生领导力的培养成了空缺，[①]高校教育体系培养机制不完善的同时，社会要求的劳动者应具备相应的领导能力，而在社会中也没有相应的领导力的培养机制。在缺乏相应的理论知识做向导的同时，没有完善的培养体制作保障，加之监管力度弱化，大学生对于培养自我领导力的意识也不会提高。由此来看，目前所存在的教育现代化背景下学生领导力的发展问题若得不到及时解决，长此以往，会导致学校教育出的人不与社会发展要求相匹配，这必然是一种恶性循环，不利于国家、社会、个人向现代化的方向前进。

四、教育现代化背景下促进大学生领导力发展的策略

无论是学校教育还是家庭教育都是一个动态变化的长期过程，教育的目的是促进个体全面发展，是整个教育活动的核心，全面发展的人才最终也都流向社会的各行各业。社会也是不断发展的，社会的进步需要进步的人才推动继续向前发展。现阶段教育教学过程中应培养大学生领导力上仍然存在许多问题，应将教育现代的时代特点与要求和学生领导力的培养相结合，培养高校学生的综合素质和健全人格，促进其未来的职业发展。针对存在问题必然要采取相应的措施，同时，这也是在充满变数和多元化的环境下，以一种前瞻性的眼光培养未来优秀领导人才的需要。社会各界都要给予高度重视，需要充分发挥高校、社会、学生本身等多方资源，统筹课程教学、学生日常领导活动的关系。[②]

① 郑蓉. 小学生领导力影响因素及培养策略的调查研究［D］. 福州：福建师范大学，2016：45.

② 于磊，徐凤姣，负坤. 大学生领导力内涵及提升对策研究［J］. 中国管理信息化，2019，22（23）：190-192.

（一）秉承教育公平理念，保障每个大学生发展领导力的机会和权利

教育公平，是泛指一个国家对公共教育资源使用进行合理配置时所需要依据的具有合理性的法律规范或公平原则。每个高校学生都应该有机会获得不断学习的权利和机会，不论是专业知识的不断学习还是综合能力的不断培养。要从根源上保证学生的教育公平，首先要转变思维方式。针对大学生领导力的发展方面，我们要在思维观念上转变"领导"即"干部"的思想。在高校教育中班级干部受教师"重用"，学生会或者社团干部更得青睐，非干部则处于被领导的地位，对于班级事务的处理教师往往是与小部分班级干部商议后就决定了整个班集体的动向，绝大多数的学生处于被安排的尴尬地位。从教育公平的角度出发，非干部群体的权利应该被保护，处于班集体中，每个学生都是把班集体的一分子，应该为班级发展进步做出自己的努力，获得参与感，这种权利与机会不是任何一个大学生也不是任何一个教师能够剥夺的，这不仅有利于保证学生的全面发展，也有利于班集体的建设和班级荣誉感的渲染。

（二）发挥教师的指导作用，促进大学生领导力的有机发展

由于教育过程是学生与教师共同参与的过程，是他们双方真正合作的过程，因此，在教育过程中学生与教师之间的接触越亲密，可以使得学生越多地受到教师的指导。大学生领导力是可教可后天培养的，但在以往的教育体系中对学生领导力培养这一板块的教育忽视良久，高校学生自身对于领导力的认知与了解也大都停留在只是班级干部才有领导的权利，也只有被选拔出来的班级干部才有领导能力。顾明远先生指出，固定几个所谓的好学生当班级干部是不值得肯定的，最好的模式是班级所有学生轮流来当，使所有的学生都得到锻炼。[1]这一认知对于学生而言，顾全了所有学生的能力与潜力，对于领导力的培养发展有促进作用。在大学生的学习过程中，教师担任着重要的引导和教导角色。教育现代化对教师的教育方式提出了更高的要求，大学生对于高校教师更多的是敬重与佩服，他们既是学生学习过程中的引导者，也是学生进步发展的鞭策者。对于这种情况，教师要发挥自己的指导作

---

[1] 蔡连玉，刘杨，苏鑫. 个体领导力及其培养——顾明远先生访谈录 [J]. 高校教育管理，2016，10 (05)：1-5.

用，引导大学生正确认识领导力，正确认识自己。在发挥指导作用的过程中，教师可采用适当的方法引导学生。

1. 适当鼓励：教师的鼓励对学生而言就是最大的动力，任何一次鼓励都会内化为学生的动力。对于大学生而言，虽然已经不再是因为教师的一句话而动力十足的学段，也不再是仅仅一个肯定的眼神就让他们激情十足的年级，但高校教师作为大学生的指向标和模范，他们的鼓励与表扬对于学生而言是一种高层次的肯定，因此高校教师也不能忽视对大学生的鼓励和公开表扬。

2. 放手让学生去探索：学生对未知领域充满好奇，自我探索有利于大学生发展。在自我探索的过程或多或少会有偏差与错误，教师在此时只需要为学生指明方向。

3. 支持学生担任班级职务，培养学生的责任心：支持学生担任班级职务，将学生领导能力的培养与科学知识的学习并重，这不但可以培养学生为他人服务的意识，也可以锻炼学生的组织能力。将任务下发具体到个人，有利于培养大学生的责任意识，与此同时，也有助于学生在同伴中树立威信，增强自信心。

（三）着眼大学生未来发展，开设领导力培养个性化综合实践课程

在综合实践活动课程中培养大学生的领导能力，是促进学生全面而有个性发展的一种尝试，有助于推动多样化课程的深入实施。实践活动与教师指导对有效发展学生的领导能力同等重要。[1]学科教学课堂更加注重知识体系的传授，在此过程中应同时培养当代大学生的逻辑思维能力，在这类课程中教师往往容易成为课堂的主导，学生的主体地位得不到彰显，能力得不到发展和发挥。教育现代化提倡教学方法的现代化，综合实践活动课程就是实施现代化教学方法的最佳载体。在此基础上，开设培养大学生领导力的个性化综合实践活动课程，把主动权交还给学生。综合性的课程应该将培养学生的合作、领导、决策等能力作为教育的重要目标之一[2]，给予学生机会在活动

---

[1] 李艳艳. 初中生领导力培养的有效策略 [J]. 新课程（中），2019（04）：222.

[2] 黄娅. 中职学生领导力现状及其影响因素研究——基于上海市几所中职学校的调查分析 [D]. 上海：华东师范大学，2018：50.

课程中发掘自己的潜能，教师从"领导"角色退出后，学生就能够在自主学习的过程中自己做出组织协调、沟通交流，充分发挥自己的个性。另外，要积极转变教师和家长的传统观念，在思想上认识到综合实践活动课程的重要性，尽可能将学生领导能力的培养渗透到学科教学活动之中；转变课堂教学风格，使课堂教学灵活多变，如设计课堂主题，形成实践活动与理论知识相互交替的课程模式，既做到了提高学生学习兴趣，又做到了在活动中培养学生的能力。志愿服务活动、学校社团活动、参观考察等等都有利于高校学生领导力的发展。

（四）转变家庭的学校因循守旧的培养观念，促进大学生领导力的自由发展

我国著名学者顾明远指出，我国教育教学现代化的根本灵魂其实是在于教育思想观念上的现代化。[1]教育思想观念的变化转变无疑是最主要也是最艰难的一种转变，因为教育观念变化是一个隐藏在人们头脑认识中最根深蒂固的、最不易发生变化的一种东西，它与长期教育积淀的教学文化与教育经验密切息息相关。家庭是社会的细胞，良好的家庭教育具有非常重要的作用。家庭生活中父母的亲子教养行为方式会产生很大的社会影响，在绝大多数的学生家庭中，父母总是处于绝对的领导者的地位，作为成人的大学生在家庭中总是处于听从、遵从的被动地位，对于自己事情支配的自由机会和自主权利得不到尊重。一方面要改变父母依然遵从的老旧的人才观，不能仅仅只要求学生做理论知识上的人才，避免使学生形成两耳不闻窗外事，一心只读圣贤书的状态；另一方面，家长总是会认为孩子没有处理好事情的能力，这都源自身为父母的他们对子女的不信任和作为家长的自以为是。大学生作为成长发展中的人，自身的经验能力在学习生活中不断提升，父母要学会将大学生与成年人画等号。在高校教育中，秉承教师在教育教学中占主导作用的传统思维，在这种思想的影响下，学生被看作学习的客体，发挥自我领导力和主观能动性的机会少之又少。传统的人才培养观同时也影响着教师的教学，看中理论知识的传授，采用单一的讲授法，被忽视主体地位的学生发挥

---

① 蔡连玉，刘杨，苏鑫. 个体领导力及其培养——顾明远先生访谈录［J］. 高校教育管理，2016，10（05）：1-5.

自我能力的机会也被减少。家长与教师首先需要将传统教育观念转变为现代化教育观念，在思想上减少对学生的束缚，然后进一步在行为上做出改变，给予他们机会对自己的学习生活进行组织安排，逐渐过渡到对家庭团体的组织协调，让学生放开手脚在自己的人生中做出抉择。

（五）提高大学生的自我组织成就动机，培养领导力意识

在能力培养教育的整个过程中，需要激发培养学生的个体主观能动性，让大学生能根据自身实际行动的主观反馈收集信息，从而不断形成对社会客观事物的正确认识和提出解决实际管理问题的解决方案，实现自我行动反馈，提升自我管理者的意识和领导才能。结合教育现代化提出人的现代化的教育发展要求，大学生要在意识上认识到发展个体领导力是向现代化发展的重要步骤，由此产生发展动机。同时，教师要及时、适当地肯定学生的想法和行为，进一步帮助提高学生的自我成就动机，提升自我管理意识和才能。成功的体验会提高学生的自我效能感，作为教师再加以鼓励和肯定，使学生在学习实践过程中体验到努力和成功的喜悦，有利于进一步促进动机的增强，实现高校学生发展的良性循环。自我领导效能感和自我成就动机的不断提高，是推动大学生自我领导力不断发展的一种持续前进动力。

在如今的教育体系中，不论是哪个阶段学生的培养，都已经注意到了对学生领导力的培养问题。在学术界中，虽然对每个阶段学生领导力发展的研究关注度不尽相同，但这种研究的火苗已经点燃。培养大学生领导是至关重要的，但领导并不意味着拥有权力，高校在培养大学生领导力的过程中也要让学生明白权力不是来源于职位，而是来自自己周围接触到的人群，是这些人在给自己权力。培养优秀学生的个人领导力并不是一定要首先培养他们的"官本位"意识，要他们学会如何领导别人首先需要他们学会如何领导自我。大学生自我领导力的有效执行不是循规蹈矩地依照学校纪律、党章规定"一刀切"式的程序执行，而是通过充分考虑全体学生作为个体的自我发展追求意愿和美好的想象力，促进全体学生之间相互竞争的活动协调均衡发展和教师与学生之间关系的健康和谐发展。

第十章 "互联网+"背景下红色文化教育的机遇和途径

新时代呼唤红色文化变革，"互联网+"的大数据和移动互联等技术对红色文化教育的形式、手段和途径产生了深刻影响。在"互联网+"背景下开拓红色文化教育的新途径可以弥补地域性差异造成的教育资源差距，突破时空限制，推进教育公平。在拓宽红色文化教育途径的过程中还要注意线上联合线下、虚拟联合实际，把握学习者的主体地位，因材施教，让"互联网+"有效推动红色文化教育的创新发展，保护和传承红色文化精神。

红色文化作为中华优秀文化的重要组成部分，对青少年价值观的形成起到了关键的教育和引导作用。新时代呼唤红色文化焕发新的生机，"互联网+"为红色文化传播与教育提供了创新发展的平台和机遇。但是，当前红色文化传播和红色教育与"互联网+"的融合还不充分，并没有完全体现出"互联网+"在红色文化教育中的优势。本章将针对"互联网+"背景下的红色文化教育进行研究，对"互联网+"红色文化教育展开分析。旨在探索"互联网+"背景下红色文化教育的机遇和途径，力求寻找出符合青少年实际的红色文化教育途径，使"互联网+"与红色文化和德育工作有机结合，以新形态的红色文化教育引起青少年的共鸣，充分发挥红色文化的育人功能，拉近红色文化与青少年的距离，吸引他们主动悦纳红色文化，激发他们的爱国热情和民族自豪感，帮助他们树立正确的价值观，从而增强青少年的爱国意识，传承和发展红色文化。

一、新的时代呼唤红色文化教育产生新的变革

新的时代是指中国特色社会主义新时代以及由于技术不断变革迎来的"互联网+"新时代。党中央在十八大以来中国特色社会主义发生的重大历史性变革、产生的重大历史性成就的基础上，作出"新时代"这一重大判断。时代的快速发展使得"互联网+"各个传统行业的新形式给人类社会带来了一系列的连锁反应，而红色文化作为马克思主义基本原理同中国具体实际相结合的精神结晶，对中华优秀传统文化和世界优秀文化具有继承、发展与创新的作用。因此，需要加强红色文化教育的力度。本书引用的红色文化教育概念与张茂林提出的广义红色文化教育概念相同，红色文化教育"是指社会或社会群体利用国内外一切红色实体资源、红色文化以及红色精神，对人们进行的爱国主义、民族主义和历史主义的教育"[①]。在新时代大背景下，不仅社会宏观环境对红色文化教育提出了新的要求，红色文化教育本身也在寻求变革。

（一）社会宏观环境变化的外在要求

凡益之道，与时偕行。在中国特色社会主义进入了新时代、"互联网+"飞速发展迈入了新时期、外来文化不断侵蚀我国青少年思想的大环境下，红色文化教育唯有把握时机，适应时代需求，不断发展创新，才能更具活力。

1. 中国特色社会主义新时代对红色文化教育提出新要求

2019年11月，中共中央、国务院印发了《新时代爱国主义教育实施纲要》，其中第二十九条要求"实施爱国主义数字建设工程，推动爱国主义教育基地、红色旅游与网络传播有机结合。创新传播载体手段，积极运用微博微信、社交媒体、视频网站、手机客户端等传播平台，运用虚拟现实、增强现实、混合现实等新技术新产品，生动活泼开展网上爱国主义教育"[②]。2020年2月，教育部党组印发了《教育系统关于学习宣传贯彻落实〈新时代爱国主义教育实施纲要〉的工作方案》，要求建立爱国主义教育工作体系，

---

① 张茂林. 论高校红色教育的路径选择 [D]. 沈阳: 沈阳师范大学, 2012: 4.

② 中共中央国务院印发新时代爱国主义教育实施纲要 [J]. 思想政治工作研究, 2019(12): 8-13.

要在"明理、共情、弘文、力行"①上下功夫，"着力通过颂扬先进形象、打造有效载体、营造浓厚氛围、激发爱国情感、利用重要仪式、激励使命担当等途径砥砺爱国奋进"②。红色文化与爱国主义一脉相承、异曲同工，为了发扬红色传统、传承红色基因，激发青少年的爱国热情和民族责任感，就要从红色文化教育出发。按照纲要要求，在新时代将"互联网+"与"红色文化教育"紧密结合，探索"互联网+"背景下切实可行的红色文化教育途径。

2."互联网+"新时代对红色文化教育提出新要求

进入"互联网+"时代后，软件技术高速发展，各种信息交互媒体不断丰富，"互联网+"在人们生活中的影响越来越大。同时"互联网+"教育也在逐渐发展，在"互联网+"迅猛发展的背景下，教育已经不只局限于传统的课堂学习，学生也借助"互联网+"带来的新的学习媒介与平台开展学习。虽然近些年"互联网+"教育进步飞快，但是红色文化教育并没有很好地利用"互联网+"达到教育目的，一些边远地区的革命英雄、烈士故事、红色理论尚没有通过网络为人们所知。所以，红色文化教育也应该因时而进，充分利用"互联网+"优势，探索行之有效的方法来发挥教育功能、体现教育价值。

3.西方国家的文化侵蚀对红色文化教育提出新要求

随着全球化进程的不断加快，西方国家加剧了向我国进行文化输出的行为。国外的"圣诞节""万圣节""情人节"等节日受到我国青少年的热烈欢迎，而我国的"寒食节""乞巧节""重阳节"等节日气氛却并不浓重。除此之外，亚洲其他国家诸如韩剧、日漫等新兴流行文化渐渐崛起，外来文化的强势侵入不断冲击着我国青少年的思想，这在一定程度上影响了青少年三观的树立，不利于增强民族凝聚力。而红色文化具有浓重的爱国主义色彩，体现了历史革命精神，具有时代特色和民族特色。但由于红色文化教育

---

① 董鲁皖龙.教育部党组印发文件要求 在教育系统扎实开展爱国主义教育[N].中国教育报，2020-02-21(1).

② 董鲁皖龙.教育部党组印发文件要求 在教育系统扎实开展爱国主义教育[N].中国教育报，2020-02-21(1).

途径单一、形式枯燥，使得红色文化教育的效果不好、效率不高。将红色文化与"互联网+"结合，让"互联网+"红色文化教育成为红色文化学习的新阵地，充分发挥"互联网+"优势，让红色文化焕发新的生机与活力，源远流长、历久弥新。

（二）红色文化教育变革的内在要求

随着信息技术的不断发展和"互联网+"影响力的扩大，网络赋予传统媒体新的形式，出现了网络杂志、期刊、广播剧、VR技术等一系列"新"产品。与此同时，微博、微信、移动电话、iPad、移动电脑等数字化载体充斥着人们的生活，它们突破了时间和空间的阻碍，使得各个地区不同历史时期的文化都可以借助这些数字化载体传播开来，各个传媒集团娴熟地运用传播技巧，输送各种或好或坏的思想观念和想法。"现在我国的网民人数达到5.13 亿；互联网普及率达到38.3%，超过世界平均水平，使用手机上网的网民达到3.56 亿人"[①]"截至2016年底，中国网络用户数达到5.79亿，其中手机用户5.18亿，网民使用率达到 81.6%"[②]。由此可以看出，互联网作为一种新的信息传播利器已经在人们的生活领域产生了极大的影响。不仅如此，"互联网+"与教育的结合也在不断深入。而红色文化教育在大部分地区依旧保持着传统教育的教育教学方法，这使得红色文化教育也面临着效率低下、方式单一等问题。长此以往，红色文化的传播与传承将会受到极大的影响。同时蕴含于其中的中华民族无畏的革命精神、不屈的民族意志的传承也会受到波及，因此红色文化教育本身必须进行改革。"互联网+"的信息传播具有及时、有效、便捷、高效等诸多特点。如果红色文化教育能够与"互联网+"进行结合并合理进行利用，不仅能给青少年带来更多新鲜的教育体验，吸引青少年学习、感悟和深入探究红色文化，还能使得意识形态工作更具吸引力、感染力与凝聚力，激发青少年的爱国热情和责任感。

---

① 高建华. 互联网时代我国意识形态面临的机遇与挑战研究 [D]. 天津：南开大学，2012：1.

② 陈桃，崔忠伟，宋敏，等. "互联网+"背景下增强遵义红色文化教育的路径研究 [J]. 物联网技术，2017，7（11）：118-120.

二、"互联网+"为红色文化教育提供了新的发展机遇

红色文化教育作为教育的一个分支，承袭了传统教育的教育方法及手段，而这样的教育方法及手段在进入"互联网+"时代之后，出现了方式单一、缺乏个性化等问题。而"互联网+"的大数据、云计算和移动互联等技术的发展正在对红色文化教育产生巨大的影响，不断推动红色文化教育向数字化、网络化和智能化方向发展。《人民日报》将"互联网+"时代的教育总结为四个方面——促进教育公平、便利学生自助学习、用大数据服务教育[1]、学习不再有时空限制[2]。而本书认为"互联网+"对红色文化教育提供了以下发展机遇。

（一）"互联网+"突破了红色文化教育的时空限制

"互联网+"带给红色文化教育的重大机遇是让红色文化教育大大突破了传统体制有形的时空限制。众所周知，传统红色文化传播主要以报纸、电视、参观红色文化旧址等刻板僵化的方式进行，又由于红色文化资源分布广，且多处于边远地区，受交通、资金等多种条件限制，导致红色文化有明显的地域性。"互联网+"技术的变革也推动了红色文化教育的发展，形成了一种新的教育教学模式，"这种教育（教学）模式，是面向学习者个体，提供优质、灵活、个性化教育的新型服务模式"[3]。这个模式打破了传统的交流界限，以多种媒体形式传输海量红色文化学习资源，为红色文化教育的发展搭建了网站、移动APP和网课等新的理论平台。这一模式也促进了数字虚拟展馆、线上教学等新的教育教学形态的出现与发展，打造了一座没有围墙的学校。各个地区从封闭走向开放，实现了红色文化资源共享，只要有一部智能手机或一台电脑，网络畅通，学习者在任何时间、任何地点都可以根据自拟计划进行学习，不仅体现了新型教育体制中学习的直接性和主动性，而且使终身学习、全民学习进一步变为现实。

---

① 张烁. "互联网+"时代, 教育什么样 [N]. 人民日报, 2015-04-16 (18).

② 张烁. "互联网+", 催生打破时空的新教育 [N]. 人民日报, 2015-04-23 (18).

③ 陈秋晓, 武超则, 陈滢. "互联网+"教育: 产业平台 [M]. 北京: 电子工业出版社, 2017: 1.

（二）"互联网+"彰显了红色文化教育的个性化特征

由于大数据技术的迅猛发展，"互联网+"让红色文化教育进一步个性化。在"互联网+"时代，教育机构能运用互联网的大数据技术，根据学习者不同的特点分析他们的需求与倾向，探索学习者需要的红色文化网络教学产品，在原有基础上不断创新，实现新的突破，使红色文化教育更具个性化。"目前线上教育能快速全面地收集、记录、存储学生的学习能力、方式及方法等众多数据"[①]，包括他们掌握一个概念、原理、定义需要多长时间，注意力集中持续的时间、反复观看片段的次数、做题时间与准确率等等。通过大数据得出学习者的学习特点，能有效地帮助学习者形成更适合他们自己的学习模式。"互联网+"也不会受红色文化教育对象的数量影响，"因材施教"更能使红色文化更好地传承和发展下去。由此可见，"互联网+"使红色文化教育的内容和方式开始变得更加个性化，红色文化教育不再僵硬，反而变得灵活，不仅展现了红色文化教育的生机与活力，而且大大提高了红色文化教育的效果。

（三）"互联网+"为红色文化教育提供了专业化的教师

红色文化教育作为教育当中不可分割的一部分，需要教师将红色文化渗透在各个学科以及活动中进行教育。但是除了长时间专门研究并进行红色文化教育的教师，其他教师对于如何进行红色文化教育了解认识得少，且教育内容枯燥乏味，无法吸引学生的注意力，红色文化教育效率不高。"着力提升教师教学水平和信息化技能"[②]是互联网带给教育的发展机遇之一。因此利用逐步完善的"互联网+"技术，教师可以通过个性化培训革新教育教学模式，提高专业水平。"互联网+"可以为红色文化教育提供更加专业化的教师，也使学生与教师不再拘泥于狭窄的课堂当中。只要感兴趣，人们就可以通过互联网快速获取所需的文化信息，可以直接与异地的教师进行对话与交流，得到准确科学的答案，大大满足了学生对红色文化的学习需求。

---

① 胡乐乐. 论"互联网+"给我国教育带来的机遇与挑战［J］. 现代教育技术, 2016, 5（12）：26-32.

② 刘耀钦, 袁承芬. ""互联网+"教育"的发展机遇及挑战［J］. 湖北文理学院学报, 2019, 40（04）：68-70, 83.

（四）"互联网+"促进了红色文化教育的公平发展

党的十九大报告中提出，"努力让每个孩子都能享有公平而有质量的教育"[①]。教育公平的实现是全国人民的美好向往和追求。对于红色文化教育来说，由于一些红色文化旧址还没有被开发，红色文化资源具有明显的地域性，所以并非所有学习者都能直观地感受红色文化，红色文化教育效果也就大打折扣。而"互联网+"、大数据、移动互联网等技术的迅猛发展，实现了优质红色文化教育资源的共享，扩大了教学规模，使得城市和边远、经济落后区域均能享受到公平的红色文化教育资源。这些教育新形态的出现降低了教育成本，缩小了师资和教育资源的差距，消除了信息鸿沟，实现了海量学习资源的充分共享，对教育的公平发展产生了极大的促进作用。

综上所述，"互联网+"是一种新的教育平台，人们将在这里建立新的教育关系，新的教学方法、手段与过程，一种崭新的教育教学模式将从这里出发，并向全世界普及发展。而在红色文化教育的过程中，"互联网+"为红色文化教育提供了强有力的师资队伍、新型的课堂表现形式和课程模式，同时促进了红色文化的融合与发展。这就是"互联网+为红色文化教育"提供的新的机遇，而红色文化教育必须牢牢地抓住这次机遇，不断创新，才能够适应社会的发展。

三、"互联网+"拓宽了红色文化教育的途径

互联网作为崭新的教育平台，施行教育并不拘泥于狭窄的课堂之上，教育形式、载体丰富多样。下面将从构建网站、开发App、打造课程平台、开发社交平台以及创建虚拟仿真游戏五个方面进行深入分析，力求为红色文化的传播开拓更加广泛的途径，在保障红色文化的保护和传承基础上进一步创新发展。

（一）构建资料完备的红色文化教育网站

2018年教育部印发了《教育信息化2.0行动计划》，提出到2022年基本实现"三全两高一大"的发展目标。其中，"三全指教学应用覆盖全体教师、

[①] 习近平. 决胜全面建成小康社会 夺取新时代中国特色社会主义伟大胜利——在中国共产党第十九次全国代表大会上的报告[N]. 人民日报, 2017-10-28（01）.

学习应用覆盖全体适龄学生、数字校园建设覆盖全体学校；两高指信息化应用水平和师生信息素养普遍提高；一大指建成''"互联网+"教育'大平台"①。在此大背景下，红色文化教育衍生出了新的教育形式，即建立红色文化专题网站。网站灵活地运用网络优势，让学生在网上进行有关红色文化的研讨、播报以及交流。红色文化网站的建立不仅限于高等院校，政府、红色景点也可采取这一手段，以求对包括青少年在内的社会大众群体进行红色文化教育。

1. 红色文化教育网站要兼顾内容和形式

首先，由于当前红色文化教育网络平台大多浮于表面，未深入挖掘内涵，有着信息更新迟缓、主题泛化、堆砌式地介绍红色文化、缺乏互动性和创新性等一系列的缺点，因此在建立红色文化教育网站时要考虑好设计的思路与整体的目标，深入挖掘红色文化内涵，让红色文化的内容和外在表现形式更加丰富，提高网站的吸引力。网站需要建立完备的数据库，实现红色文化资源管理，将类似的红色文化资源进一步分析整理，将现有的文化革命遗址、纪念地等一系列红色文化内容纳入数据库中，让线上信息与线下信息相对称。"红色文化是有关民族解放、国家独立的宏大叙事，包含着一个现代的民族国家得以确立的历史认知和记忆"②，利用红色文化教育网站将"宏大叙事"的史实资料、图片、影音转换成为红色动画、热播金曲、红色影视剧等，并在网络平台上适度开展红色历史知识竞答、红色歌曲比赛等活动。不同样式的红色文化来源能够使网民在轻松愉快的环境中接受到红色文化的教育，以此来吸引更多的人参与到红色文化学习中来。还可以设置论坛，让大众针对红色历史细节、感人红色故事进行讨论，表达自己对红色文化知识的观点和看法，引导青少年养成查阅资料、用科学方法探索真相的好习惯。

其次，红色文化教育网站的服务对象应该扩大到社会上，满足大众需求。目前红色文化教育网站的开发和利用大多数存在于中小学及高校当中，忽视了另一部分占比更大的社会群体。所以，红色文化教育网站的形式和内

① 中华人民共和国教育部. 教育部关于印发《教育信息化2.0行动计划》的通知 [Z]. 教技〔2018〕6号, 2018-04-18.

② 马静. 红色文化教育理论与实践研究 [M]. 天津：南开大学出版社, 2015: 71.

容应该考虑到不同年龄层次的受众需求，尽量做到形象生动、老少皆宜，从而吸引大众的注意力，使学习红色历史、接受红色教育的过程成为一种轻松的学习过程。同时，要注重红色文化内核的严肃性与外在表现形式的趣味性相结合，趣味不是搞笑，红色文化教育网站不能为了提高点击率就随便恶搞红色文化及精神。网站设计的主页、标题等一系列外在形式要激发人们的好奇心，注意与实际生活相结合，将理论与实际紧密联系，从而更好地开展红色文化教育。

2. 推进红色文化教育纸质资源电子化

利用红色文化教育的网络平台，将现实生活中的纸质报刊、书籍、理论学刊等电子化。习近平总书记在2021年的党史学习教育动员大会上曾强调"党史学习要注重方式方法创新，特别指出要发挥互联网在党史宣传中的重要作用[①]。要注重发挥互联网等现代传媒在人们工作和生活中的独特作用，加大党史宣传教育和党史知识普及力度[②]。在搭建红色文化网络平台时，要以大众取向为主要方向，以德育教育为重点，探索新路径，创新呈现方式。如纸质版的期刊、报纸等适用于现代社会中的中老年人，他们习惯于阅读报刊来获取信息。但是，这种信息获取方式不如互联网方便快捷，因此我们可以将有关红色文化的报刊、理论学刊与网络相结合，将版面类型和每一版面的新闻标题以目录的形式呈现，按照人物、时间、地点等进行分类，往期新闻或期刊也可以按照时间进行搜索，最大程度保留往期内容。报纸电子化还可以增加视频、音频等元素，使新闻传递更加直观。电子期刊可以接受读者投稿，择优发表在期刊上，让读者从红色文化的被动学习者转为传播者，起到激励作用，从而使红色文化教育变得主动、变得活泼，让人们主动地接受来自网络上的红色文化教育。

（二）开发专业化红色文化教育App客户端

"常见的App有网络社交类、办公类、学习类、游戏类和安全类，不同

---

① 中共中央，国务院. 习近平：在党史学习教育动员大会上的讲话［EB/OL］.［2021-03-31］https://www.gov.cn/xinwen/2021-03/31/content_5597017.htm.

② 董宏君，李章军：全国党史工作会议在京举行［N］. 人民日报，2010-7-22（01）.

的 App 有不同的用途，App 的开发主要就是根据用途来进行设计。"①此处我们所说的红色文化教育App属于学习类。如果说，红色文化教育网站是较为"休闲娱乐"的教育平台，那么红色文化教育App就是更为专业、精准的教育平台。目前市面上已有关于红色文化教育的App出现，即"学习强国"这一App。学习强国手机客户端有"学习""视频学习"两大板块共38个频道，聚合了大量可免费阅读的期刊、古籍、公开课、歌曲、戏曲、电影、图书等资料。但是随着互联网的快速发展，App有更大的进步空间，红色文化教育App在内容就可以在学习强国App的基础上进行改革。

第一，在地域分布上，可以开发VR时空地图板块显示我国的各地区红色英雄事迹或红色景点。VR利用计算机生成一种模拟环境，通过虚拟交互式的观察与学习，为人们展示生动形象的红色景点，使人们沉浸在真实的历史环境中接受红色文化的教育。线下的红色文物旁可粘贴二维码，扫码后进入App，可查看相关文字介绍或有声介绍，实现线上线下的交流互动。

第二，在红色历史方面，可以设置红色历史板块，按照时间顺序展示革命战争、英雄人物、红色故事等内容。在红色艺术方面，将人民群众创造的红色文化典籍、红色画作、红色音乐等艺术作品等列于其中，让人们通过品味艺术提升思想境界。还可以将红色历史征程中不同时期的人物关系图谱表现出来，使人们能够按照自己喜欢的方、式或从纵向或从横向清晰明了地了解红色文化的起源与发展，感受国家经历的峥嵘岁月。

第三，专门进行红色文化教育的App，可以与红色文化教育网站进行互补。学习强国App也是如此。学习强国这一学习平台由两个终端组成，即PC端和手机客户端。平台PC端有"学习新思想""学习文化""环球视野"等17个板块180多个一级栏目，网站很大程度上弥补了手机客户端的空白部分。因此，红色文化教育App也可以与红色文化教育网站进行联动，二者互相补充缺陷，为人们接受和学习红色文化教育丰富学习内容与资源，创新学习方式和组织形式。

---

① 陈虹颖. "互联网+红色文化"在大学生思想政治教育中的运用研究[D]. 重庆: 重庆工商大学，2018: 46.

（三）打造互动性红色文化教育课程平台

目前优秀的课程平台众多，慕课更是其中的翘楚，"慕课资源开放、优质、高效、便捷，所以深受社会各界人士喜爱"[①]。创办"互联网+红色文化教育慕课平台可"以为青少年提供大量优质红色文化教育资源，加深青少年对红色文化的理解。

慕课的优势之一就是慕课和传统线下课堂并非取代关系，而是互补关系。线上学习与线下学习并未分割，而且相辅相成。青少年可以在线上学习、线下探索疑难问题，实现翻转课堂。让学习者能够在看视频的过程中运用笔记功能，实时记录，并利用软件对学习者进行提问，实现师生间的互动、生生间的互动和学习者与学习内容之间的互动。通过主动学习体会革命英雄们的伟大之处，接受思想上的洗礼，找到自己学习的榜样。在榜样的模范作用下，树立正确的世界观、人生观和价值观，提升道德品质。教师可以巧妙运用慕课平台因材施教。教师通过观看课程回放、分析学习数据来观察学生的学习状态，总结学生的学习特点，找到学生的学习兴趣点，从而进一步实现针对性教学。

慕课的优势之二是慕课采用精细化教学设计，将大多数时间较长的课程视频切割成短视频，并穿插几个即时思考问题，并自动判题。这种操作大大解决了青少年注意力不集中的问题，还能加强青少年对红色文化内容的认识，更能深入领会红色文化的内在精神内核。重点在于学习者能否通过红色文化历史联想到自身，跟随历史人物选择，参照自身选择，以史为鉴，在思辨中学习红色文化。在此基础上，还可以在每一章节课程的学习中给出相关知识扩展内容的链接，或者相关课程的链接，让课程之间紧密联系、互相支撑，形成一个整体，使学习者能够系统全面地学习。以红色文化举例，其中的物态文化与精神文化就有一定的联系。在学习精神文化涉及的革命人物精神时，应给出人物故居、纪念馆、革命遗物等物质载体的相应介绍。让学习者对人物的信仰、理想和精神有深层次的理解，引发学习者的深入思考，达到相应的教育目的。

[①] 陈虹颖. "互联网+红色文化"在大学生思想政治教育中的运用研究［D］. 重庆: 重庆工商大学, 2018: 42.

（四）开发促进交流的红色文化教育社交平台

社交平台作为新形态的交流工具，自出现之后就受到人们的青睐。现代社会的人们对社交网络的应用具有严重的依赖性，"微博、QQ、飞信、微信等各种新兴社交软件更在改变人们的交流沟通方式"[①]。人们在社交软件上进行信息的交互，达到了"秀才不出门，尽知天下事"的效果。随着这些社交软件对人们的影响愈发加大，教育、商业等领域也逐步发掘了社交软件的教育与宣传作用。红色文化教育也不应忽视社交软件的教育作用，应抓住社交平台的教育作用，向社会群体传递红色文化以及蕴含于其中的红色精神。由于各个社交软件的受众群体有所不同，所以分为以下几个方面来叙述。

1. QQ平台

QQ是腾讯公司开发的即时通信软件。QQ目前的受众是青少年以及上班族，主要是有文化的年轻人。因此，在QQ上进行红色文化教育时应该从以下几方面入手。首先，在各个学校的班级群、工作群等各种QQ群聊中定时发布或者更新有关红色文化的新闻信息等，如有关于五四青年节、七一建党节等能彰显红色文化及精神的新闻或重要讲话。传播红色文化的教师也是学习者，他们可以通过群聊上传课件，交流讲授方法和经验，深入探讨课上如何有效传播红色文化，互相参考借鉴，课件可长久保存供后来者学习。其次，利用QQ看点推送有关红色文化的文学、影视作品，还可以利用厘米秀等青少年喜闻乐见的游戏形式，开发有关红色文化的服装、人物等，使学生在日常的闲暇时间接受红色精神的熏陶。因为QQ的受众主要是青少年，所以在QQ平台上进行红色文化教育的时候要注意形式上的多样性和内容上的趣味性。只有这样才能吸引受众，引导人们自愿接受红色文化的陶冶。

2. 微信平台

"'红色微信'的诞生为高校思政治教育载体提供了一个可供选择的新思路和新平台。"[②]首先，开发红色文化教育微信公众号，在公众号上推送与红色文化有关的主流信息与新闻，保证信息的及时性和有效性，弘扬社会

---

① 姜超凡.网络化背景下高校思想政治教育的教学新举措.[J].课程教育研究,2018(20):30.

② 张成瑞.以"红色微信"为载体加强大学生思想政治教育创新路径研究[D].银川:宁夏大学,2017:9.

主旋律。公众号还应关注订阅者的需求，根据订阅者输入的关键词推送相关信息。与网页不同的是，公众号可以直接让订阅者提出意见与建议，实现进一步优化。其次，可以以家庭、社区和地域为限，组建有关红色文化的信息交流群。尤其是社区，要发挥其公共管理功能，积极组织社区人员加入红色文化微信群。微信聊天群要以"红色文化"为主题，聊天内容围绕红色文化展开，可以在群中交流、讨论有关红色文化的事迹等，甚至可以在微信群中自主创作有关红色精神、内涵的各类作品，如发布微信小视频等。

3. 微博平台

微博，即微型博客（Micro Blog）的简称，是一种通过关注机制分享简短实时信息的广播式的社交网络平台。"微博聚焦网络实时热点，对大众具有巨大的吸引力。"[①]微博自开通以来在社会上的影响力十分巨大，无论是官方政府、自媒体或是个人都在微博上占有一席之地。在微博上可以找到世界上任何地方任何时间发生的大事件，这些事件会引起社会的广泛关注，而这种关注度正是红色文化教育所需要的。人们可以在微博上发起有关红色文化的交流与讨论，微博上聚集着大批网民，在发起交流讨论后，网民大众可以在微博下发表个人见解，激发大众活力，使人们在自由的讨论中将红色精神内化于心。

（五）打造加强体验效果的红色文化教育虚拟仿真游戏

游戏，作为现代社会中为广大青少年所喜爱的娱乐方式，在青少年中影响颇大，甚至大部分青壮年也会受到游戏的影响。市面上新颖有趣的游戏备受追捧，红色文化教育应该学会与游戏领域相结合，将红色文化的内容移植到游戏中去，寓教于乐，让青少年在游戏中理解红色文化，接受红色精神的熏陶。但是，简单的红色游戏无法吸引广泛的群众，红色文化与游戏的结合应该另辟蹊径。

红色文化可以从形式上进行创新。虚拟现实技术是20世纪发展起来的一项全新的实用技术，也就是VR（Virtual Reality）技术。这一技术经过几十年的研制目前达到了较为成熟的地步，已经逐步应用于娱乐、教育等多个领

---

① 陈虹颖. "互联网+红色文化"在大学生思想政治教育中的运用研究［D］. 重庆: 重庆工商大学, 2018: 45.

域。随着对VR技术的深入研究，VR虚拟现实技术即将成为下一个互联网中心。VR技术与红色文化教育的结合已有先例，"西柏坡红色文化纪念馆将VR 技术应用于打造网络虚拟展馆"①。2019世界VR产业大会中，发布了VR党建教育展馆的力作"时代楷模黄文秀"。这一作品利用VR技术全景展示了黄文秀同志努力奋斗的一生，这带给人们的震撼是无法想象的。

红色文化与VR技术除了在制作全景作品方面能够合作之外，也可以在游戏方面进行合作。"VR形成一种多源信息融合的、交互式的三维动态视景"②，会在视、听、触三方面形成多维度感知，带给人们身临其境的感觉。这种新奇的体验注定了虚拟游戏在未来会是一项备受追捧的游戏形式，而这种身临其境的多维感知恰恰能为红色文化教育提供支持。在红色文化虚拟游戏的内容方面，可以从战争过程中选取经典的红色事迹作为串联游戏整体的主线，如长征过程中的"飞夺泸定桥""遵义会议"等重大事件，还可以包括"卢沟桥事变""百团大战"等沾满血与泪、满含革命情的事件而战役。除此之外，还可以在VR游戏中开启地图模式，结合各地区实际情况，还原地区的代表人物及历史战绩，拓宽红色文化资源的取材路径，使观者能够沉浸在真实的历史情境之中，接受红色精神的陶冶。在把握游戏体验者的需求的基础上，可以通过大数据和云计算技术，分析游戏体验者的目标、兴趣、倾向等，从而进一步优化虚拟仿真游戏。

红色文化更是赋予了虚拟游戏更宏大的意义。通过设置更多的选项和关卡，推动玩家去探索未知的可能空间，展现玩家的创造力。通过任务完成度反馈给玩家达成目标的距离，以创造性工作和探索性工作使游戏体验者始终怀有成功的希望。虚拟游戏不断影响着人们的情感和态度，玩家可以通过完成相应任务为偏远山区的青少年儿童捐助《教育部基础教育课程教材发展中心 中小学生阅读指导目录（2020年版）》中的相关红色文化书籍，资金由游戏的广告赞助商提供，具体捐助情况通过游戏公告告知玩家，通过虚拟游戏

① 刘洋洋. 互联网条件下红色文化的传承与发展研究——以甘肃红色文化为例［D］. 甘肃: 兰州理工大学, 2019: 40.

② 陈虹颖. "互联网+红色文化"在大学生思想政治教育中的运用研究［D］. 重庆: 重庆工商大学, 2018: 46.

感知到自己的现实使命。

"互联网+"的快速发展势必会带给红色文化教育更深刻的影响。未来要紧抓红色文化的精神内核，结合新时代特点以及人们的现代化需求，以新的传播载体和平台让红色文化教育焕发新的生机与活力，成为新时代铸魂育人的强大精神力量。同时，不断深化对"互联网+时代红色文化教育"的路径研究，为进一步弘扬爱国主义和坚韧不拔的革命精神做好准备。红色文化教育与"互联网+"相结合，弘扬和传承红色文化精神，这不单单是学校和教师的责任，也是整个社会的责任。只有在各方通力协作之下，红色文化、红色精神才能更长远地流传下去。

第十一章　教育现代化背景下高校传统文化教育的使命、价值与途径

　　社会现代化呼唤教育的现代化，中国的教育现代化应该走独属于中国的现代化之路。教育是文化的一种表达，现代化需要从传统文化中探寻前行的方向，高等教育作为国民教育的最高层次，担负着新时代传承与创新传统文化的使命。在教育现代化的大背景下，以优秀传统文化的精神内涵濡养当代大学生的精神品格，祛除传统文化中"逆现代化"的思想，培植当代青年的文化自信，使现代化教学手段与传统文化人文精神相辅相成，无疑是高校进行传统文化教育最核心的价值体现。高校通过将现代化的理念与传统文化内容相结合，多方面、多层次地展现传统文化，使教育现代化与传统文化二者相互促进，和谐发展。

　　自从1983年10月1日，邓小平同志为北京景山学校题词"教育要面向现代化，面向世界，面向未来"起，我国就"教育现代化"这一命题开展了深入的研究，并取得了一定的成果。现代化是全球性的进程，如褚宏启教授所说："21世纪的现代化是信息社会的现代化，全球现代化进入 2.0 阶段。"[①]在1.0阶段，西方国家早于中国步入现代化，西方国家的经验可以供我们借鉴，但盲目地照搬只会给本民族的文化带来灾难，这无疑是一种"精神殖民"和"自我矮化"[②]。在信息化的2.0时代，国际间的竞争归根结底是人才的竞争、文化的竞争。高校需要以传统文化教育濡养大学生的精神品格，培养合格的社会主义建设者与接班人，在与世界多元文化的对话中展示中国的

[①]　褚宏启. 教育现代化2.0的中国版本［J］. 教育研究, 2018, 39（12）：9-17.

[②]　程红艳，周金山. 传统文化复兴与教育中国化的探索［J］. 教育科学研究, 2018（03）：76-81.

智慧与担当。中国的教育现代化之路需扎根于中国传统文化之中,在传统文化之中寻求中国教育发展的独特路径。在进行传统文化教育的同时,用现代化的理念与方法创新传统文化,不断挖掘传统文化的精神资源,赋予其新时代的生命力。

一、教育现代化背景下高校进行传统文化教育的使命

我国的教育现代化一定要走本民族特色的教育现代化之路。国家间的差异追本溯源是文化间的差异,中国人自古以来深受儒家文化的影响,孔孟之道为中国人养成了刚健君子的品格,中国人有着一套自己的世界观和价值观。教育现代化不能是空中楼阁,也不仅仅是教育方法、教育思想的现代化,教育现代化最终的目的,是培养具备现代性且现代性不断增长的中国人。民族文化是我们的血脉根基,是中国人之所以为中国人的一个基本前提,所以,现代与传统并不相悖,教育现代化一定要从中国的传统文化出发,以传统文化为基石,走独属于中国的教育现代化之路。

(一)高校开展传统文化教育的必要性与可行性

大学生是国家未来的主人,是社会主义的建设者和接班人。在全面实现现代化的今天,高校要将大学生们培养成具备现代性,且现代性不断增长的现代人。在以现代化的教育理念、教学手段来培育适应当今社会发展的人才的同时,以传统文化的精神内涵辅助其现代性的增长是十分必要的。随着国际间的交流日益增进,外来文化给我国带来了十分巨大的文化冲击,它满足了年轻人的新鲜感和猎奇心理,由此,有一部分年轻人对中华民族的传统文化产生了厌倦、抵触之情。导致这种现象产生的另外一个原因是大学生们对传统文化不甚了解,被封建的表象所迷惑,人云亦云。所以,高校进行传统文化教育可以起到拨乱反正、濡养精神品格之作用。

1.必要性

民族文化传承的刚需。2017年10月18日,习近平总书记在党的十九大报告中指出,要"深入发掘中华优秀传统文化蕴含的思想观念、人文精神、道德规范,结合时代要求继承创新,让中华文化展现出永久魅力和时代风

采"①。中国自新文化运动后，反古反孔成了响亮的口号，夫子跌入泥潭，中国传统文化自此迎来了冬天。传统文化的断流不仅是在年青一代，而是从其父辈、祖辈开始就已有裂痕。文化不怕搁浅，怕得是永远尘封，若是文化消亡了，那人民势必会成为他国文化的殖民，现代化需要以传统为基石，若传统文化断流，那么现代化的道路也必会迷雾重重。

清理杂草最好的方法不是以火燎原，而是在其上种植庄稼。若以文化比拟，百年来传统文化的没落，让青年一代心里杂草丛生，若以强硬手段禁止青少年接触、喜爱他国文化，就如以火燎原，不但不能消除，待春风吹又生之时长势会更加凶猛。不如让青年一代了解传统文化、正确认识传统文化、喜爱传统文化，就如在心里种下了一捧种子，生根发芽，传及后代。高等教育作为强国之基，在高校中进行传统文化教育可以向大学生普及科学理性的传统文化知识，有助于增强大学生的民族文化认同感，继而使大学生的精神品格得到濡养，最终使传统文化得到传承并发扬光大。

助益树立正确的人生观、价值观。习近平总书记曾指出，中华传统文化博大精深，学习和掌握其中的思想精神，对树立正确的世界观、人生观、价值观很有益处"②。教育现代化的最终指向是人，是人的自由与幸福，在现代社会的洪流中部分大学生难免抵挡不住诱惑，追求物质享受，意志丧失，所说、所作、所为，毫无青年人的意气风发，甚至许多人贯彻"大学，吃喝玩乐者也"的信条，无祖国未来栋梁之担当。而传统文化中有许多激励人向上的故事、语句，不乏"先天下之忧而忧，后天下之乐而乐"的高远情怀，不乏"合和为上"的中庸思想，所以传统文化的精神内涵可以指引青年人的人生方向，激发当代大学生的经世报国之心，助其树立正确的人生观与价值观，为实现个人价值与中国梦而不断奋斗。

2. 可行性

国家推进教育现代化的理念要求。《中国教育现代化2035》中提出了推

---

① 习近平. 决胜全面建成小康社会夺取新时代中国特色社会主义伟大胜利——在中国共产党第十九次全国代表大会上的报告[J]党建，2017（11）：15-34.

② 习近平. 在中央党校建校80周年庆祝大会暨2013年春季学期开学典礼上的讲话[N]. 人民日报，2013-03-03（02）.

进教育现代化的八大基本理念，其中一点是"更加注重以德为先"①。传统文化中有许多德行高尚的圣人，亦有许多的经书典籍告诉人们修身养德的道理，例如《论语》《孟子》《大学》《中庸》《道德经》等，这些典籍内蕴藏着丰富的为人处世的智慧、修养品德的方法。这些先人留给我们的思想、精神，能够让我们在喧嚣的名利场中洗去浮华，返归内心，滋养我们的精神世界，培育我们的道德情操。现代化的人要以道德为根基，思想观念的转化不能丢失道德之根本。传统文化教育可以让我们明白自己从何而来；大德贤人的故事可以让我们的心灵受到震撼；先哲圣人的思想智慧可以教会我们如何培植德本。这些对于迷茫的、浮躁的、缺乏正确是非观念的大学生们，是必要的，以传统文化教育来培育其道德，是可行的。

教育原则相通。"中国传统文化在长期的道德教育实践中，总结和凝练出了很多颇有实效的教育原则，并形成了较为完善的指导体系。"②例如，因材施教、教学相长、有教无类的教育思想，这些教育思想原则与高等教育是相通的，放在全面推进教育现代化的今天，依旧有着强盛的生命力。

因材施教在小学中学阶段体现得并不明显，因为成绩、授课任务的要求，教师往往会采取同一种方法进行授课，而在大学课堂中，因为减少了成绩的压力，班级人数不多，教师往往可以采取不同的授课方式以满足不同学生的需求。这样可以实现对人的主体性的关注，更多地了解不同人的需求，让每个人认识到自己存在的价值，从而自信、自立、自强。

"教学相长"四个字出自《礼记》，在中小学，普遍是教师讲，学生听，学生有疑问的地方可以向教师提问，教师作为知识的权威很少会与学生进行深入的讨论。但在高校，师生往往可以就某一领域的相关问题展开探讨，教师引导学生进入知识的领域，但往往学生会以其独到的思考开辟一条新的途径。这时师生双方对彼此都有助益的作用，生知不足，师知困，然后自反自强，教学相长也。这有助于现代人理性意识的培养，不再盲目地听从权威，而是有自己的主见与看法，能够科学理性地去分析问题，知晓人与人之间是平等的，不再盲目地去崇拜。

① 中共中央国务院印发《中国教育现代化2035》[J]. 人民教育, 2019（05）: 7-10.
② 张薇, 付欣. 我国传统文化与思想政治教育的融合创新研究 [M]. 西安: 西北工业大学出版社, 2019.

大学是一个很好的进行"有教无类"的场所，这个概念不同于孔子的有教无类，而是一个引申之意，即大学所囊括科目众多，为了便于区分专业性和管理划分为各个院系，但知识是没有界限的，高校的学子们可以实现听课的相对自由，打破中学文理的分界，凭兴趣而学。这一如蔡元培先生为大学二字所下的定义："大学者，囊括大典，网罗众家之学府也。"庞大的知识领域可以丰富学生的头脑，艺术的熏陶、文学的儒雅、理性的魅力，这就为人的全面发展打下了基础。同时，了解得越多越会促进人的思考，打破思维固化，多角度地去考虑问题，这也为创新型人才的培养提供了可能。

（二）教育现代化背景下高校进行传统文化教育的使命

"高等教育作为国民教育的最高层次，在传承和弘扬中华优秀传统文化方面负有不可推卸的责任。"[①]在新时代的政策支持与社会推动下，目前许多高校都开展了传统文化教育，传统文化教育进高校已成为一种潮流趋势。在推进传统文化教育的进程中，需要明确高校担负的使命，才能更好地把握其发展的脉络，也唯有知其使命，在传统文化教育工作中才不至于漫无目的、状况百出。

教育是一种工具，随着社会的发展而变化，随着社会的需要而变化。教育现代化以社会现代化为背景同时服务于社会现代化，"除非国民是现代的，否则一个国家就不是现代的"[②]。教育现代化最终指向的是人的现代化，是为了培养具备现代性的人、适应21世纪信息化社会发展的人。"现代"与"传统"看起来是两个对立的概念，但其实不然。现代需要从传统中出发，现代化并不是空中楼阁，一定要以传统为依托，去培养精神品格受传统文化濡养的现代人。教育现代化中离不开传统，因为传统是现代的根基，是人类的渊源，丢弃传统，后代将无枝可依、无处可栖。

教育现代化背景下高校传统文化教育的使命，可总结为以下两点：

---

① 李国娟. 高校加强中华优秀传统文化教育的理论思考与实践逻辑[J]. 思想理论育, 2015（04）: 64-69.

② ［英］英克尔斯, 史密斯. 从传统人到现代人——六个发展中国家中的个人变化[M]. 顾昕, 译. 北京: 中国人民大学出版社, 1992: 10.

1. 扎民族根，育现代人

在历史的长河里，中华文化是唯一不曾中断并延续至今的文化，但步入近代以来，晚清末期由于国家的落后和西方先进思想的影响，使得传统文化备受批判，加之白话文和现代文学的兴起，诸子百家文言典籍被束之高阁。我们不能责怪如今的青年一代不亲近传统文化，佛经有云："先人不善，不识道德，无有语者，殊无怪也。"实是上至几代人，传统文化已经濒临断流。父母是孩子的第一任老师，家庭是孩子的第一所学校，从孩童时代起，家中一无传统文化的书香，二无传统文化的氛围，三无父母长辈的教导，年轻一代不了解、不亲近传统文化实在是情有可原。情况已然如此，通过学校这一教育形态来对大学生们进行传统文化的教育无疑是可取的、有效的。中小学时期学校所能传授的传统文化知识是有限的，这受制于学生发展阶段的特点和升学的需要，但是在高等教育中，学校完全可以为学子们提供一个浓郁的传统文化氛围，让大学生真正认识传统文化、消除对传统文化的某些成见，去了解、去喜爱、去追溯、去继承、去发扬中华民族的优秀文化，使传统文化在大学生心里扎根，不让民族文化断流、消亡。

中国的教育现代化注定与任何一个国家的教育现代化都是不同的，其根源在于民族的差异、文化的差异。教育现代化一词虽然先出现于西方，但中国需要走自己的教育现代化之路，这条路，就要以本民族的文化为出发点，去挖掘、前行。中国人喜爱自由、民主、科学，但骨子里亦有着孔孟之道所赋予的谦谦君子的品格，教育现代化切忌把学生培养成无人文情怀的冷冰冰的"科学人、自由人"，而要以民族文化为精神的养分，培育适应新时代的现代人。

2. 赋予传统文化新的生机

在全面推进现代化的今天，人们的思想意识有了很大的转变，可以说，传统思想与现代意识进行了强烈的碰撞。传统文化在步入现代以来一度低迷，因为传统文化中的某些内容在现代人眼里看来是迂腐的、封建的、抹杀人性的。例如："父母在，不远游，游必有方""女子无才便是德""三纲五常"等等，这些言论在当今社会难以被现代人所接受。但"传统文化不是一种僵死的意识形态，而是面向未来、面向历史，不断开放和创新的精神资源"①。时代不同、话语不同、表述不同，传统文化中实际上蕴含了丰富的智慧与中国人为人处世的人生哲学。在新时代，不妨换一种语言去表达，祛除封建的外衣，其所要表达的无非是：子女之孝、君子之德、人伦之义罢了。而这种对传统文化的深入挖掘，需要具备智慧与专业水平的人才，同时，在对传统文化进行祛魅与再生的过程中，还需要添加创新的因素。

高校的教育教学恰恰符合了这些要求。成立专家组对传统文化进行研究与筛选，选择科学合理的内容进行教授，"观古今中外的文化现代化，使用最多的方法便是著书立说、办学兴教。著书立说，指的是用当代的角度与古代传统相结合，用书面的形式表达出传统文化，整理出能被当代人理解的书面材料，并且发展为能为大众所理解接受的文字，成为众所周知"②。专家们可谓是传统文化现代化的第一道关卡，负责将传统文化的内容去芜存菁，明晰其义理，化解其封建，将传统文化变成当代人所能理解的书面文字，编成教材，供教学使用。在这个过程中，一定要恪守客观性原则，切忌先入为主，需仔细推敲文字典籍，切实地挖掘先人的智慧。

传统文化现代化的第二道关卡便是教师，传统文化教师需具备一定的传统文化素养，能够根据教材客观、公正地进行教学。在教学过程中，需结合现代化的教学手段来呈现传统文化，要创新传统文化课堂，使人耳目一新。大学生有较强的创新能力，专家与教师可根据课堂反馈与课后意见来适当更新教学内容，形成专家—教师—学生的传统文化网络，共同推进传统文化的现代化，赋予传统文化新时代的生命力。

中国的教育现代化需要从中国的传统文化出发、前行，以文化为纲领，走独属于中国的现代化之路。而教育现代化反过来亦可以作用于传统文化，以现代化的技术手段、方式方法、思想理念传承与弘扬传统文化，唤醒新时代传统文化的春天。

二、教育现代化背景下高校进行传统文化教育的价值

使命是担负在肩上的责任，是"前人栽树后人乘凉"的长远眼光，价值

---

① 程红艳,周金山.传统文化复兴与教育中国化的探索［J］.教育科学研究, 2018（03）: 76-81.

② 李浩淼.中国传统文化现代化与高等教育［J］.文史博览(理论), 2013（11）: 83-84.

则是"积极的作用",是此行此举的正面导向。教育现代化背景下高校进行传统文化教育的价值体现在如下方面。

（一）濡养大学生精神品格

濡养品格可分为正面导向与反面驳斥。

正面导向：随着国家经济的飞速发展，人民的物质生活日益丰足，但在高速发展的环境下，人们在物欲的横流中逐渐迷失了自己。大学生们渐渐地安于现状、不思进取，读大学唯有吃喝玩乐四字，生活的享受一旦过度便会消磨意志，蹉跎青春、蹉跎人生令人嗟叹不已。古人有"闻鸡起舞""囊萤映雪""划粥割齑"的典故，这些看起来虽过于刻苦，但其背后彰显的是少年的勤奋与拼搏。而这种例子在传统文化的烟海中数不胜数，"传统文化涵盖了大量的精神内涵，通过传统文化的深入教育，能够帮助高校大学生疏导自身的问题，逐渐形成一种精神力量"①。所以教师不妨适当和学生分享传统文化的典故与事例，以古人的事例与精神濡养大学生的精神品格，培植其精神力量，促使其积极地发展并主动去探寻传统文化中更深刻的内涵。

反面驳斥：在关于教育现代化的研究中，有些学者认为传统文化的某些内容是教育现代化的"负累"。"当前教育存在的主要问题是，过分着力于教育外质（物质条件）的现代化，而没有很好地把握现代教育的精髓，如教育民主化、个性化、社会化、中立化、开放化等，有些人甚至将这些教育的现代性特征视为落后的、对我们有污染的危险东西"②。确实，最近几年来由于政府和国家的支持，不仅校园里广泛地开展传统文化教育，在社会上，有关于传统文化的一些论坛、视频层出不穷，但是这些论坛与视频的内容可谓是良莠不齐，质量令人担忧，甚至有些讲座在大力倡导一些可谓是封建的思想，例如女子应该在家相夫教子不可以出去工作等。这些言论和思想无疑是与教育现代化相悖的，并严重地影响了教育现代化的进程。

高校需要进行传统文化教育不仅仅是因为其作为国民教育的最高层次需要担负起传承文化的责任，更重要的是因为其具备更高的科研水平，具备

---

① 安雪玲. 新时代加强高校中华优秀传统文化教育的创新与实践研究 [J]. 湖北开放职业学院学报，2019, 32（12）：1-2.

② 傅维利，张桂春. 中国教育现代化的文化负累 [J]. 教育理论与实践，1998（01）：6-9.

更科学的教育内容。成立专家组对传统文化进行研究、挑选教授内容；相关专业的教师进行科学合理的授课，以身作则破除传统文化的"迷信"色彩；再加上高校不断地对传统文化教育进行内容、方法上的创新，真正地使同学们感受传统文化，悦纳传统文化，受到优秀传统文化的滋养，这样才不至于出现女子"退学退工"在家相夫教子，遏制人的独立性、自主性的"逆现代化"现象。正如有学者所说："充分认识传统文化的消极因素，消解并剥离文化传统中的消极东西是实现教育现代化的前提，旧质文化的羁绊不解脱，就不能彻底走向现代化。"[①]所以，高校进行传统文化教育要起到去芜存菁、拨乱反正的正面作用。

（二）培植文化自信

现代化带来了全球化，各国之间文化的交流更为便利。中国打开国门只有不到两百年的时间，在这期间，中华民族为了救亡图存，不断吸收外来文化，向西方学习，乃至照搬其制度、教育，这一度在年轻人中间造成了崇洋媚外的现象。直到如今，中国日渐繁荣富强，但随着电子信息的发展，文化与文化间的碰撞更为激烈，通过网络，年轻群体已然成了外来文化的受众，有许多年轻人高喊着自由至上的口号，对本民族的文化嗤之以鼻。在这样的局面下，培植国人尤其年轻一代对中华文化强烈的认同感与文化自信则显得刻不容缓。"高校作为文化传承与发展的重要阵地，肩负着提升大学生文化自信的重任。"[②]在高校中进行传统文化教育可以让当代青年人回归本民族的文化，发现其魅力、传承其精神，这样一方面可以提高国家的文化软实力，另一方面面对全球化带来的文化冲击，中华文化可以如大树一般，扎根土地，不惧风雨。

（三）与现代化教学互为补充

教育现代化的过程中包含了教学方式、教学媒体的现代化。在大学的课堂中，教师经常采用分组讨论的形式进行引导性教学，同学们可以各抒己见，批判地看待问题，这有助于大学生理性地看待问题，同时也有助于创新

---

① 傅维利, 张桂春. 中国教育现代化的文化负累[J]. 教育理论与实践, 1998 (01): 6-9.

② 郭明姬, 张亮. 新时代高校发展中华优秀传统文化教育研究[J]. 湖南科技大学学报: 社会科学版, 2018, 21 (06): 149-153.

思维的增长。但有些时候，这种"批判性思维"会过激地增长，有些同学会不知不觉中与生活中的一切事物对立，什么事都要拿过来批判，什么事都值得怀疑。这种过激思维的增长会严重地影响大学生品格的形成，甚至严重影响到日常的生活。这时如果适度地进行一些传统文化教育，让同学们了解传统文化中和合、中庸的思想，让同学们知道过犹不及，万事万物都要把握一个合理的尺度，那么会很好地缓和这种"过度批判"的思维。正如顾明远先生所说："民族文化传统与教育现代化既有互相矛盾、互相对立的一面，又有互相依存、互相促进的一面。"①由此可见，将二者结合取长补短，兼顾人文传统与现代精神，有利于减少传统与现代间的矛盾，有利于推进教育现代化"中庸"地发展。

（四）与现代化管理有机融合

高等教育的现代化包括了教育管理的现代化，"只有提高高校管理水平，努力实现高校现代化管理，才是实现高校教育高质量的根本保证"②。现代化理念要求高校教育管理要注重以人为本，要科学化、创新化管理，传统文化中蕴含着许多优秀的思想内涵与之相呼应，《礼记》中写道："人者，天地之心也。"这充分地肯定了人的价值，以人为重，以人为中心，《孟子》中有"数罟不入洿池""斧斤以时入山林"的治国智慧，密网不入池塘，按一定的季节入山伐木，这样科学化的治理保证了生态的可持续发展。《周易》云："穷则变，变则通，通则久"，由此可见，古人并不提倡死守规矩，早在千年前，他们就已经明白了创新才能长久的道理。传统文化中优秀的思想内涵放诸今天也是有着旺盛的生命力的，在现代的高校管理中，巧妙地融合古人的智慧，对高校的现代化管理是有所裨益的。

三、教育现代化背景下高校进行传统文化教育的途径

新时代的传统文化教育势必与从前单一枯燥的教学方式不同。高校在进行传统文化教育的过程中，特别要注意融合教育现代化的理念与现代的教学

---

① 顾明远.民族文化传统与教育的现代转化[J].杭州师范学院学报：人文社会科学版,2001(06)：1-4.

② 冯丹.论高校现代化管理[J].理论界,2004(03)：130.

方法，将传统文化与现代化有机地融合，多角度、多层次地展现传统文化的魅力。

（一）从创新性出发创新课堂，科学教授

目前大学的教学还离不开班级授课制，但课堂上教授传统文化的相关知识、思想是比较枯燥的，这是其一；另外有些教师的教授方式过于古板，思想过于僵化，这是其二。文化的创新离不开教育，"教育现代化就是要用民族性、时代性两个标准对民族文化传统加以批判地继承，取其精华，去其糟粕，创建一个符合时代要求的新的民族文化"[①]。所以在传统文化的教学过程中，首先应注重其创新性。

采取多种形式的教学。教师进行教学时除了使用板书、PPT、分组讨论等方式，还可以让同学们进行角色扮演。比如在讲《论语》——子路、曾晳、冉有、公西华侍坐一篇中，可以让同学们分别扮演孔子的弟子们，将内容翻译成白话文，带领大家体验那种"浴乎沂，风乎舞雩，咏而归"的场景。这样可以让同学们深入体会文章所描绘的情景，再加上教师的讲解，就可以深刻理解蕴藏其中的道理。甚至教师可以带领同学们去户外，在大自然中上课，去亲身感受庄子的融于万物、逍遥自在。创新的教学形式可以一扫传统文化课程给人的固化印象，可以极大地激发学生学习的兴趣，让同学们乐于学、好于学。

教师要与时俱进，科学教授，笔者曾经去旁听过大学的传统文化课程，授课的老师讲到日本动漫、韩剧时，言辞激烈，抨击其为毒害人心智之物。可是习近平总书记说过，不同国家、民族的思想文化各有千秋，只有姹紫嫣红之别，而无高低优势之分。从传统文化教师的角度看，教师视生如子，对其寄以殷殷期望，所以怕外国文化"毒害"年轻人的心灵，但此言一出，周边同学纷纷抵制，不满之情溢于言表。可以说，这堂课后，同学们对传统文化的不满和误解更深了。所以"传统文化教师"不应该等于"刻板保守"，作为教师，要时刻注意自己的一言一行，要让自己的思想，教法与时俱进，切忌一味地给同学们灌输"忠孝节义"的思想、抨击新事物，这样只会适得

[①]　顾明远. 民族文化传统与教育的现代转化［J］. 杭州师范学院学报：人文社会科学版，2001（06）：1-4.

其反。进行传统文化教育并不是复古，而是古为今用，是学习古人的智慧，所以教师要善于从新事物中挖掘教材，少批判抨击，多客观看待。

（二）从多样化出发举办丰富的活动，寓教于乐

传统文化不仅应该存在于课堂里，更要渗透在学生的日常生活中。高校可以举办多样化的有关传统文化教育的活动，比如成立社团组织、举办传统文化知识竞赛、筹备传统文化晚会、举办校园传统文化节、创立校园传统文化日等等。这样同学们不仅可以在课堂中学习传统文化，而且可以通过参与活动、准备比赛、筹备演出等方式与传统文化深入接触，还会对传统文化有更广泛的认识和更深的理解。同时，学校应当对这些活动予以物质、政策的支持，并做好活动的安全保障。

高校应通过向同学们展示传统文化的不同方面来激发其对于传统文化的探知欲，使其主动地探究传统文化的深层内涵。寓教于乐，多样化展示，可有效中和传统文化课堂的枯燥感，为同学们营造一个具有传统文化的校园氛围，使同学们乐在其中。

（三）从人性化出发回归学生，关注主体

"目前我国高校开展传统文化教学过程中，通常教师是课堂中的绝对主导者，学生缺少主体地位，没有机会参与进传统文化教育中。"[1]高校进行传统文化教育的对象是大学生，而大学生这一群体具备较强的思考能力。在传统文化教育的过程中，由于教师专业性不强、传统文化教育体系尚未形成等原因，致使传统文化课堂的教学效果并不十分如意。所以，学校应该多主动了解学生对传统文化课堂的感受，可以设置网上留言箱让同学们匿名说出自己对传统文化课堂的不满意之处，或是对课堂改进的意见与想法，让同学们参与到课堂的建设中来，从学生处来，到学生处去，吸取同学们的智慧，共同构建现代化的传统文化课堂。

教育教学过程中教学反馈是必要的，只有通过反馈，教师才能认识到自己的不足，才能改善教学。教学是师生双边互动的过程，而在这一互动过程中，学生才是学习的主体，知识是需要学生去主动建构的。教师在传统文化

---

[1] 安雪玲. 新时代加强高校中华优秀传统文化教育的创新与实践研究[J]. 湖北开放职业学院学报，2019, 32 (12)：1-2.

课的授课过程中，一定要关注学生的获得感、体验感。传统文化课堂不仅仅要传授知识给学生，也不仅仅是带领学生体会文化的魅力，更重要的要激发学生对传统文化的浓厚兴趣，培养他们对传统文化的主动探索精神，让同学们在传统文化课堂中受到精神的濡养，并将这种濡养带到生活中去。

（四）从信息化出发，发挥"互联网+"的优势

"'互联网+'是我国政府于2015年提出的国家战略，也是当前我国大学生的兴趣点所在。"①高校在进行传统文化教育的过程中不妨发挥"互联网+"的优势，完善信息化设备，为同学们搭建传统文化的互联网平台。例如，在网上创立传统文化交流社区；开发小程序或应用软件；创办公众号进行每天推送等。信息化的资源是十分丰富的，通过互联网同学们可以搜集到许多有关于传统文化的内容，上至圣人思想，下达习俗礼仪，乃至服饰、饮食、起居等等。通过互联网同学们可以了解到五十六个民族不尽相同的的传统文化，甚至可以了解其他国家、民族的风俗传统。这不仅有助于同学们信息化水平的提升，更可以启发同学们进行文化的思考，同时也有助于促进同学们对不同国家、文化的理性认识。

同学们可以在网上一起讨论传统文化，根据对传统文化不同领域的兴趣爱好成立小组团体，线上交流，线下集会，真正地将互联网与生活融为一体。同时，同学们对于网上一些不懂的内容，可以在线下找老师进行答疑，不断拓展自己的传统文化视角，不断加深对传统文化内容的理解。

（五）从理性化出发，改变方式促进其世俗性

褚宏启教授认为："教育现代性之一的理性化包括了世俗性与科学性。"②高校对大学生进行传统文化教育，目的是让大学生们亲近圣贤，修身养德，但同时也要注意传统文化与世俗的联系。褚宏启教授在书中认为世俗化的实质："是对信仰的宽容，是社会放弃对个人信仰的监督。"③

在高校传统文化教育中，有些传统文化教师往往会有这样的言论：和父母吵架即为忤逆不孝。这无疑是给大学生们都扣上不孝父母的帽子，父母子

---

① 教育信息化2.0行动计划[J].西部素质教育，2018（14）：15.

② 褚宏启.教育现代化的路径—现代教育导论[M].2版.北京：教育科学出版社，2013.

③ 褚宏启.教育现代化的路径—现代教育导论[M].2版.北京：教育科学出版社，2013.

女因所处时代不同、所受教育不同而想法观念不同，争吵往往难以避免。教师在讲课的时候不妨换一种方式，可以让学生多站在父母的角度想一想，也可以设想一下当自己有了子女会是什么样子，同时可以教给同学们一些传统文化的道理，让他们看一看古人是如何处理的，这样的教学方式与言之凿凿的"不孝"相比会更容易被人接受。

所以标题中的改变方式，一是指教师改变某些看待问题的方式，严禁一棒子打死。二是改变对传统文化教育评价的方式，不能希望每个学生都成尧成舜，只要传统文化教育促进了其爱国爱家思想的形成，教会了大学生辨别是非善恶，激发了他们对于传统文化的兴趣，濡养了他们的精神品格，培养出了正直、诚实、友善的青年人，就可以说高校的传统文化教育是有效的、是有意义的。

第十二章　教育现代化背景下高校合作学习的价值及优化策略

　　教育现代化呼唤高等教育教学改革，合作学习以其自由性、高效性和民主性等特点引起了高校师生的关注。教育现代化背景下开展合作学习可以弥补当前高校教学缺乏现代性的弊端，丰富教学组织形式，构建科学的师生角色定位，为高校教育教学形式的改革与创新提供宝贵的经验。推动高校广泛开展合作学习，提升合作学习的效果还需注重多方面的协调与配合，学校积极创设合作环境、教师把握主导作用、学生发挥主体地位，使学校、教师、学生形成合力，达到有效实施合作学习的目的，提高教学质量，实现人的现代化，推进高等教育现代化进程。

　　21世纪以来，我国高等教育实现了快速发展，大学扩招，大学人数不断增加，并且提出在21世纪中叶基本建成高等教育强国的战略目标。高等教育现代化的不断建设和完善必须汲取各个国家的经验，培养创新精神，鼓励合作，推进高等教育现代化的发展。高等教育现代化在我国的作用极为重要，是我国强国之重，高校应积极推动教育现代化的进程，顺应时代的潮流。教育现代化是指与教育形态的变迁相伴的教育现代性不断增长和实现的过程。"①现如今，由于高校教学方式单一以及独生子女的增多，导致大学生合作意识缺乏，所以要进行教学方式的创新，积极开展合作学习，顺应教育现代化的需求。"合作学习是以学习小组为基本组织形式，系统利用教学动态因素之间的互动来促进学习。""以开发和利用课堂中人的关系为基点，

① 褚宏启.教育现代化的路径——现代教育导论［M］.2版.北京:教育科学出版社,2013:31.

以目标设计为先导，以团体成绩为评价标准，以全面提高学生的学业成绩和改善班级内的社会心理气氛、形成学生良好的心理品质和社会技能为根本目标的……一系列教学活动的统一。"①通过开展合作学习，可以有效地改善高校教学方式，丰富教学组织形式，培养大学生合作意识，改善课堂氛围，激发学生学习欲望，从而提高教学质量，促进人的现代化。

一、教育现代化背景下高校教学应有的特征及当前之困境

党的十九大报告明确指出："建设教育强国是中华民族伟大复兴的基础工程，必须把教育事业放在优先位置，加快推进教育现代化，办好人民满意的教育。"②2019年2月，中共中央、国务院印发了《中国教育现代化2035》和《加快推进教育现代化实施方案（2018—2022年）》两个文件。为此我们可以看出，国家越来越重视教育现代化，高校也必须落实国家文件，贯彻教育现代化理念，把推进高等教育现代化的进程作为重中之重。教育现代化背景下高校教学应具有优质性、多样性、民主性、公平性等特征，当然高校教学也并不是完美无瑕的，也存在诸多问题。

（一）教育现代化背景下高校教学应有的特征

1. 优质性。教学的优质性是从"质量"的角度来描述教学的。高等教育有两个基本的职能，即知识创新和人才培养。因此，高等教育应注重培养大学生的创新能力和优秀的人才，从而提高大学的质量。高等教育的规模也是高等教育现代化所必须达到的，现如今，很多高校都在扩招，但是扩招不仅仅只是增加数量，还要注重质量和效率，否则就不能达到教育现代化的标准。优质教学意味着促进学生自由发展，也意味着学生个性全面发展。"'自由'是一般现代性的核心特征，而且只有以自由的发展为前提，才会有全面发展，才会有个性的充分发展。自由发展要求在教育过程中，扩展、尊重、保护学生的权利与自由。"③高校教师不应限制学生的创新，而是应

---

① 王坦. 合作学习——原理与策略 [M]. 济南: 学苑出版社, 2001: 12.

② 习近平. 决胜全面建成小康社会 夺取新时代中国特色社会主义伟大胜利 [N]. 人民日报, 2017-10-28 (001).

③ 褚宏启. 教育现代化的路径——现代教育导论 [M]. 2版. 北京: 教育科学出版社, 2013: 193.

多积极鼓励学生创新，培养发散性思维。优质教学还应当遵循大学生的身心发展规律，按照客观规律进行教学，注重因材施教，促进学生个性全面发展，促使学生体验学习的快乐，避免压力过大，负担过重。高校应积极探索新的教育理念，创新教学方法，适应社会的需要，培养多方面人才，顺应信息技术快速发展的时代，利用信息化促进教学内容与教学方式的全新融合，弥补传统教学方法存在的不足，提高高校教学的优质性。

2. 多样性。教学的多样性是从"教学方法"的角度来描述教学的。高校优秀人才的培养，必须从高校教师的"教"与学生的"学"开始，那么如何使教师教好、学生学好是一个值得人们思考的问题。《论语》中有一段记载：子路和冉有问孔子同样一个问题，即"闻斯行诸"。孔子叫子路问其父亲、兄长再做决定，而对冉有却说只要听到就去行动。公西华听到便对孔子说的话产生了疑问，孔子说子路好胜而冉有做事退缩，所以约束子路而鼓励冉有。这个故事体现了孔子因材施教以及善于知人论事的教育理念，符合灵活多变的教学方法。高校教师应该根据不同学生、不同课程运用不同的教学方法，找到最合适的方法去教学，激发学生的潜力，丰富教学组织形式，给大学课堂带来活力，实现创新人才培养目标。

3. 民主性。"课堂教学的民主性是 21 世纪教育改革不断深入对课堂教学提出的必然要求，也是大力推进素质教育的客观需要。"[1]陶行知曾说过："我要提醒大家，创造力最能发挥的条件是民主。"[2]创造力的培养需要在民主环境下进行，失去民主学生会对教师不予理睬，学习消极，不利于学生的成长，从而导致学生的创造力以及创新思维得不到发展。韩愈说过："弟子不必不如师，师不必贤于弟子。"教师应和学生互相尊重，教学相长。高校教师应平等对待师生关系，不歧视学生，把学生作为课堂的主体，把传统的"主—客"关系转变成"主—主"关系。因此，教师应了解学生的需要，鼓励学生积极参与课堂教学活动，平易近人，耐心教导，提出意见，共同解决。

4. 公平性。周稽裘在书中说道："在教育领域中，教育公平可以简言之

---

[1]　李年终. 关于课堂教学民主性的思考[J]. 广西社会科学, 2002(02): 215-217.

[2]　中央教育科学研究所. 陶行知教育文选[M]. 北京: 教育科学出版社, 1981: 309.

为'有教无类，因材施教，人尽其才'，换句话说就是社会有责任保证质量相同的教育机构与设施平等地向具有同样能力的社会成员开放。"[①]因此，高校教师应面对全体学生，通过多样性的教学方法对待不同的学生、课程，挖掘学生潜能，促进其个性全面发展，并且对学生的评价也应该秉着公平的态度，不戴"有色眼镜"。只有公平的课堂，学生才愿意积极主动地参与其中，体验学习的快乐，培养学习的兴趣，促进师生之间形成良好的关系，提高教学质量。

（二）当前高校教学缺乏教育现代化特征的表现

高校是培养创新型高素质人才的主要阵地，课堂教学是高校教育的主要场所。《中国教育现代化2035》中强调："强化实践动手能力、合作能力、创新能力的培养""培养学生创新精神与实践能力。"[②]当前一些高校对于学生实践动手能力的关注度比较低，对于理论性知识强调过多，导致学生在参与各种大型活动或者毕业应聘时紧张慌乱、不知所措。而且，教学方法仍以传统方法为主，缺乏创新，不能很好地做到因材施教、灵活多样，致使课堂效率不高，质量较低。下面将从四个方面阐述当前高校教学缺乏教育现代化特征的表现。

1. 大学生课堂主体地位弱化。在高校中，"教师一言堂"的单向教学情况仍然存在。"满堂灌"这种教学方式，教师只抓住了教材，但是忽视了学生之间的个性发展，学生被动接受知识，致使课堂死气沉沉，学生失去了主动性后，很难激发学生的积极性。"教师与学生本应是民主、平等的和谐关系，但是在讲授式教学模式下，教师成为课堂中的"权威"，学生成为被动接受知识的容器。"[③]教师忽视了学生的主体性，小组讨论甚至没有，学生得不到锻炼自己的机会。虽然这种教学方法对于教师的教学组织、控制与管理，掌握课堂的动向，把握教学的节奏非常有效，但是，它忽视了大学生的主动性、创造性，弱化了大学生的主体地位，违背了教育现代化要求创新能力的培养，缺乏对大学生实践能力的培养。而且，师生之间缺少合作与配

---

① 周稽裘.教育现代化：一个特定历史时期的描述［M］.北京：教育科学出版社，2009：256.

② 中共中央国务院印发《中国教育现代化2035》［N］.人民日报，2019-02-24（001）.

③ 贾楠.基于翻转课堂的高校教学模式改革研究［D］.大连：辽宁师范大学，2017：26.

合，没能为教师和学生提供协作交流的机会，导致课堂枯燥乏味。

2. 教师教学观念落后。"从目前高校的教学情况来看，教师教学观念普遍落后，存在着诸多的问题，如缺乏教学方法的创新观、教学形式的多样观、教学内容的生成观、教学过程的探索观等。"[1]高校教师在思想观念上缺乏先进性，在教学组织形式上比较僵硬、死板，不能根据课堂内容灵活多变，没有选择更加多样的教学方法，缺乏多样性与创新性。部分教师上课不富有激情、语言单调、枯燥乏味，导致学生对于教师的教学不满意，甚至很反感，破坏师生关系。在知识讲解中，教师讲授的内容不能根据学生的需要进行改变，而且有时一旦脱离实际生活，课堂就失去了活力，学生的心思也已不在课堂上，很难参与到课堂之中。例如，教师只是自己站在讲台上讲授，对学生的关注度较少，在课堂上只是讲解理论性知识，但是在实践方面涉及很少，抑制了学生的动手实践能力，削弱了学生对于学习的兴趣，不利于大学生能力的培养。教育现代化注重因材施教、面向人人、知行合一，高校教师应灵活选择教学方法，在教育信息化趋势下，丰富并创新课程形式，发挥学生主体地位，提高教学质量，推进高等教育现代化进程。

3. 学校改革力度不够。"在高校教育改革过程中，许多学校将建设重点聚焦于管理体制、运行机制、学科建设、科研水平提升、科技产业等能短期为学校带来明显经济效益、提升学校社会形象的领域。而针对教学模式、教学方法和策略等微观方面教学改革的关注度不高，对课堂教学改革的力度不够。"[2]进入21世纪以来，我国高校不断扩招，班级及人数越来越多，班级授课制的弊端也越来越明显，一个课堂不能满足所有人的需要，学生的主体性、交往能力都很缺乏。学校应积极提倡创新教学方法、教学形式，鼓励教师积极创设新型教学情景，让师生共同参与到课堂之中，加强高校创新体系建设，形成良好的创新氛围。

4. 教学评价不完善。"国家虽然建立了很多鼓励教师创新的政策，但高校对教师的考评机制尚不健全，在评价和考核教师的职称时，仅仅以科研能力和出版的文章及书籍作为参照，并未涉及任何关于教师的创新性方面的标

---

① 唐娟莉. 基于教师视角的高校教学现状与策略探讨[J]. 科技创业月刊, 2015, 28(06): 67-68, 71.

② 贾楠. 基于翻转课堂的高校教学模式改革研究[D]. 大连: 辽宁师范大学, 2017: 30.

准，从而导致教师队伍的创新积极性较低。"①良好的评价可以帮助学生激发学习的欲望，增强学习的信心，帮助教师反思教学内容，改进教学，提高教学质量。现如今，大学都通过网上评教使学生对教师进行评价，这样做可以很好地保证匿名性，减少教师对学生的压迫，但是评价标准太局限，缺乏自由。高校应为教学评价提供新的思路，确立评价体系的标准，制定符合教育现代化要求的评价体系，反映现代教学的要求。

以上四种差距违背了教育现代化的人道性、民主性、多样性等特征，不利于推进高等教育现代化进程，阻碍了教育现代化理念、目标的实现和完成。而且，高校缺乏现代化的先进教育理念，将很难培养出具有现代化的人才，对我国迈入教育强国行列产生消极影响。综上所述，高校应把握住教育现代化的特征，认真做好每一步，使高等教育充满现代性，加快推进高校教育现代化进程。

二、教育现代化背景下高校开展合作学习的价值

合作学习被誉为"近十年最重要和最成功的教学改革"②。合作学习通过教师对于教学任务的设计，引导学生在学习中积极参与，从而可能会有新的发现，拓展思维，有利于培养合作能力，打破教师讲授、学生主体性弱化的界限。

（一）合作学习有利于培养大学生的创新思维

合作学习中，大学生需要积极主动地参与课堂活动，通过不断的思维活动进行学习，勤于动脑，反复思考，不断获取新的知识。正所谓："玉不琢，不成器；人不学，不知道。"只有通过个人不断学习，丰富自己的阅历，才能把理论应用到实践过程中，循环往复，自己的知识才干才能得到最大的发挥。

教育现代化背景下注重创新能力的培养。高校教学中，教师通过合作学习，设置疑难问题，引导学生进行全面的讨论。讨论过程中，学生通过发散

---

① 张建勋，朱琳. 基于麦可思平台的课堂教学即时评价模型 [J]. 内蒙古师范大学学报：教育科学版，2017, 30（12）：92-96.

② 任京民. 关于构建高校合作学习教学模式的探讨 [J]. 现代教育科学, 2006（6）：116-118.

思维形成多种观点，并通过反复批判、教师指导，最后集中排除、整理，形成最终的观点。这个过程充分锻炼了学生的创新、发散思维，使学生参与到课堂之中，并且通过猜疑、讨论、举例等方式，培养了学生的创新意识、创新思维、逻辑思维等。

（二）合作学习有利于培养大学生的合作意识

"每一个采取合作学习方式的教师都应该意识到而且也应该同时使学生意识到，在一个合作学习小组中，真正地合作意味着彼此接纳欣赏、互相取长补短和共同携手进步。这是合作的本质，同时也是合作的最高境界。"[①]开展合作学习，大学生应从中扬长避短，取长补短，集思广益，相互了解，携手解决问题，提高合作意识。由于小组内成员存在异质性，组与组之间也存在差异性，所以应懂得去欣赏别人，接受别人。例如，教师布置问题后，组内的每个成员都有不同的见解和想法，但是为了赢得胜利，大家不得不有大局观念，所以就会有成员改变自己的想法，和小组内成员共同探讨，完成问题的解答。而且在合作期间，优等生不应瞧不起"差生"，反而应该多帮助"差生"，让其共同参与其中，一起合作，"差生"也应积极向优等生学习，提高自己的能力。人并不是完美的，都会有自己的优点与不足，因此大学生在合作学习中要充分发挥自己的长处，与其他人共同完成任务。

通过合作学习，有利于大学生掌握合作技能，学会与人沟通。大学期间，大家都来自五湖四海，学会与人沟通交流显得尤为重要，而且大学期间面临的各种面试也会运用到沟通能力。传统教学模式下，学生更多学到的是理论知识，而实践操作能力很难得到发挥与提高。但是在合作学习中，学生可以通过讨论、筛选、整理等过程学到合作、沟通等技能。教育现代化背景下鼓励合作式学习，提倡培养学生的合作能力。高校通过开展合作学习，锻炼学生相互协作的能力，使学生之间知己知彼，这样学生之间的情感也会加深，培养了学生的合作意识、团队协作能力，还进一步推进了高校现代化进程。

---

① 马兰.合作学习的价值内涵[J].课程.教材.教法，2004，24（04）：14-17.

（三）合作学习有利于提高高校教师的教学能力

教育现代化背景下提倡教师教学能力的提高，建设高素质师资队伍。《教育部关于一流本科课程建设的实施意见》中的总体目标也提道："夯实基层教学组织，提高教师教学能力。"[①]合作学习有利于教师教学能力的提高，激发教师教学潜力。在组织合作学习之前，教师需要加强对教材的理解，根据教学目标、内容设计出能够激发学生学习欲望的问题，而且还应该根据学生的知识、能力合理制订问题的难度，让学生通过全面的思考，深思熟虑，在合作、讨论中解答出问题。合作学习中，教师需要努力掌握更加专业的知识，获取各领域的相关信息，这样才能及时地解答学生在讨论中涉及的各种问题，帮助学生消除疑惑，从而更好地理解问题。合作学习对教师在课堂管理上的要求非常高。学生在合作学习中，不单单只是听教师的讲解，而且还需要参与到课堂讨论当中，发挥学生的主体地位。这就需要教师通过对课堂的组织与管理，及时制止学生讨论课外话题，而且还必须鼓励内向的学生积极参加讨论，这有利于提高高校教师的课堂管理能力，提高教学质量，摆脱传统讲授的教学方法，推动创新型教学方法的变革。

（四）合作学习有利于高校形成师生共同体

"'师生共同体'是指具有共同愿景的师生，在一定的环境下，通过有效互动而共同成长的教育活动组织。"[②]开展合作学习，有利于教师与教师之间资源共享、互帮互助、智慧交融，从而使整个学校的课堂教学质量、管理水平以及学术研究等全面提升，促进学校快速发展；有利于学生与学生之间相互尊重、相互帮扶、共同进步，使大家对待每一个同学都是平等的，不以强欺弱，不嘲笑他人，而且同学们在学习上可以进行多边、多样的思考与探究，唤醒思维，激发想象力，从而使同学们在一个和谐愉快且充满合作性竞争的环境里面学习，促进学生共同进步，实现各种资源的全方位优化；有利于教师与学生形成"亦师亦友"的师生关系使教师热爱学生，更加懂得育人的责任，促进自我完善，学生则尊重教师，产生学习的兴趣，从而提升自

---

① 教育部. 教育部关于一流本科课程建设的实施意见［EB/OL］.（2019-10-30）［2020-04-12］http：//www. moe. gov. cn/srcsite/A08/s7056/201910/t20191031_406269. html.

② 龚放. 大学"师生共同体"：概念辨析与现实重构［J］. 中国高教研究, 2016（12）：6-10.

己的知识与能力。合作学习有利于高校师生共同体的形成，师生共同体也有利于塑造"好学生"，培养"好教师"，构建"好学校"。

三、教育现代化背景下高校合作学习的优化策略

合作学习在高校中备受关注，但是如何开展合作学习却是一个难题。"我国目前的合作学习开展只是教师根据一些理论，加以自己的理解，然后就投入使用。"[①]国内很多教师由于缺乏经验不会开展合作学习，对于合作学习只是简单地调动学生，让学生简单地去回答问题，学生也只是被动地去学习，没有真正参与到课堂之中，展现学生的主体地位。下面将从教师、学生、学校、评价四个方面去优化合作学习，让课堂充满活力。

（一）发挥教师的主导作用

1. 教师遵循学生的个性特点来分组。高校教师在进行分组时，应以学业成绩、学生个性特点进行小组的构建，并根据学生的具体情况合理微调，最终形成组与组之间同质、组内成员异质的小组方式。这样的小组会使不同阶段的学生扬长补短，最终达到小组成员合作互补的效果。之后教师还需要在每个小组内选择一名学生担任组长。组长的组织协调能力很关键，一名好的组长可以引导组内成员的交流，调动成员积极性，负责协调组内分工，在组内出现不统一的意见时，主动处理矛盾，控制讨论整体的方向，避免跑偏以及"讨论变成茶话会"等现象。

2. 教师转变教学观念。《教育部关于一流本科课程建设的实施意见》中指出："确立学生中心、产出导向、持续改进的理念，提升课程的高阶性，突出课程的创新性，增加课程的挑战度。"[②]高校教师要转变以自我为中心的传统教学观念，要把自己转变到学生的引导者位置，使学生真正参与到课堂之中，锻炼学生的能力。由于大学生在合作学习中容易产生以自我为中心的行为，只照顾自己的需要，而不顾别人的需求，在表达上"唯我独尊"，因此教师要适当参与到学生当中，引导学生倾听和尊重别人，与大家分享合

---

① 苏兆芳. 美国大学合作学习经验研究 [D]. 济南：山东大学，2016：75.

② 教育部. 教育部关于一流本科课程建设的实施意见 [EB/OL]. （2019-10-30）[2020-04-12] http：// www. moe. gov. cn/srcsite/A08/s7056/201910/t20191031_406269. html.

作成果，促进学生更好地完成小组任务，形成团结合作的课堂氛围，提高教学质量与效率。

3. 教师注重教授学生合作技巧。高校教师在教授合作技巧上，没能引起重视。大学生由于缺乏经验和锻炼，在人际交往方面显得比较薄弱，脾气暴躁，做事易冲动，语言表达能力不强，有时个体难以服从整体，在发生矛盾时缺乏理性。教师不仅可以讲授合作学习中的技能和技巧，还可以通过示范的方式教给学生。例如，教师可以模拟情景，让学生参与其中。在面对某种情况时，先问学生对于这种情况的看法，提出自己的想法，之后教师再主动示范如何正确处理这种问题。

4. 改善教学设计，系统规划课程。合作学习并不是任何教学内容都能运用的，"在采用合作学习开展教学之前，教师应当对课程内容有详细的了解和规划"[1]，有针对性问题的时候可以适当运用，其他过程仍然用传统的教学方法，但并不能生搬硬套，为了合作而合作。首先，教师应当明确哪部分内容是适合采用合作学习的形式来组织的，如果不适合的话，运用合作学习则会事倍功半；其次，教师需要按照教学目标明确小组的任务；最后，教师在教学过程中适时调整进度，确保完成教学目标、内容。因此，教师在开展合作学习之前，需要做到对教材详细全面的了解，做到胸有成竹，并且在教学中按照自己的设计进行和开展。

（二）注重学生的主体性

1. 注重小组成员之间互信互赖。小组成员之间应该互相理解并对彼此充满信心，对于别人的观点、看法需要更多的接纳，如果观点有冲突，可以先保留自己的意见，之后通过组内成员或者教师的引导解决问题，如果都不懂得理解和包容他人，则会影响小组合作学习的效率，甚至引起冲突，不能达到合作学习真正的意义。成员之间互信互赖，能够形成团结和谐的合作氛围，在这种充满热情与包容的氛围下，学生愿意积极参与其中，共同完成任务。当然，每个人的观点都是不一样的，遇到这种情况时，组内成员应积极讨论，组长发挥组内领导作用，从不同角度分析问题，从而解决问题。

---

① 苏兆芳. 美国大学合作学习经验研究[D]. 济南: 山东大学, 2016: 76.

2. 保证小组成员人人尽责。在合作学习中，难免会出现"有人大包大揽，有人无所事事"的情况。前者由于任务过多，而导致处理事情时焦头烂额，手忙脚乱，而后者却处于沉默之中，没有得到锻炼自己的机会。因此，在合作学习中应该分工明确、各司其职、人人尽责，保证每个学生都承担责任，调动积极性较低的学生的参与度，控制积极性较高的学生的课堂统治力。这样不仅仅可以使完成任务的效率提高，而且还能发挥每个同学的长处，使每个同学参与其中，在学习中体验到快乐，也提高了学生学习的能动性。

3. 转变学习态度。大学生已经习惯教师在前面讲解，自己在下面等着知识的传授，不能发挥自己的能动性、积极性。"目前，有相当一部分大学生的学风不能满足合作学习的要求。他们缺乏谦恭、诚实、刻苦的优秀品质；有的学生甚至自高自大、好逸恶劳；有一部分学生没有正确的学习态度，得过且过。"[①]通过合作学习方式，培养自己的兴趣爱好，树立良好的合作态度，提高自己交流与合作的能力，唤醒合作意识，体验共同生活，让学生真正参与到课堂之中。

4. 注重个体自由，增强自主训练。"一千个读者就有一千个哈姆雷特。"这句话充分体现了仁者见仁，智者见智。由于个体的经历、价值取向、看问题的角度不一样，自然会产生不一样的看法。在合作学习中，每位成员应发挥自己的能动性，不去随波逐流，充分表达自己的意见和看法，这样小组内才能集思广益，拓宽思路。并且在小组合作学习中，不能只在组内发表自己的看法，也应该代表小组去发言，增加自主训练，锻炼自己的语言组织能力以及表达能力。

（三）学校积极创设学习环境

1. 学校要支持并督促教师创新教学方法。国内高校教师的自由度较小，在教学方面受到限制，学校对于教师教学的帮助力度不够，需要大力支持新的教学理念或者方法推行。雅斯贝尔斯说："大学生要具有自我负责的观念，并带有批判精神从事学习，因而拥有学习的自由而大学教师则是以传播

---

① 陈宗喜.合作学习——有利于大学素质教育的教学模式[J].云南电大学报，2003，5（02）：24-27.

科学真理为己任，因此他们有教学的自由。"①教师需要自由的教学空间，但不能照搬照抄，也不能按照别人的教法去模仿，不同的学生会有不同的反馈。高校需要"掌好舵"，把握好方向，把"前行"的任务交给教师，激发教师的潜力，从而更好地提高教学质量和效率。此外，学校应当建设合作型校园文化，让校园充满讨论、合作的氛围。在这种氛围下，合作学习就能自然而然地顺利开展下去。

2. 开展合作学习研究和教师教学培训。高校要根据自己本校的实际情况，组织教师以及教研人员进行合作学习的研究，并对研究的结果进行汇报。通过结果设计方案对教师进行培训，引导教师运用合作学习，提高高校教学的效率。高校教师也可以以"合作学习"为实践性研究课题，获得其他人员的帮助与支持，并且可以向有关专家进行咨询，深入了解，最终研究的成果也需要与其进行沟通，让教师结合本班以及课程情况，有效地实施合作学习。教师可以通过研讨会、分享会、教师培训等方式说明自己实施合作学习后班级氛围的改变或者不足之处，从而使更多的教师"取其精华，去其糟粕"，开展高质量、高效率的合作学习。

（四）运用科学合理的评价方式

1. 评价应坚持原则性和灵活性相结合。《教育现代化2035》中指出："构建教育质量评估监测机制，建立更加科学公正的考试评价制度，建立全过程、全方位人才培养质量反馈监控体系。"②在很多情况下，教师会受到个人因素的影响而做出不当评价。一次不公正的评价有可能会损害学生的自尊心、自信心，使学生失去对学习的向往，甚至还会导致学生与教师之间产生矛盾。高校教师在评价学生过程中应当秉承公平、公正的原则。教师评价学生时应多使用鼓励性语言，让学生认识到自己的长处、优点，当学生出现错误时，教师也要循循诱导，使学生认识到自己的不足之处，从而自觉改之，提高学生学习的积极性，看到自己身上的"闪光点"。在教育现代化背景下，评价应注重个性全面，教师既要评价小组每个成员的表现，也需要评价小组整体的表现。灵活性评价则是指评价的方式要合理，针对不同的学生

---

① ［德］雅斯贝尔斯. 什么是教育［M］. 邹进，译. 北京: 生活·读书·新知三联书店，1991: 139.
② 中共中央国务院印发《中国教育现代化2035》［N］. 人民日报，2019-02-24（01）.

进行不同且适当的评价。比如，教师在评价性格内向的学生时，应该多给予鼓励表扬，使其下次更加踊跃发言；评价外向学生时则要稳重适当，避免其产生过大的优越感。因此，需要教师充分了解学生的个性特点、家庭状况等信息。

2. 坚持多样化评价。《教育部关于一流学科课程建设的实施意见》中指出："以激发学习动力和专业志趣为着力点完善过程评价制度，加强对学生课堂内外、线上线下学习的评价。"[①]目前高校评价方式单一，评价方式主要是教师对学生进行评价，评价的标准、尺度都由教师个人掌控，容易出现主观臆断，并且主要对学生课堂上的表现进行评价。相反生生之间相互评价、学生自评、对学生课堂外的评价却很少。生生评价能反映评价者的听课状态，也有利于培养学生辨别是非的能力，形成尊重他人的良好品质。评价者需要认真倾听他人的发言，而且通过自己的判断力去评价其他同学发言的优点及缺点，锻炼语言表达能力。学生自评有利于学生自我认识，培养学生的自我判断能力，还有利于学生进行自我管理，培养学生的责任心，增强自信心。

评价方式也应当注多样性。在开展教学之前，教师应用诊断性评价，了解学生的认知水平、性格特点等，从中发现学生存在的问题，从而进行合理的分组。在教学过程之中，多采用过程性评价。教师根据需要积极鼓励每一个学生，挖掘每一个学生的长处，认识其存在的不足，并加以改正。小组学习结束后，利用终结性评价评定小组之间的成绩，评价本节课学习目标是否实现，还可以评价本节课的情况。学生和教师从评价中反思这节课的表现，课后加以改正，为下次课做好准备。

通过合作学习可以促进教师教学方式的转变，促进良好师生关系的发展，激发学生学习的兴趣，丰富教学组织形式，培养合作精神，学会共同生活，促进学生全面发展，给课堂带来生机与活力，更好地实现教育现代化、人的现代化。

---

① 教育部. 教育部关于一流本科课程建设的实施意见［EB/OL］.（2019-10-30）［2020-04-12］http：//www. moe. cn/srcsite/A08/s7056/201910/t20191031_406269. html.

第十三章　教育现代化背景下家庭教育的提升策略

教育现代化的出发点与落脚点是促进人的现代化，家庭是培养人的重要场所，提升家庭教育质量势在必行。教育现代化背景下提出提升家庭教育质量的策略可以打破传统家庭教育的封闭式教育模式，改进不合理的教育手段，提高儿童在家庭中的地位。同时，帮助家长树立正确的家庭教育观念，完善家庭教育理论体系，构建科学合理的家庭教育指导范式，促进亲子之间形成更加平等的关系，使家庭教育更具现代性，从而以推动家庭教育现代化，促进学校教育现代化和社会教育现代化，进一步加快教育现代化的实现。

教育现代化是社会现代化进程的必然要求与必然结果，加快教育现代化，是党的十九大对教育的要求，也是推进国家治理体系和治理能力现代化的内在需要。习近平总书记在2018年全国教育大会上的讲话中指出："办好教育事业，家庭、学校、政府、社会都有责任。家庭是人生的第一所学校，家长是孩子的第一任老师，要给孩子讲好'人生第一课'，帮助扣好人生第一粒扣子。教育、妇联等部门要统筹协调社会资源支持服务家庭教育。"[①]家庭教育现代化是教育现代化的必经之路，因此有必要充分解读家庭教育与教育现代化的关系，对教育现代化背景下家庭教育的特征、功能和提升策略进行深入分析，提升教育现代化背景下家庭教育的质量。

---

① 习近平：坚持中国特色社会主义教育发展道路 培养德智体美劳全面发展的社会主义建设者和接班人[J]．教育科学论坛，2018（30）：7-9.

一、家庭教育现代化与教育现代化的关系

教育现代化是教育发展的总体趋向，为了更好地提升家庭教育的质量，对二者之间的关系以及相互影响进行分析是十分必要的。

（一）家庭教育现代化是教育现代化不可或缺的一部分

在结构上看，家庭教育现代化是教育现代化的重要环节。

首先，"教育现代化是指伴随着教育形态变迁相伴的教育现代性的不断增长"[①]，无论是形态还是现代性其主体都是教育，而家庭教育是教育的三种类型之一。其次，中国特色社会主义进入新时代，家庭教育的重要性不断攀升，国家与社会急需高质量的家庭教育。中国教育学会秘书处副秘书长张东燕曾提出："中国特色社会主义教育现代化包括学校教育现代化、家庭教育现代化和社会教育现代化三个方面"[②]，未来家庭教育现代化会成为教育现代化最重要的因素。由此可见，家庭教育现代化是教育现代化必不可少的一部分。

（二）家庭教育现代化是教育现代化的必然结果

在教育现代化对家庭教育现代化的影响上看，教育现代化必然促进家庭教育现代化的进程发展。

在实现教育现代化的过程中，学校教育是变革的先行者也是重要环节。学校在教育教学理念观念、教育方式方法、教育内容、教育硬件、教师软实力提升等面进行了现代化的改革。然而，先行者发展速度过快，作为后发者的家庭教育无法与学校教育合理配合，二者一致性不高。大量研究表明，学校教育和家庭教育密不可分，两者相互影响、协调联动。家庭教育与学校教育的不一致会导致培养现代化的人这一目标出现不可预估的偏差。因此，为增强家庭教育同学校教育的一致性，家庭教育的革新迫在眉睫，教育现代化必定推动家庭教育向现代化方向迈进。

[①]　褚宏启. 教育现代化的路径 [M]. 北京: 教育科学出版社, 2000: 8.

[②]　张东燕, 高书国. 现代家庭教育的功能演进与价值提升——兼论家庭教育现代化 [J]. 中国教育学刊, 2020 (01): 66-71.

（三）家庭教育现代化是实现教育现代化个体发展取向的先决条件

在家庭教育现代化对教育现代化的影响上看，家庭教育现代化是实现教育现代化使命的重要条件。

褚宏启教授在《教育现代化的路径》一书中提道："教育现代化不只以国家发展为价值取向，个体发展也是教育现代化一个重要的价值取向"[①]，而教育现代化的个体发展取向则表现为"为一切人的全面发展"。家庭是社会的基本组成单位，家庭教育具备其他类型教育所不具备的特性，即普及性。除此之外，人的德、智、体、美等各个方面的发展都受家庭教育的影响，若想更好地实现教育现代化的个体发展取向，必然要实现家庭教育现代化。由此可见，家庭教育现代化与教育现代化是紧密联系、相互促进的关系。

二、教育现代化背景下家庭教育呈现出新的特征

家庭教育历史悠久，"《管子·小匡》中记载了时下家庭教育的状况，而这就是我国家庭教育研究的起点"[②]。千百年来，我国的家庭教育从"修身齐家治国平天下"到颜之推的《颜氏家训》，再到傅雷的《傅雷家书》，在不同的历史时期，家庭教育呈现的特征不尽相同。教育对象由单向到双向，教育模式由专制到民主，教育内容由墨守成规到创新发展，家庭教育的特征并非一成不变，而是与时俱进的。在教育现代化的背景下，家庭教育呈现出了新的特征。

（一）受教育现代化影响家庭教育具备开放性

"家庭是私人场所，具有一定的封闭性"[③]，这是传统家庭的特点之一。然而，教育现代化自由开放的思想逐渐渗透到了家庭教育中，使得家庭教育从这种封闭环境中脱离出来，家庭教育在主动开放的同时又被动接纳国家和社会的指导与帮助，开放性倾向愈发明显。

第一，传统家庭将家庭教育活动置于一种密闭的环境中进行，然而随着

---

① 褚宏启. 教育现代化的路径 [M]. 北京: 教育科学出版社, 2000: 30.

② 赵忠心. 古今家教文萃 [M]. 武汉: 湖北教育出版社, 1997: 1.

③ 邹强. 中国当代家庭教育变迁研究 [M]. 天津: 天津大学出版社, 2011: 9.

教育现代化的发展，家庭教育也逐渐打破封闭、私密的活动形式，形成半开放的家庭教育活动模式。家庭的对外开放引起了教育思想、理论、手段等方面的融合与冲突，学校教育同家庭教育在教育对象、目标、体系等方面趋近一致，联系愈发紧密。与此同时，家庭在以"互联网"信息技术为代表的网络时代快速发展的情况下，主动对外开放，社会媒体积极报道有关家庭教育的新闻，引起了社会的关注，形成了良好的舆论风向，促使大众对家庭教育进行深入的思考。家庭教育因为"万物互联"而加快了迈向现代化的步伐，又因为家庭教育受学校教育现代化和社会教育现代化的影响，其开放性特征愈加显现。

第二，"国家与政府十分谨慎地将家庭教育部分地纳入公共服务教育体系"①。家庭教育引起了以教育部为主的多个政府部门的关注，这些部门多次下发或联合颁布有关家庭教育的指导性文件，如颁布《全国家庭教育指导大纲》《关于进一步加强家长学校工作的指导意见》等文件来进一步指导、规范家庭教育，家庭教育的开放性越发深化。

（二）受教育现代化影响，家庭教育更具科学性

传统的家庭教育中父母传承给孩子尊老爱幼、勤俭节约、吃苦耐劳等传统美德，也培育了孩子仁爱孝悌、谦逊有礼、诚信感恩等良好品格，这些都是传统家庭科学性的表现。但是，众所周知，传统的家庭教育也有过分溺爱、朝令夕改、心灵施暴等问题的出现。随着现代化理论的发展，传统家庭教育不科学的一面日益突出，现代化理论的不断发展让家庭教育的对象、思想、规律等方面有了新的发现，使家庭教育较之过去更具科学性。

第一，在教育对象方面，近代儿童教育理论的发展使人们在儿童的培养方面有了科学的认知。季瑾曾在文章中提道："儿童教育理论致力于的就是摸索出儿童身心发展的科学规律，以为教育儿童提供科学化的原则与方法。"②随着儿童教育理论的发展，儿童的主体性逐渐被认识到，生理学、

---

① 张东燕,高书国. 现代家庭教育的功能演进与价值提升——兼论家庭教育现代化[J]. 中国教育学刊, 2020(01)：66-71.

② 季瑾. 家庭教育现代化的启动与发展：基于民国家庭教育史的研究[D]. 南京：南京师范大学, 2013：104.

心理学等学科的出现改善了家长以往根据经验养育儿童的情况，帮助家长科学育儿，使家庭教育走向科学化。

第二，在教育思想方面，理性、民主的现代化教育思想取代了封建专制的传统教育思想。我国传统家庭教育强调父为子纲，而教育现代化中的民主思想反映到家庭层面上就是打破了以父为子纲为代表的家长权威统治，强调家长与孩子之间人格上的平等，亲子关系上的科学，使得家庭更加和睦，继而促使家庭教育发挥应有的正面作用。

第三，在教育规律方面，以"儿童中心主义"为代表的一系列教育规律逐渐为人们所知。政府在总结教育规律的基础上颁布了有关家庭教育工作的指导性文件，要求家长树立正确的育儿观、成人观，并为家庭如何科学有效地开展育儿活动提供了科学指导，这使得儿童的身心发展规律得到了重视，使家庭教育的科学性得到进一步加深。

三、教育现代化背景下家庭教育的功能有所变化

家庭是人生的第一站，是儿童接受教育的最初场所，人们在家庭中接受的教育具有持续时间长、涉及范围广、影响深刻等特点。传统的家庭教育具有"培养儿童的身体和心理""培养儿童自主生活的能力""培养儿童与他人合作、交流能力"等功能，而在教育现代化的背景下，家庭教育的功能逐步发生了转变。

（一）家庭教育的功能指向培养现代化的人

"无论哪个国家，只有他的人民从心理、态度和行为上，都能与各种现代形式的经济发展同步前进，相互配合，这个国家的现代化才真正能够得以实现。"①如果将现代化的内容分为外在表现与内在核心，现代化的机构、组织原则、制度是现代化的外在表现，而真正具备现代性的"人"才是现代化的内在核心。唯有现代化的人能够更好地执行现代化的管理制度与组织形式，并在现有基础上进一步发现和促进新的现代化发展。教育现代化的根本目的是培养现代化的人，在这一总目标的影响下，家庭教育的功能也逐渐由

---

① [美]英格尔斯. 人的现代化 [M]. 殷陆君, 译. 成都: 四川人民出版社, 1985: 5-6.

培养人转变为培养现代化的人。

"美国社会学家奥格巴恩曾指出，传统的家庭具有获得钱财、提高地位、进行教育、保护家庭成员、进行宗教、享乐活动和享受爱情等七项功能。"[①]随着教育现代化浪潮的来袭，现代家庭教育受教育现代化总体目标的影响，在不自觉地为培养现代化的人做铺垫。如，家长习得了科学民主、自由开放的教育理念，应用在建设家庭的过程中，培养儿童的创新精神与能力，建立开明和谐的现代家庭，而这正是教育现代化为培养出符合现代化制度的人对家庭教育产生的潜移默化的影响。

（二）家庭教育与现代学校教育之间的影响由单向铺垫变为双向促进

家庭教育的功能从单方面的为学校教育打下基础、提供生源变为了双向的学校与家庭教育互相影响，使家庭教育与学校教育达成一致，建立学校—教师—学生—家庭—学校的良性循环链，共同为培养现代化的人服务。

"学校乃是通过学习课程的正式教育以外的很多活动过程使人现代化的"[②]，学校通过奖惩措施、榜样影响以及学校组织的示范作用和概括化等一系列活动培养现代化的人，学生离开学校后，会将学习的东西扩展应用到其他情境中。家庭作为学生离开学校后接触最多的情境，对学生所学习到的知识会产生一定的影响。学生于学校接受到的开拓进取、独立自主等观念会在家庭生活中得到强化或弱化，当父母正视并鼓励这种观念时，学生的现代化思想就被进一步强化，反之则被弱化。同时，家庭教育的其他成员也在一定程度上接受现代化思想的影响。由此可见，家庭教育的功能已由家庭对学校的单方面影响转化为家校融合、共同发展。

（三）家庭教育促进社会现代化发展

社会由个体组成，家庭是培养个体的重要场所，恩格斯说："一定历史时代和一定地区的人们生活于其下的社会制度，受两种生产的制约，一方面受劳动的发展方面的制约，另一方面受家庭的发展阶的段制约。"[③]传统

---

① 张玉林. 和谐家庭教育的现代化问题研究［J］. 贵州教育, 2008（02）：20-22.

② 褚宏启. 教育现代化的路径［M］. 北京：教育科学出版社, 2000：161.

③ ［德］恩格斯. 家庭、私有制和国家的起源［M］//马克思恩格斯选集：第四卷. 北京：人民出版社, 1972：2.

的家庭教育对个体尤其是儿童的社会化以及社会责任感的养成有着重要的作用，在教育现代化背景下，家庭教育除了向社会输送人才之外，也在思想精神层面影响着社会。家庭成员长期处于家庭环境中，成员之间的思想观念会相互影响、相互渗透，家庭中的某一个成员具备现代化思想行为，这就会影响家庭的其他成员具备这种特质，而一个或多个家庭具备现代化的思想，家庭教育就会推动社会的发展，促使其在现代化的道路上不断前行。

家庭教育不仅是学校教育与社会教育的基础和前提，也接受着来自学校与社会的影响，所以要努力提高家庭教育的质量，唯有如此，家庭教育现代化才能更完满、更好地促进社会现代化的实现。

四、教育现代化背景下提升家庭教育质量的策略

在教育现代化的大背景下，家庭教育、学校教育和社会教育三者进一步深化融合。基于家庭教育的新特征、新功能，下面从家庭教育观念、目标、方法以及学校和国家几个层面探究提高家庭教育质量的方法。

（一）加深家长的现代教育观念影响

传统的家庭教育以家长意愿为主，中国优秀传统文化孝顺中的"顺"被过分夸大，儿童在家庭中成为父母的附属品或是实现父母愿望的傀儡。伴随着教育现代化进程的不断推进，家庭教育观念受现代性影响逐渐由专制腐朽转变为科学民主。然而，现代化教育思想并未完全落到实处，因此，需要加深现代化家庭教育观念的影响，将科学、人道、民主、创新等教育观念深植于家长的内心。

1. 加深科学民主家庭教育观念的影响

现代家庭教育受教育现代性中科学性、民主性的影响，已然建立了科学有效的现代家庭教育体系。然而，社会上依然存在专制倾向明显、科学性不强的家庭群体，因而需要加深此类家庭群体科学民主教育观念的影响，养成父子平等、理性思考、科学育人的教育理念与方法。

2. 加深创新发展家庭教育观念的影响

"教育现代化的核心正是素质教育。"[①]创新是一个国家与民族的灵

---

① 王湛. 发展素质教育是教育现代化的核心任务 [J]. 人民教育, 2018 (18)：27-28.

魂，近年来我国倡导的素质教育的核心正是创新，且教育现代化从提出到发展正是由于人们的不断创新，而儿童的想象力与好奇心正是创新发展的源动力。家庭教育要加深创新发展的教育观念，不断激发、鼓励、培养儿童的创造性。

3. 加深家庭生活教育观念的影响

现代化是一个不断发展的过程，在这一过程中，学者们关于生活教育的理论研究有所建树。杜威曾提出"教育即生活""教育即生长""学校即社会"的教育观点。然而，生活教育观念并未在家庭生活中发挥出良好的作用。2017年中国儿童中心编写的《中国儿童参与状况报告》显示："从家庭中亲子沟通的内容来看，48.4%的中小学生每天都会跟父母谈论学习，34.5%的中小学生每天都由父母辅导学习。"[①]父母对儿童的重要关注点在于学习情况是我国家庭的常态，而这样的常态反映的是一种死板僵化的家庭教育观念，在这种观念下成长的儿童并不一定会对社会现代化进程产生推动力，甚至会成为阻碍。因此，要加深生活教育观念的影响，多让儿童与自然、社会进行接触，让家庭教育回归生活。

（二）明确培养现代化的人的教育目标

家庭教育为实现教育现代化的使命，必须进一步明确教育目标。家庭教育的教育功能不仅影响儿童的成长，也同样影响家长的发展。家长作为育人工作的首要影响因素，同样需要不断学习，从而提高自身素质，更好地履行教育义务。由此可见，在培养现代化的人的教育目标中，要从儿童和家长两方面入手，双管齐下，缺一不可。

1. 确立培养家庭成员现代性的长期目标

现代化的关键是现代性，任何事物唯有具有现代性才算真正迈入了现代化进程，一旦人脱离了现代性，这个人就是传统的、非现代的，而非现代的人无法促进国家与社会的发展。家庭教育要树立起培养家庭成员的现代性这一长期目标，只有明确这一目标，家庭教育才能够真正同学校与社会教育形成合力，为培养现代化的人打下基础。这一目标是现代家庭教育的核心。

---

① 苑立新. 儿童蓝皮书：中国儿童参与状况报告（2017）［R］. 北京：社会科学文献出版社，2018：7.

2.确立培养家庭成员现代化思想的目标

一方面，家长要摒弃教条、刻板、封闭的教育思想，接受开放、创新、发展等思想，提升自身的思想层次，为成为现代化的人打下思想基础；另一方面，家长利用接受到的正确的教育思想，帮助儿童形成灵活、创新的思维方式，不断开拓儿童的眼界，使儿童用现代、发展的眼光看待和解决问题。

3.确立培养家庭成员健康心理的目标

20世纪90年代，我国在进行了大量的研究与调查后，根据本国国情提出了具有中国特色的人的现代化指标，其中有这样一条：人们的心理是健康的，且具有强烈的事业心和高度的历史责任感，意志力顽强。健康的心理是现代化的人所必备的素质之一，因此，家长在及时关注自身心理健康的同时也要关注儿童的心理健康，创造出和谐、健康、积极向上的家庭氛围，为儿童健康心理的形成打下基础。

4.确立培养家庭成员正直品格的目标

《中国教育现代化2035》中提出了"更加注重以德为先"[1]的基本理念，这要求我国的家庭教育确立培养家庭成员崇高思想道德的目标。一方面，家长要做好筛选工作，取其精华，去其糟粕，将传统文化中爱国、诚信、友善、坚韧不拔等优秀的道德品质传递给儿童，同时与现代化背景下产生的新品质如开拓、进取、自主、理性等道德品质相结合，为儿童成为现代化的人做好道德准备；另一方面，家长在对儿童进行道德品质教育的时候也要对自身进行反省与检讨，成为一名具备正直品格的现代化家长。

5.确立培养家庭成员具有强健体魄的目标

教育现代化推进了人的现代化，但是在人的现代化过程中人们的身体素质无法与其他方面齐头并进，人们的身体素质有待进一步的提高。《中国教育现代化2035》中提出："增强综合素质，树立健康第一的教育理念。"[2]健康的身体家庭成员是成为具有现代性的人的生理基础，而培养健康体质的活动不仅发生在学校，家庭作为养护身体的场所，更要树立培养家庭成员具有强健体魄的目标。

① 中共中央国务院印发《中国教育现代化2035》[N].人民日报,2019-02-24(01).
② 中共中央国务院印发《中国教育现代化2035》[N].人民日报,2019-02-24(01).

（三）使用理性科学的现代家庭教育方法

家庭教育方法是家庭教育主体实现自我教育理念与目标的工具性载体，这一载体反映到家庭生活中就是父母培养孩子的方法。美国著名心理学家鲍姆林特将家庭教养方式划分为三种类型，即权威型、专制型和放任型。由于国家具体情况的不同，我国传统的家庭教育大多是权威型和专制型的家庭教育方法，儿童不拥有发言、选择或拒绝的权利，这种教育方法违背了教育现代性中的民主性，是"非现代的"，这种古板陈旧的教育方法应该被改进或者取缔。家长要在树立现代化的教育思想的基础上运用理性、科学的教育方法。

第一，在家庭教育中利用榜样教育法来促进儿童的现代化。陈鹤琴先生在《家庭教育》一书中提道："小孩子既好模仿，做父母的一方面要以身作则，一方面还要替他选择环境以支配他的模仿。"[①]当家长不事事独断专决，而是询问他人意见，他就是一个民主的榜样；当家长做事三思而后行，从不急躁鲁莽，他就是一个理性的榜样。通过家长的以身作则，儿童受到了现代思想与行为方式的感染与熏陶，自然也会成长为一个具备民主、理性的思想的现代化的人。

第二，在家庭教育中利用适当的奖励与惩罚来促进儿童的现代化。在学校教育中"奖励或处罚可以抑制学生的行为"[②]，在家庭中亦是如此。然而，在进行家庭教育实践的过程中，积极的奖励比消极的惩罚效果更好。家长可以通过积极的鼓励激发、培养儿童具备创新精神，但是却无法惩罚一个不具备创新精神的儿童使其具备这种能力，不当的惩罚甚至会适得其反。使用这样的手段需要把握一定的"度"，过度的奖励与惩罚都会导致儿童的自大或自卑，会阻碍儿童的发展。因而要在适当的环境下适度地使用奖励与惩罚，做到奖励为主、惩罚为辅，不断促进儿童现代化发展。

除此之外，家长还可以利用交谈、倾听、讨论、启发、鼓励等现代家庭教育方法对儿童进行教育。这类的教育方法更加理性科学，教育的效率、效果也更高更好，促进家庭成员的现代性增长，促进人向现代化发展，从而提

---

① 陈鹤琴. 家庭教育［M］. 上海：华东师范大学出版社，2006：25.

② 褚宏启. 教育现代化的路径［M］. 北京：教育科学出版社，2000：162.

高家庭教育的质量。

（四）加强对家长以及潜在家长的现代化教育

在家庭教育中起主导作用的是家长这一群体，为了家长能够对儿童产生科学的、现代的影响，应该加强对家长以及潜在家长群体的现代化教育，而家校合作无疑是实现现代化教育的最好途径。

1.通过家长学校对家长进行现代化教育

家长学校的主要任务是要面向家长群体宣传党的教育方针政策，使家长进一步了解教育法律与条例，为家长进行日常的家庭教育提供科学指导，帮助家长树立正确高效的育儿观和成才观。因此，家长学校要不定期举办有关家庭教育观念、方法、手段的讲座，在心理与生理两个层面上向家长传授科学育儿法；关注家长在生活中遇到的实际问题，为家长提供解决问题的建议或措施。除此之外，可以有序组织就近的家长学校互相交流或进行讨论会，促进家长学校与时俱进，提高家长学校的教育质量。

2.通过各高校对"潜在家长"进行现代化教育

"家庭教育何时开始都不为早，只要具备做父母的自然条件（年龄、心理）都有必要接受家庭教育培训。"[1]大学生的身心发展成熟，是"潜在家长"的典型代表，虽然生理上已经具备组建家庭、为人父母的先决条件，但是硬件设施还未同步发展，大学作为大多数学生接受系统教育的最后一站，承担着使大学生具备现代化思想、手段（硬件）的责任。1987年，赵忠心教授首次在北京师范大学开设家庭教育学课，开创了家庭教育学课的先河，随着时代的不断发展和进步，家庭教育学这门课慢慢开始流入其他的高等院校，如何在普通高等院校加强"潜在家长"教育也成为需要思考和解决的问题。

（1）在普通高等院校开设家庭教育公共必修课或公共选修课。家庭教育作为一门学科，需要长时间的刻苦钻研才能够稍微窥得一些真理。我们不要求全部的学生都能掌握"真理"，但我们可以通过公共课的形式，将现代化的家庭教育目标、原则、内容、方法以及理论传授给学生，帮助他们理解

---

[1]　吉榕榕.大学生家庭教育课程开发[J].科教导刊,2018（28）：114-115.

相关知识，向这些未来的父母传递一些正确的、现代化的教育理念与方法，希望能够在未来帮助他们成为具有现代化思想的"新"父母。

（2）加强高校家庭教育研究的师资队伍建设。《中国教育现代化2035》中提出："要建设高素质专业化创新型教师队伍。"[①]为了促进家庭教育现代化快速发展，需要各级高校重视并培育有关家庭教育研究的专门人才，尤其是师范院校和教师进修院校更要积极主动地培养具有较高现代化家庭教育理论修养的人才，为各级高校开设家庭教育课程提供师资，培养更多具备现代家庭教育思想的学生，为提高家庭教育的质量作出贡献。

（五）做好家庭教育事业

"教育结构的持续分化是教育现代化的重要特征之一。"[②]家庭教育事业以社会及政府部门对家庭教育的研究、指导为基础，向家长提供个性化的服务与管理，有针对性地解决家长在实施家庭教育活动中遇到的问题，是一种社会性事务。家庭教育事业不属于正规学校的教育结构，这一新兴产业的出现代表着我国的教育结构发生了一定的改变。"英国教育现代化的基本经验之一就是国家权力对教育的充分支持。"[③]我国充分吸取并借鉴这一经验，将家庭教育指导纳入政府公共服务体系，并多次下发文件规范家庭教育。有文件指出，目前全国的家庭教育指导服务机构发展成良好态势，其中台湾地区在家庭教育这一方面态度较为积极。2003年，台湾地区颁布并实施《家庭教育法》，从而为家庭教育进行相关活动提供了法律支撑。尽管如此，我国家庭教育事业的发展依然存在不足之处，有较大的改进空间，而国外的家庭教育指导经验为我国发展家庭教育指导事业有较大的借鉴意义。

1.进一步加强家庭教育指导的政府支持

以美国为例，美国家庭教育指导的产生较国内早了许多，但是，在家庭教育指导正式出现之前，美国已经有帮助父母提高教育素质和水平的"父母帮扶组织"及类似的民间组织，这为正式的家庭教育指导打下了坚实的社会基础。伴随着家庭教育指导活动的展开，美国家庭教育指导师在帮助家长发

---

① 中共中央国务院印发《中国教育现代化2035》[N].人民日报, 2019-02-24（01）.

② 褚宏启.教育现代化的路径[M].北京: 教育科学出版社, 2000: 27.

③ 褚宏启.教育现代化的路径[M].北京: 教育科学出版社, 2000: 301.

现问题、提供解决问题的可行意见、释放心理压力等方面发挥了巨大作用，迅速成为实施家庭教育指导的中坚力量。经历几十年的发展，美国家庭教育指导师已经在资格审核、培训、资格认证方面形成了稳定的结构，建立了较为成熟的家庭教育指导体系。美国家庭教育指导方面的工作经历了由下至上的发展顺序，民间力量的不断加强推动了政府的组织管理，指导体系进一步规范。而在我国，家庭教育指导的民间力量较为薄弱，因此在大方向上依然需要进一步争取各级政府的支持与帮助，加大宣传力度，向各级有关部门宣传家庭家庭教育指导的重要性与作用，建立从上至下的家庭教育指导体系，推动家庭教育指导深入民间，为提高家庭教育的质量作出贡献。

2. 严格把控家庭教育指导师的审核标准

我国于近年来开始出现有关家庭教育指导等方面的信息，能够为家庭提供教指导的主体还是以家长学校为首的类似公办机构，市面上有关家庭教育指导的机构较少，有些也不够正规。这就对我国政府和社会组织机构提出了新的要求，要尽快了解熟悉家庭教育指导以及家庭教育指导师的培训体系和标准，严格把控好培训与出师标准。家庭教育指导师的出现是为了促进家庭和睦与社会安定，但现如今我国对刚刚起步的家庭教育指导师的专业素质要求可能不够完善，根据美国对家庭教育指导师的素质要求，本书提出应从三方面对家庭教育指导师进行审核。

第一，知识方面，必须深入透彻地把握有关教育学、心理学以及相关的法律法规等相关知识。第二，教育机制方面，能够随机应变处理在指导过程中出现的突发或偶然事件。第三，品德方面，家庭教育指导师需要具备良好的师德和思想道德品质，以爱岗敬业为宗旨，将为他人解决困难为己任，具备开放、创新、法治、专业等现代化素质，认真履行自己的职责。只有从这三方面严格把控，才能保证家庭教育指导师能够真正发挥家庭指导的作用，为家庭和谐发展作出贡献。

家庭教育指导作为我国的新兴产业，其作用不可小觑。我国的家庭教育指导应吸取国外的经验与教训，从根本上改变政府及群众的看法，建立具有中国特色的科学理性的家庭教育指导的管理与培训体系，培养适合中国家庭的指导师，促进家庭稳定和谐发展、社会繁荣昌盛。

在一个人漫长的一生中，以父母为主导的家庭教育时时刻刻地影响着其行为、思想、态度，而家庭教育能够发挥出影响人一生的力量，"江山易改，本性难移"，家庭就是人类本性形成的重要场所。目前我国的家庭教育还存在着许多问题，距离科学高效的家庭教育还有一段距离，然而教育现代化的实质是不断解决存在的问题，使教育变得愈发合理与科学的过程，在这股浪潮推动下，家庭教育正在朝着科学、理性的现代化道路上迈进。以上是在教育现代化背景下提出的提升家庭教育质量的策略，可无论多么优秀的理论不转化为实践都终将是纸上谈兵，只有将理论付诸实践，将"科学技术"转化为"生产力"，我国的家庭教育才能够跟上教育现代化的步伐，真正跨入现代化时代。

第十四章　教育信息化2.0时代我国高校创新创业教育改革

教育信息化2.0时代为我国高校创新创业教育提供了发展智慧教学的机会，使创新创业教育更加泛在化与个性化，增强了学生的参与性与体验感，为学生自主学习提供了保障。在新的时代背景下，高校要依托教育信息化2.0时代发展的信息技术，着力于教育模式、教育内容、学校三方面的变革与创新。高校也要及时把握教育信息化2.0时代的特征，从教育理念、教学手段、教学方式、教师信息素养、教学成果实施路径等方面着手进行改革，进一步提高我国高校创新创业教育质量，培养符合时代要求的创新创业型人才。

2018年4月，教育部发布《教育信息化2.0行动计划》，标志着我国教育信息化正式由"1.0时代"迈向"2.0时代"。同月召开的全国教育信息化工作会议上指出"教育信息化2.0就是要在1.0阶段'三通两平台'的基础上，全面提升教育信息化发展水平，使中国教育信息化步入世界先进行列，发挥全球引领作用，以教育信息化全面推进教育现代化，开启智能时代教育的新征程。"[1]由此可见，教育信息化从"1.0 时代"进入"2.0 时代"，不是提法上的改变，而是面对新时代教育发展的新要求，是教育信息化在发展理念、表现方式上的一次飞跃。教育信息化2.0时代的到来，为高校创新创业教育提供了大数据和人工智能等信息技术的支持，也为高校创新创业教育的改革提供了新的发展环境。高校也要根据教育信息化2.0时代的特征，充分发挥教育信息化2.0时代对创新创业教育的推动作用，促进高校创新创业教育高质

---

① 彭佳景.全力写好教育信息化的"奋进之笔"[J].湖南教育，2018（21）：1.

量发展，培养出符合时代要求的创新创业型人才。

一、教育信息化2.0时代为高校创新创业教育发展提供了新的机遇

《中华人民共和国国民经济和社会发展第十四个五年规划和2035年远景目标纲要》中提到"加强创新型、应用型、技能型人才培养，实施知识更新工程、技能提升行动，壮大高水平工程师和高技能人才队伍。"[①]教育信息化进入2.0时代后，我国也开始提出向人才强国、制造强国的方向发展。相较于教育信息化1.0时代，教育信息化2.0时代有自己显著的特征，即"更加坚持时代引领，更加坚持应用驱动，更加坚持深度融合，更加坚持教育治理；更加兼顾探索普及，更加兼顾区域差异，更加兼顾社会各方，更加兼顾顶层基层"[②]。所以在新时代，国家发展所需要的人才不仅要具备相关的理论知识，还要跟上时代的步伐，学会运用信息技术、云计算、互联网等手段丰富人们的生产与生活方式。因此，高校创新创业教育也要好好把握教育信息化2.0时代所带来的机遇，注重运用信息技术，提高教学质量，推动高校创新创业教育的发展，从而提升高校学生的创新创业能力。

（一）"2.0时代"为高校创新创业教育的智慧教学提供条件

传统的创新创业教育的预期效果，通常受制于学生的思维方式、市场的动态变化以及政府的帮扶精准度，以至于始终达不到预设的目标，导致影响了学生创业的成功率，也使得一部分的学生丧失了创业的信心。[③]但是在教育信息化2.0时代的影响下，大数据、云计算、人工智能等技术的出现，为高校的创新创业教育带来了广阔的发展空间，提高了对市场动态的感知度，对不同的学生进行精准帮扶，从而提升了高校创新创业教育的水平，培养具有创新意识、创新思维和创新能力的创新创业型人才。

通过运用大数据、云计算、人工智能等技术，高校能够运用数据采集

---

① 中华人民共和国国民经济和社会发展第十四个五年规划和2035年远景目标纲要 [N]. 人民日报, 2021-03-13 (01).

② 任友群. 走进新时代的中国教育信息化——《教育信息化2.0行动计划》解读之一 [J]. 电化教育研究, 2018, 39 (06)：27-28, 60.

③ 王振. 大数据驱动高校创业教育 [J]. 电子世界, 2020 (04)：58-59.

以及信息处理技术对学生的知识储备、技能掌握、创业意识、创业方向进行分析和预测。同时，高校可以根据学生的需求对创新创业教育的课程进行调整，提高创新创业教育资源的针对性。在学习过程中，高校也可以运用相关技术有效地记录学生在创新创业教育中的学习结果，对不同年级、专业的学生所掌握信息技术的基本情况和他们的学习能力进行数字化分析，从而有针对性地设计教育教学内容。在学习创新创业知识的基础上，高校要综合应用人工智能技术，挖掘高校创新创业教育的网络教学潜力，引导学生创建属于个人的创新创业网络学习空间。学生可以在智能环境中及时完成学习，并且学习前沿的知识与技能。高校教师依托教育信息化2.0技术去预测教学效果，完善教学设计，高效地提供智慧教学服务。[1]在学习结束后，大数据技术可以根据学生的学习成果以及发展趋势向学生推荐相同或者相似的人群，帮助学生聚集一些拥有相同特点、相同创业意愿的人，使他们相互扶持，共同完成创业之路。

（二）"2.0时代"使高校创新创业教育泛在化与个性化

教育信息化2.0时代使信息技术应用到学生学习的过程中，从学生的需求出发，回到学生生活的本身，打破各个学科之间的边界，丰富创新创业教育的教学内容，使生活即学习、校园即课程，消除课内与课外之间的壁垒，覆盖校内和校外，联通学生的生活与学习，从而实现没有边界的无处不在的学习。同时，教育信息化2.0时代促使数字教育资源迅速发展，在信息化的教育环境下，数字化教育教学资源也成了教育战略中至关重要的组成部分。

教育信息化2.0时代促进了互联网的发展，以移动互联网、云计算、社交网络、大数据为特征的新一轮信息技术的发展，使高校创新创业教育的教与学不再受到空间、地点和时间的限制，知识获取的渠道也发生了变化，改变了传统的教学方式。不同种类的App使高校的创新创业教育不再只是部分学生的"专享课程"，而是学生可以在不同时间、不同地点都可以进行学习的开放课程，这也为不同专业、不同学校的学生接受相同的创新创业课程提供了一个网络平台。学生也可以根据自身不同的需求选择不同类型、不同层次

---

① 刘雅薇，祝士明. 教育信息化2.0时代高职院校创新创业教育探究［J］. 职业技术教育，2019，40（08）：60-63.

的课程去完善自身的发展。在线上课程中，在线答疑与讨论穿插在学生的学习过程中，形成了及时问答和开放式的交流与互动，让协同学习成为一种常态。同时，信息技术与自媒体的普及和发展可以充分发挥学生碎片式学习的潜力，让碎片式的学习成为提高学生学习效率的主要方式，增强创新创业教育的灵活性以及传播知识的效率，提供更加泛在化、个性化的教育教学。

（三）"2.0时代"增加了学生的参与性与体验感

教育信息化2.0时代，不光有大数据、云计算、人工智能等技术的出现，以这些技术为基础也出现了AR、VR、MR等虚拟现实的技术。在高校创新创业教育教学的过程中，可以运用AR、VR、MR等技术呈现虚拟事物、创设虚拟情景，联通现实与想象，在教学过程中真正地做到活学活用，使理论与实际联系起来。

在传统的教学过程中，由于空间、地点以及时间的限制，教师可能没有时间带领学生进行练习，或者只能选择几名学生进行创设情景的训练，这大大降低了学生在课堂上的参与度，降低了学生的学习兴趣。但是在教育信息化2.0时代，高校创新创业教育可以依托AR、VR、MR等技术实现教育教学活动，学生根据自己所学的知识去解决创设情景中的一些问题，使学生获得完整的学习体验。同时，利用虚拟技术，可以激发学生学习创新创业相关的知识，提高学生参与实践活动的兴趣，在解决问题的过程中激发自己的潜能，增强学生在教学活动中的参与性与体验感。创设虚拟的学习环境不仅可以使学生亲身体验创业的过程，亲身经历创业过程中的场景与具体操作，而且可以预防学生在创业过程中具有的潜在危险。利用AR、VR、MR等技术既可以降低成本与安全隐患，又可以为学生多次尝试与练习提供技术支持，提高参与性与体验感，也为日后学生真正地进行创新创业活动提供经验，从而提高创业的成功率。

（四）"2.0时代"为学生终身学习创新创业知识提供了保障

教育信息化2.0时代的来临也推进着互联网时代的发展，虽然它打破了时间、空间的限制，但是也更加需要学生有自我教育和自主学习的意识和能力。互联网时代最大的好处就是可以把资源整合到一处，达到信息资源共享的状态，每个人都可以方便地获取自己所需要的资料与信息。但是这么做的前提是要知道自己需要获取哪一种类的信息，并且需要有鉴别信息是否有价值的能力，所以，在教育信息化2.0时代学生更加需要加强自我教育和自主学习的能力。

在学习资源方面，高校可以通过互联网充实本校的创新创业教育教学资源库，为毕业生和在校生提供广阔的学习空间以及合适的学习资源。学生也可以利用互联网技术收集国内外优秀的、适合自身学习的创新创业教育教学资源。同时，通过互联网技术高校可以使教育教学资源按时不断地进行更新，使学生的发展可以跟得上时代的变化，促进创新创业型人才的培养，既为学生学习提供了资源的支持，也为建设更加开放、可持续的创新创业教育提供了环境的保障。学生在不断加强自我教育和自主学习的能力之后，就可以更好地享受教育信息化2.0时代带来的好处，从而达到终身学习创新创业知识的目的。

教育信息化2.0时代促进了互联网、云计算、社交网络、大数据等技术的发展，高校创新创业教育也依托技术的发展在教育教学方面有了创新，并且对学生提出了新的要求。利用信息技术也为学生提供了更加有针对性、个性化的教育教学，从而提高学生的综合素质，以培养高素质的创新创业型人才。

二、高校创新创业教育为适应教育信息化2.0时代将发生变革

高校创新创业教育不是把所有相关课程相加的过程，而是以提升学生的技能和能力为主要目标的课程，所以创新创业教育是要让学生在学习中应用、在应用中学习的教育。依托教育信息化2.0时代中发展的互联网等技术，着力于教育模式、教育内容、学校三方面的变革，以此推进我国高校创新创业教育发生变革，促进高校创新创业教育高质量发展，推进创新创业型人才的培养。

（一）教育模式应更加生动、直观

传统教学只限于教师根据教科书上面的内容讲授知识，学生通过课本上的文字以及教师的语言被动地接受知识的过程，虽然有助于学生简单快速地学习知识，但是这种"以教为中心"的教学模式不利于培养学生的能力和素

质，也不利于扩大学生的知识面。在教育信息化2.0时代，虚拟现实和互联网技术不断发展，高校教师把虚拟现实和互联网技术应用于教育教学的过程中，两者相融合的教学方式与传统的"黑板+粉笔"的教育教学模式相比，显然前者的教学模式更加生动、直观。因此，在教育信息化2.0时代应使用虚拟现实与互联网进行教学，合理选择现代化的教学手段，并结合传统的教学方法，以学生为中心进行教学并对教学活动进行设计与实施，从而使教学效果达到最优化。

高校在依托实训基地、众创空间等线下教育教学形式的同时，还可以结合AR、VR、MR等虚拟现实向学生呈现出在正常的课程中无法开展的教学。高校创新创业教育在教学过程中先依托微课进行理论的讲解，之后运用AR演示教学内容，再运用VR让学生主动操作，最后使用MR体验整个操作的过程。[①]在创新创业教育教学过程中融合教育信息化2.0时代发展的技术，既可以使教学内容以情景创设的方式呈现在学生的学习过程中，以生动形象的情景激发学生的学习兴趣，也可以创设一些具有危险性、偶然性或者不便于观测与呈现的情景。利用虚拟现实的技术创设情景来开展创新创业教育，可以高度还原教师在讲授理论知识时所预设的情景，将教学内容真正地融入情景当中，从而引导学生大胆猜想、不断尝试与实践。

（二）教育内容要与学生需求紧密联系

在教育信息化2.0时代，互联网技术与大数据延伸到各个领域之中，越来越多的企业也开始重视互联网与大数据的思维。因此，高校创新创业教育也要开始重视培养学生收集、处理和分析数据的能力，并且要帮助学生树立大数据思维意识。在培养学生的能力与意识的同时，高校创新创业教育不仅要与教学目标相契合，还要注重学生所学的专业以及自身的需求。同时，高校要重视把创新创业课程与学生的需求联系起来，这样有助于学生更好地把理论与实际结合起来。

在课前，教师可以依托网络学习平台发布学习内容，并且把今日所学知识的重点、难点告知给学生，激发学生对未知领域探索的兴趣与积极性。同

---

① 刘雅薇，祝士明. 教育信息化2.0时代高职院校创新创业教育探究［J］. 职业技术教育，2019，40
　　（08）：60-63.

时可以给予学生适当的权利，在不影响教学目标的前提下，可以让学生围绕教学内容按照自身的需求有选择性地完成学习，积极反馈自己的学习计划，参与到教育教学的内容设计之中。而教师要依据学生的学习计划、反馈的信息和学生学习效果，最终完善并修订教学内容，使教师与学生合作共同参与到教育教学内容的规划过程中，从而使教与学相互配合，达到最佳的效果。

在教学过程中，也要加入高校学生创新创业成功的案例，拉进创新创业教育与学生之间的距离，增强学生学习的自信心。并且可以选择利用视频的方式，让创新创业成功者与学生交流互动，与学生分享创新创业的经验与教训，帮助学生挖掘实习或者合作的机会，让学生真正地参与到创新创业的过程中去。学生也可以按照自身的需求，积极了解不同的方面，解决自身的疑惑，增加自己对于创新创业的经验，从而提升创新创业的能力。

（三）人才培养应适应智能时代发展的需求

为培养创新型高质量人才，提升人才培养的质量，各高校不断深化创新创业教育的改革，"将'专业教师、导师、企业导师'三者相结合，由此形成'校企合作、导师参与式'的创新创业教育模式"[①]，打造创新创业教育与专业教育、实践教育及素质教育相互联合与渗透的创新创业教育新局面。

在新的教学模式中，可采取"专业教师+校内创业导师+企业导师"三级导师制，分层次、分阶段辅导并参与学生创新创业活动中。其中，专业教师在课上讲授专业知识，训练学生的创新创业的思维与技能。校内创业导师指导学生围绕专业特色和优势选择创业项目，提高项目的专业水准。企业导师则在项目的商业模式、市场营销与推广等方面进行辅导，并联系相关企业进行试运营来分析项目的可行性。

同时高校可以借助教育信息化2.0时代的技术打破企业与高校之间的屏障，远程联通企业与高校，积极满足各方面的需求，从而合力促进学生创新创业能力的发展，推进高校创新创业教育的改革。通过校企合作的方式，可以使学生了解不同企业中岗位的需求，鼓励学生运用自己所学的创新创业知识与技能在真实的情景中实践与应用，使学校最终可以连接创新创业教育的

---

① 田润平, 艾华, 傅骞, 等. "导师深度参与式"创新创业教育模式探索 [J]. 北京教育（高教版）, 2018 (11): 87-88.

第一课堂和第二课堂，使教育教学跟上时代的步伐，培养出适应经济社会发展、与时俱进的创新创业型人才。

综上所述，高校的创新创业教育要顺应时代的发展，把握住教育信息化2.0时代所提供的机遇，把传统课堂中以专业理论知识的传授为主的教学模式，转变为利用虚拟现实和互联网技术为主推进学生发展与实践的教学模式。同时，面向所有学生开展"校企联合—科教融合"[①]，并进行开放式创新，与中国特色相结合，走出一条具有时代特色、中国特色的发展路径，培养出教育信息化2.0时代发展所需要的创新创业型人才，从而助力我国创新型国家的建设。

三、教育信息化2.0时代改进高校创新创业教育的策略

随着教育信息化2.0时代的到来，创新创业教育信息化是时代发展的必然趋势。在新时代中，互联网技术迅速发展，人们运用互联网技术的意识在不断增强，对于创新创业信息化发展的要求也在不断提高。所以，大数据、云计算、人工智能、虚拟现实等技术的出现与发展为高校创新创业教育的发展提供了空间。而高校的创新创业教育也应该跟随教育信息化2.0时代的发展，及时地把握住时代的特征，积极改进教育教学中的不足，推进高校创新创业信息化。

（一）推动校政企协同育人，促进教学理念转型

理念是一切实践活动的行动指南，所以在高校创新创业教育改革之际，首先应该促进教学理念的转型。一般来说，社会、政府以及高校都认为高校创新创业教育是培养学生进行自主创业的课程，所以在教育教学过程中只注重对学生进行理论的培养，没有重视学生关于实践能力、创业精神、创新意识方面的培养。这样的教学理念虽然使学生在校园中有着优异的成绩，但是学生在实际的创新创业过程中却处于劣势，而且也弱化了高校创新创业教育可以促进创新型人才培养的功能。所以，促进高校创新创业教育理念的转型是必不可少的。

---

① 于倩倩．"校企联合—科教融合"创新创业人才培养模式的实践研究［J］．创新创业理论研究与实践，2020，3（17）：121-122．

1. 发挥高校主导作用，强化政府与企业的协同创新责任

"协同创新是当代创新理论的核心理念，并且已成为提升一个国家和地区创新能力的重要途径，党的十八大明确提出更加注重协同创新，十八届三中全会进一步强调建立协同创新机制"[①]，因此高校创新创业教育也要强化协同创新。在推进高校创新创业教育改革的过程中，借助教育信息化2.0时代发展的技术，首先要强化高校的主导作用，其次要发挥出政府和企业的协同作用。

对于高校，要发挥其主导作用，"构建创新创业教育改革"四位一体"的教育体系，即修订人才培养的方案、借助创新创业项目培养实践能力、转变学生学习态度、完善协同创新的体制机制"[②]。在这其中，也需要政府和企业的协同与配合，对于政府，要强化自身协同创新的责任，制定规章政策，帮扶学生进行创新创业；对于企业，通过调整自身利益的需求，积极配合高校人才培养的方案，在教学中提供技术与场地促进学生提高实践能力。通过高校、政府与企业的协同创新，依托互联网技术，三者可以远程合作，通过大数据观察学生学习的成果，逐步转变社会对于创新创业教育理念的缺失，营造一个积极和谐的氛围，从而积极推进高校创新创业教育的改革。

2. 由培养"创业型人才"转变为培养"岗位创业者"

"创业型人才"是我国因为就业压力而提出的创业教育理念，高校为了落实国家以"创业"带动"就业"的政策，就把创新创业教育作为就业工作的一个组成部分，通过创业选修类课程来实施。虽然在此理念的指导下，我国高校创新创业教育取得了一定的成果，但是也存在着一些问题，比如基于"创业型人才"培养的创新创业教育并不适合全体学生[③]。所以从本质上来说，创新创业教育并没有使高校的教育教学发生改变，大多数的高校也没有从中受益。同时，教育信息化2.0时代信息技术快速发展，高校创新创业教育

① 卢丽君. 推动综合改革 提升创新能力——首届协同创新制度与文化建设研讨会综述 [J]. 中国高等教育, 2015 (13): 15-21.

② 李月云、杨文艺. 强化协同: 新建本科高校创新创业教育改革的路径选择 [J]. 国家教育行政学院学报, 2016 (02): 56-60.

③ 罗三桂、刘升忠. 我国高校创业教育改革发展路径探析 [J]. 创新与创业教育, 2018, 9 (05): 1-3.

是否能培养出适应时代与社会发展的人才也成了国家、高校、社会所关注的焦点，在这样的背景下，有相关学者提出"岗位创业者"更能体现创新创业的价值目标。

随着教育信息化2.0时代的到来以及我国经济增长方式由"资源驱动"向"创新驱动"转变，国家也对人才的培养提出了新的要求，因此培养"岗位创业者"就成了高校创新创业教育理念的新趋势。[①]首先，"岗位创业者"可以面向全体学生，注重学生创新创业能力的发展。其次，"岗位创业者"更加着眼于学生综合素质的提高，挖掘学生的潜能，激发学生的进取意识与创新意识，不仅仅关注学生独立创业的结果，而且还要关注学生工作之后在岗位的发展状况。最后，基于培养"岗位创业者"的创新创业课程贯穿了人才培养的始终，使人才的培养更加适应经济的发展和国家的需要，由此培养出来的人才便具有创新精神、独立工作的能力以及相关的专业技术背景，所以更加适应经济社会的发展。

（二）提供技术条件支持，推进教学手段改革

教育信息化已经步入2.0时代，新理念与新技术也随之不断出现，其中大数据、云计算、人工智能等新兴信息技术不断走进人们生产、生活与学习中。2015年5月，习近平总书记在致国际教育信息化大会的贺信中指出："因应信息技术的发展，推动教育变革和创新，构建网络化、数字化、个性化、终身化的教育体系，建设'人人皆学、处处能学、时时可学'的学习型社会，培养大批创新人才，是人类共同面临的重大课题。"[②]由此可见，信息技术与教育教学相融合已经成为大势所趋。

高校在安装新兴的信息技术之后，便要促进信息技术与创新创业课程的融合。信息技术与课程整合的目的是提高教学质量与教学效果，所以整合并不仅是把信息技术与创新创业课程两样被分割的东西拼凑在一起，也不是只停留在教学过程中使用工具的阶段，而是把两者的内在联系紧密结合在一起，使得信息技术可以有机融合到创新创业课程中，两者成为一个新的整

---

① 王岚，朱静然. 岗位创业者高校创业教育人才培养新趋势［J］. 江苏高教，2015（06）：107-110.

② 钟秉林，王新凤，方芳. 信息科技驱动下的教育变革——机遇、挑战与反思［J］. 南京师大学报（社会科学版），2019（05）：5-12.

体。那么在融合的过程中，有几个方面需要注意：第一，在融合之前高校需要查明创新创业课程的不足之处，寻找出问题的关键，再利用熟悉的信息技术，逐渐改革创新创业的教学效果。第二，在信息技术与创新创业课程融合时，要确保教学目的不变，在此基础上引入新的技术，激发教师与学生的兴趣。第三，新的信息技术只有几种，但是使用方法却不是固定的。例如QQ与微信，在教学中可以使用QQ进行云课堂以及微信公众号的推送，所以新兴的信息技术不只是简单的工具，只有将信息技术真正地融入教育教学过程中，才能发挥出它真正的优势。第四，在信息技术与创新创业课程融合时，要注意信息技术方法的合理使用，例如，在教学过程中使用VR情景展示能够更好更容易地让学生领会知识，产生深刻的记忆效果，但教师反而运用了云课堂的教授手段，这就难以达到好的教学效果，因此合理使用信息技术方法也是重中之重。

信息技术与创新创业课程在融合中，既改革了教学手段，又为学生的自主学习提供了条件。互联网技术可以更高效地整合出更加优质的学习资源，学生在课余时间也可以通过线下课程选择自身需要的课程进行学习。高校也可以在某一时间段对学生开放使用某些信息技术，例如虚拟现实的设备，从而激发学生学习的积极性。

（三）融合信息技术与教育教学，促进教学方式创新

随着教育信息化2.0时代的发展，信息技术在快速地普及与兴起，利用信息技术推进教育的改革与创新也成了教育教学发展的主要内容。在教学手段上促进信息技术与教育教学相结合，那么在教学方式上也要从以下几点进行改革与创新。

1.创新创业教育与专业教育相结合

高校的创新创业教育普遍都是独立存在的，学生在学习时没有专业知识作为支撑，导致学生没有创新点，创新性不足。因此，在创新创业教育中要注重与专业教育相融合，一方面，结合专业知识可以更快地适应经济社会的发展，推动创新创业教育的改革与创新；另一方面，可以丰富创新创业教育的知识，更多地与实践需要联系起来。

2. 传统教育与信息技术相结合

在传统的教学过程中，教师在讲完理论知识后只能依靠练习题，让学生通过联想进行"实践"，并不能培养学生的创新能力。所以需要教师在课堂中借助AR、VR等信息技术，让学生可以真正地参与到解决问题的过程中，使创新创业教育不只局限于课堂，理论教学与实践教学可以相结合。

3. 校内与校外的创新创业教育相结合

创新创业已经成了一种全球性的文化现象，其不仅是一种思维和能力，也是一种生活潮流，所以高校应该突破围墙，让校内与校外相结合，形成一种创新创业文化。高校也要成为创业文化的传播者，这样不仅可以加强全社会创新创业文化的氛围，而且有利于学生在进行创业时与社会之间达到"零适应"，提高创新创业的成功率。

4. 开展多元化的教育

现阶段，我国高校已经积累了一些独特的创业教育模式，例如实践型课堂教育模式、创业型企业实习模式等，这些经验都在推动着高校创新创业教育的发展。但是因为各高校所处的地理位置不同，各地方的经济发展也有所不同，所以高校要追求特色化的教育。高校要针对人才培养的类型、学校自身的特色、当地经济发展的需求，设计出个性化的创新创业课程与培养方案，从而全面推动创新创业教育。

（四）增强教师的信息素养，提高教师的专业程度

在教育信息化2.0时代，云计算、大数据、虚拟现实等新兴的信息技术越来越多地融入教育中，所以教师需要掌握信息技术并与教育教学相融合，那么教师需要从传统知识的传授者转变为基于大数据和互联网的教育教学的组织者和引导者。因此，教师不仅是知识的传授者，也是教学内容的设计者。

高校创新创业教育改革中的其中一个问题，就是缺乏创新创业教育的师资力量。一方面，高校中大部分的创新创业教师并没有相关的创业经验，所以在学生进行创新创业活动时并不能提供一些指导。另一方面，大多数高校把创业教育的重担分配给就业指导中心，这些部门工作的重点并不在于创业教育方面，所以也很难对创业教育改革做出突破性的进展。而外聘的关于创新创业的教师大多数也只能通过讲座或者视频讲解的方式进行大范围授课，

并不能针对单个学生进行有针对性的指导，这些原因都影响了高校创新创业教育的改革。

想要快速解决师资力量的问题并不现实，所以首先需要利用互联网等信息技术，请一些知名企业家、有过创业活动的网友们、先前的校友们进行经验的分享，使学生在学习理论知识时也可以积累相关经验。在非正式教育方面，知名企业家等可以通过微博等软件，分享自己的创业经验，学生们可以通过微博、论坛，提出问题并获得解答来进一步增强自己对创业活动的认识和了解。在正式教育方面，学校可以提供创业咨询、创业指导，也可以组织有过创业活动的企业家等对学生进行多元化指导和授课，这样也可以大大增加学生今后创业的成功率。其次，需要高校组织教师进行系统化的信息技术学习，提高教师自身的专业程度，增强高校教师信息化教学的能力，让身处于教育信息化2.0时代的教师可以为学生设计个性化的学习计划，指导学生快速高效地获取学习资源，培养学生的创新意识与创新能力。

（五）重视学生个性化学习，增加信息技术使用率

在教育信息化2.0时代发展的过程中，信息技术与高校创新创业教育深度融合，改变了教学理念、教学方式等，为了让学生更好地适应信息化社会，高校也对学生提出了提高信息能力的要求。2002年美国提出"21世纪技能学习框架"，指出"为了能应对未来挑战、生存于复杂的21世纪社会的必备技能，包括学习与创新技能、数字素养技能、职业与生活技能"[1]。所以，在高校创新创业课程中学生应该加强学习以下几个方面的能力。

首先，学生应该加强学习信息技术的基本能力。例如，常见软件的操作能力，网络检索能力，信息的收集、加工与处理能力，学生要充分抓住信息时代的机遇，加强自身对于信息的处理能力。其次，要将信息技术与学习相结合。不仅利用课堂上的时间学习，而且在线下也可以利用互联网技术进行自主学习，既可以根据自身需求进行选择性学习，也可以提高学习质量与学习效果。再次，在毕业之后，也可以通过知识共享等方式进行主动学习，依托各种软件和平台不断补充自己的知识储备量，从而达到终身学习的目的。

---

[1] 21st Century Student Outcomes and Support Systems[EB/OL].[2016-08-09]http://www.p21.org/about-us/p21-framework.

最后，学生要增强个性化学习的意识。在信息时代，社会的需求以及岗位的发展都在不断变化，所以学生要有针对性地提高和培养自身的能力。

当前高校学生是第一代真正意义上的"数字原住民"，有机会接触到新兴的信息技术，所以在创新创业教育中要培养学生的创新意识与创新能力。同时，高校也要鼓励学生在学习与生活中运用互联网等信息技术，使其在适应时代发展的同时也在推动着时代的变化。

（六）促进产教融合，拓展教学成果实施路径

高校创新创业教育是一项系统性工程，学生在校园内学习了相关的理论知识之后就要把理论应用于实践中，所以高校要积极组织各种活动，联系相关企业保证教学成果可以有效实施。

在校园内，首先，高校可以为学生进行创新创业能力水平的测试，积极为学生调整方向提供依据。其次，高校可以搭建创业科技园、创业实验室等，在教室里面提供完备的信息技术为学生提供模拟实践的基地，学生可以在课下运用较短的时间把课上所学习的理论进行巩固练习。再次，高校要举行关于创新创业类的比赛，学生在比赛中既可以激发创新创业的热情，又可以总结经验和教训，在比赛中通过了解别人的创意也可以为自己积累创新创业的素材。最后，高校可以挑选出创新创业比赛中相对较好的项目，指导学生应用项目参加各级各类创业大赛、指导学生进行申报专利，而且可以对自主创业的学生实行持续帮扶、全程指导等。[①]

在校园外，指导教师要积极与相关企业取得联系，可以把学生实施的项目应用到企业的运转中，让学生的项目可以快速地适应经济社会的发展并做出调整。在此过程中，也要得到政府的支持，制定政策保护学生的项目可以正常实施与应用，并且可以根据当地的情况使高校和政府联合成立具有特点、专门的高校创新创业教育的领导机构，统筹管理工作，细化高校创新创业教育目标，积极地开展创新创业相关工作，推动高校创新创业的改革。

教育信息化2.0时代的发展势必会影响着高校创新创业教育，高校创新创业教育在改革的过程中也要紧跟时代的步伐。新时代推动着互联网、大数

---

① 张国强. 新时代高校大学生创新创业教育实施路径研究［J］. 教育教学论坛，2020（46）：130-132.

据等新兴信息技术的发展，所以高校在改革中要注重培养学生的信息素养，培养出具有创新思维和创新意识的创业人才。同时，也要加强教育信息化2.0时代高校创新创业教育改革的研究，在教育教学过程中重视与信息技术的融合，从而进一步提高我国高校创新创业教育的质量，构建出具有中国特色的高校创新创业教育。

后　记

我学习、研究教育现代化，源于我的硕博士阶段的导师温恒福教授，他不仅在课上多次提及"教育现代化"，而且在对我个人的学术指导中也始终强调要多读教育现代化方面的著作，多思考教育现代化背景下的相关教育问题和社会问题，由此我逐渐开始关注、思考教育现代化，也在此方面有了些成果，已出版相关著作一部且博士后出站报告也与此有关。过去是我的硕博士导师、博士后导师带着我探索教育现代化的理论旨趣，现在是我带着我早年毕业的学生张哲、于梦洋追寻教育现代化的时代趋向。

本书力图在对教育现代化理论的追求与实践的探索中寻求一种共相，在不同教育阶段中形成一种共通，在教育场域中的人中找寻一种共识。教育现代化的本质在于现代性的增长，在根本上指向人，目的在于提升人的现代性。本书以教育场域中的人——学校校长、教师和学生为研究的切入点，探讨教育现代化背景下教育场域中的人如何作出主动选择和回应的问题。基于教育现代化的进程与中国式教育现代化的特征探讨教育现代化背景下校长领导力的提升、教师专业发展、学生持续成长等问题，有利于明确促进校长、教师、学生现代人格形成的策略，为教育现代化背景下的家庭教育、学校教育和社会教育协同育人的变革提出有效途径。

本书系国家社会科学基金"十三五"规划2020年度教育学一般课题"生命历程视角下地方本科院校优秀教师职业发展轨迹研究（课题批准号BIA200175）"和吉林省教育科学"十四五"规划2023年度"党的二十大教育发展战略研究专项"重点课题"面向中国式现代化的教育标准体系构建研究"（课题批准号RD2316）的成果，得到了吉林省优势特色重点学科——教育学学科的支持。本书由柳世玉设计写作提纲，各章分工如下：柳世玉完成

第一章、第二章、第三章、第六章、第七章、第九章、第十章、第十一章、第十二章内容，共17.7万字；张哲完成第四章、第八章内容，共4.2万字；于梦洋完成第五章内容，共3.1万字，并做了全书统稿校对。吉林大学出版社的殷丽爽编辑曾给本书写作以热诚、细心的指导和帮助。对此，在本书即将付梓之际，一并表示衷心感谢。

本书成文过程中引用了诸多学者的观点，且因著者水平有限难免出现错漏，对诸位表达敬意、谢意之时，更恳请读者教正。

柳世玉

2023年深秋于通化师范学院